근대 건강담론과 신체 자료집 (1)

이 저서는 2018년 대한민국 교육부와 한국연구재단의 지원을 받아 수행된 연구임
(NRF-2018S1A5B8068518)

신체정치 자료총서 1
근대 건강담론과 신체 자료집 (1)

초판 1쇄 발행 2019년 12월 5일

엮은이 | 청암대학교 재일코리안연구소
발행인 | 윤관백
발행처 | 도서출판 선인

등 록 | 제5-77호(1998.11.4)
주 소 | 서울시 마포구 마포대로 4다길 4 곶마루 B/D 1층
전 화 | 02)718-6252 / 6257   팩 스 | 02)718-6253
E-mail | sunin72@chol.com

정가 26,000원

ISBN 979-11-6068-320-2 94900
       979-11-6068-319-6 (세트)

·잘못된 책은 바꿔 드립니다.

신체정치 자료총서 1

근대 건강담론과 신체 자료집 (1)

청암대학교 재일코리안연구소 편

┃자료집을 내면서┃

1. 총서와 짝을 이룬 자료집, 그러나 일반 독자를 겨냥한다.

  이 책은 매체에 실린 기사와 광고에서 건강담론과 신체에 관련된 내용을 추려낸 자료집이다. 모두 6권으로 기획한 자료집 가운데 첫 권으로 '개항기'에서 1919년까지를 다룬다.
  자료집은 어떤 의미가 있을까. 연구자는 사료를 바탕으로 사건이나 사회현상을 해석하고 평가한다. 그래서 어떤 이는 "사료 그 자체는 아무런 말을 하지 않는다."고도 말한다. 그러나 가공되지 않은 '날 것'의 사료가 역사를 더 잘 전달할 때도 있다. 연구총서와 짝을 이루는 이 자료집도 어떻게 하면 옛 목소리를 생생하게 전달해볼까 하는 고민이 담겨있다. 첫째, 여러 사료 가운데 내용의 중복을 피하고 핵심적인 사료를 추려내자. 둘째, 흩어져 있는 사료를 그대로 나열하기보다는 주제의식에 따라 체계를 만들자. 셋째, 이미지를 적극 활용하여 '가독성'이 높은 자료집을 만들자. 넷째, 옛 사료를 그대로 복사하여 제시하기보다는 옛말을 현대어로 바꾸고 어려운 한자는 풀어 설명하자. 우리 연구진은 이렇게 원칙을 세우고 자료집 작업에 들어갔다. 쉬운 일이 아니었지만 알찬 자료집을 위해서 힘을 기울였다.
  "소수의 연구자를 위한 자료집이 아니라 다수의 일반인까지 읽을 수 있는 자료집", 우리 연구진은 이것을 지향했다.

2. 각 부의 내용과 특성

1) 1부, 매체 속의 신체 담론

표준적 지식을 보급하고 재생산했던 교과서와 근대의 지식을 전파하는 미디어인 신문과 잡지의 신체 담론을 함께 다루었다. 많은 학생이 읽었던 교과서는 계몽의 길잡이였다. '개항기'에 신문 발행자 쪽에서는 독자 수가 적다고 한탄했지만, 신문종람소 등을 통해 대중이 신문을 많이 읽었고 그만큼 영향력도 컸다. 잡지도 소수 독자일망정 영향력이 컸다. 교과서와 신문을 함께 보면 두 매체가 펼치는 계몽기획의 상호연관성도 알 수 있을 것이다. 수많은 글 가운데 중복을 피하면서 (1) 의료와 신체관, (2) 위생과 청결, (3) 건강·체육으로 그 내용을 범주화했다.

교과서의 경우, '개화기' 교과서 전체를 검토했다. 신체와 건강에 대한 글을 고르고 문장을 현대어로 바꾸었다. 초등교과서에서는 간단한 신체의 구조에 대한 설명과 인체의 해부도를 곁들이고 있다. 세균과 질병을 설명하면서 위생과 청결을 강조하는 것도 눈길을 끈다. "건강한 정신은 건강한 신체에서 비롯된다."는 생각을 바탕으로 운동을 중요하게 여기고 있음을 알 수 있다. 어려운 한자말은 풀어서 괄호 안에 적었다. 한자에 익숙하지 않은 젊은 세대를 위해서이다. 교과서 삽화도 흥미를 끈다, 교과서 삽화는 그 자체만으로도 분석대상이다.

신문과 잡지의 경우, 연구자들이 자주 인용하는 대표적인 글을 추렸다. 나아가 그동안 잘 소개되지 못했던 『신문계』와 『청춘』 등에서 소중한 자료를 발굴했다. 모든 글이 소중하지만, "서울 안에 있는 우물이란 곧 사람 잡는 덫"이라면서 상수도 관리의 중요성을 강조한 글은 놓쳐서는 안 될 것이다. 국가의 정치를 신체에 비유한 글이나 「유행독감의 역사」도 특히 눈길을 끈다.

2) 2부, 『조선급만주』(朝鮮及滿洲)에 나타난 신체관

『조선급만주』는 1912년 1월부터 1941년 1월까지 월간으로 발행한 잡지이다. 그 전신인 『조선』까지 포함하면 무려 34년 동안 발행한 조선에서 가장 긴 시간 출간한 종합잡지다. 분량은 평균 100쪽 안팎이다. 이 잡지는 스스로 "조선과 만주진출의 선봉장이 될 것이다."고 했다. 『조선급만주』는 여러 분야에서 활동하던 일본 지식인의 글을 실었다. 이 잡지는 정치·경제·사회 등의 시사문제를 다루어서 일제가 조선을 통치하는 데 참고자료를 제공했다. 그뿐만 아니라 기행문과 갖가지 조선의 사회상을 실어서 독자들에게 조선을 '소개'했다.

『조선급만주』에 실린 조선 관련 글에는 '문명의 일본과 미개의 조선'이라는 비틀린 시선이 깊게 똬리를 틀고 있다. 조선의 발전상을 말할 때조차도 일본의 식민통치 때문에 그렇게 되었다는 속내가 담겨있다. 『조선급만주』는 제국의 권력과 지식이 결합하여 식민지 통치를 위한 '조선 이미지'를 만들어냈다. 그만큼 종주국의 제국의식이 짙게 드리워진 잡지였다. 그럼에도 잡지에 실린 글을 체로 걸러 가며 의미분석을 해본다면 중요한 역사 정보를 얻을 수 있다. 그 때문에 『조선급만주』는 연구자들에게 비로소 주목받기 시작했다. 그러나 연구성과는 너무 적다. 언어 장벽 탓이 크다. 옛 일본 문장을 읽어내기가 만만치 않다.

이 자료집의 『조선급만주』 번역글이 연구를 촉진하는 계기가 되기를 바란다. 비록 개요와 핵심만을 번역했지만, 건강과 신체 담론의 흐름을 이해할 수 있다. 다음번 자료집에서는 더 많은 지면을 할애하고 글도 좀 더 촘촘하게 번역할 것이다. 그만큼 노력과 시간이 들겠지만, 알찬 자료집을 내기 위해 힘을 기울일 것이다. 이 자료집 2부에서는 1910년에서 1919년까지 『조선급만주』에 실린 신체관련 글을 시대 순으로 번역하여 실었다.

3) 3부, 광고에 담긴 의료와 신체 이미지

청암대학교 재일코리안연구소 연구진은 신문과 잡지 등에 실린 1910년대 의약품 광고를 전수조사했다. 그 가운데 극히 일부를 이 자료집에 싣는다. 고통받는 신체 이미지, 과학과 의학, 구충 살충제, 화류병(성병), 뇌건강(히스테리), 자양강장제, 전염병과 의약품, 해부학과 의약품, 위생과 신체, 의사와 간호사의 이미지, 매약 행상, 건강한 신체의 표상 등 체계적으로 의약품 광고를 분류한 것은 큰 의미가 있다. 모든 광고를 전수조사하지 않고는 불가능한 일이었다. 고통받은 신체에서 시작해 건강한 신체로 광고 분류를 마감한 것은 스토리텔링의 뜻도 있다.

전염병을 도깨비에 비유한 것이 눈에 박힌다. 일본 도깨비의 이미지가 한국에 유포되는 계기 가운데 하나라고 생각한다. 매독과 매화를 빗댄 그림도 인상적이다. 치약 광고에서 작동되는 '계몽의 기획'도 눈에 들어온다. 인체 해부도 그렇지만 태아가 생성되는 과정을 그림으로 제시하고 있는 광고는 지금보다 그때 훨씬 더 충격이 컸을 것이다.

광고는 그저 보는 것만으로 그 의미를 다 알 수는 없다. 광고는 아직 해석을 기다리고 있다. 이미지에 대한 심층 분석이 필요하다. 의약품 광고는 당대 '의료과학'의 수준을 보여주기도 하고 건강과 신체 담론을 내포하기도 한 중요한 역사 사료이다. 이 자료집에 실린 광고를 토대로 우리 연구소에서 곧 연구논문이 제출될 것이라고 하니 벌써 기대가 된다.

3. 자료집이 나아갈 길

우리 연구진은 앞으로 5권의 자료집을 더 내어, 근대의 건강과 신체 담론 연구에 이바지하고자 한다. 특별한 일이 없다면 1권 자료집의 체계를 유지하면서 자료집의 통일성을 꾀할 것이다. 이번에 낸 첫 자료집에는 일정한 한계도 있다. 너무 내용을 간추려서 책이 좀 얇은 것이 다소 불만이다. 그러나 무엇보다 여러 사람이 읽어서 역사의 맥을 짚을 수 있도록 주의를 기울였다는 것만은 인정받고 싶다. 옛 문장을 오늘날 글로 바꾸었으며, 이미지 자료를 풍부하게 활용했다는 것이 그 증거다. 앞으로 장점을 더욱 살리고 단점을 극복하면서 더 나은 자료집을 낼 것을 약속드린다. 자료집을 내는 데 힘을 쏟았던 최재성, 황익구, 최규진 연구원의 노고에 감사드린다.

청암대학교 재일코리안연구소 소장
정희선

| 목차 |

자료집을 내면서 5

1부 매체 속의 신체 담론

Ⅰ. 의료와 신체관 13
  1. 교과서 13
  2. 신문 20
  3. 잡지 40

Ⅱ. 위생과 청결 56
  1. 교과서 56
  2. 신문 66
  3. 잡지 91

Ⅲ. 건강, 체육 담론 97
  1. 교과서 97
  2. 신문 112
  3. 잡지 116

2부 『조선급만주』에 나타난 위생과 신체관
121

3부 광고에 담긴 의료와 신체 이미지

1. 고통받는 신체   157
2. 과학과 의학   165
3. 구충·살충제   174
4. 화류병(성병) 약 광고   180
5. 뇌건강   185
6. 자양강장제와 신체 이미지   193
7. 전염병과 의약품   199
8. 해부학과 의약품   206
9. 위생과 신체   212
10. 의사와 간호사 이미지   221
11. 매약 행상   228
12. 건강한 신체의 표상   232

1부
매체 속의 신체 담론

I. 의료와 신체관

1. 교과서

학부 편집국 신간, 『국민소학독본』, 대조선 개국504년(1895년).

제29과 기식(氣息)1

사람의 기식(氣息)이 내고 들이는 두 가지라. 입으로 들이는 김을 흡식(吸息)이라 하고 입으로 내는 김을 호식(呼息)이라 하나니 그러나 한 번 내는 김을 또다시 들이면 몸에 해가 적지 않느니라.

호식과 흡식의 다름은 여러 실험으로 현실(顯實: 실제대로 나타내 보임)하기 쉬우니 아이가 잘 때에 머리를 이불 속에 들이고 제가 내는 김을 여러 번 입으로 들이면 차제(次第: 이어서)로 안색이 피쇠(疲衰)하여 신병(身病)이 되고 처음에는 건장한 아이도 장성하기에 이르러 병이 생기느니라. 이는 아이 때에 자던 악습(惡習: 나쁜 습관)으로 나는 것이므로 그 악습을 고치면 이어서 회복하느니라〈41~42쪽〉.

……(중략)……

사람의 흡식과 호식이 다름이 있으니 흡식은 순수한 공기로되 호식은 순수한 공기 아니라 그 많은 것은 탄산가스라 하는 것이라. 이 일을 시험코자 하면 석회수(石灰水) 속에 가는 관(管)으로 기식을 불어들이면 석회수는 그 기식으로 유즙(乳汁: 젖)처럼 변하나니 이는 식중(息中)에 있는 탄산가스가 석회에 결착(結着: 결합)하여 탄산석회를 만드느니라〈43쪽〉.

제30과 기식2

……이와 같이 사람은 식물(植物)을 기르고 식물은 또 사람을 기르니 고로 아픈 사람의 방에 분재(盆栽)를 두면 그 식물이 빛을 내서 환자의 마음을 위로할 뿐만 아니라 환자가 식물에게 베푸는 것을 식물이 반드시 답례하나니 곧 환자의 쓸모없는 내쉰 숨은 식물이 호흡하고 환자에게 긴요한 숨은 식물에서 흡취(吸取)하게 하니라〈45~46쪽〉.

대한국민교육회, 『초등소학』 권2, 대한국민교육회 藏板, 광무10년 10월.

제12 人의 신체

우리는 잠깐 사람의 신체를 말씀합시다.

머리는 몸의 제일 위에 있으니 위와 뒤에는 털이 나고, 앞에는 얼굴이오.

얼굴에는 귀와 눈과 코와 입이 있으니 귀로는 듣고, 눈으로는 보고, 코로는 맡고, 입으로는 먹으며 또 말도 하오.

머리 아래는 목이니 목으로 허리통을 이었소. 허리통에는 가슴과 배가 있으니 가슴에는 두 젖이 있소.

가슴 옆에는 두 팔이 있고, 팔 끝에는 손이 있나이다.

허리통 아래는 두 다리가 있고, 다리 끝에는 발이 있나이다 〈17~19쪽〉.

<그림 1> 신체

대한국민교육회, 『초등소학』 권8, 대한국민교육회 三板, 융희원년(1907) 11월.

제3 인체

사람도 또한 동물 중의 하나이라. 그러하나 저 조수(鳥獸: 새와 짐승), 어개(魚介: 물고기와 조개)와 같이 어리석은 자가 아니요, 지혜가 있고 도리에 밝아 만물 위에 자리한 자니라.

인체의 밖을 싸고 있는 것은 거죽이니 거죽은 집의 벽과 같아 그 속에 있는 각종의 물질을 수호하는 것이오. 거죽 아래에는 근육이 있으니 근육은 뼈에 이어져서 뼈의 신장(伸張: 넓게 펴지고 뻗음)함으로 인하여 인체의 운동을 이루니라.

인체는 뼈로 성립하였으니 이는 집의 기둥과 서까래 같은 것이라. 그중에 제일 큰 것은 등골뼈이니라.

인체는 그 위치에 따라 세 부분으로 크게 나누니 머리와 허리와 사지(四肢: 팔 다리)니라.

머리는 가장 중요한 것이라 그 중에 신경, 곧 뇌수가 있으니 사물을 알며 도리를 밝히며 괴로움과 즐거움을 느낌이 모두 이에 따름이니라.

허리는 가슴과 배의 두 가지로 나뉘니 가슴 속에 속에 심장이라 하는 한 주머니가 있어 왼쪽 젖의 아래에 드리우고 또 폐장이라 하는 두 개의 주머니가 좌우로 드리워 있느니라.

심장은 피를 내보내고 들이는 기관이라. 피는 온몸을 기르는 것이니 심장으로 좇아 나가서 동맥을 통과하여 곳곳으로 돌아 정맥으로 들어와 다시 심장으로 돌아옴이 보통이니라.

폐장은 공기를 호흡하여 피를 신선하게 하는 기관이라. 온몸을 기르고 심장에 돌아가는 불결한 피가 이곳에 이르러 또 선홍(鮮紅: 맑고 붉게)하여 심장에 들어가 다시 온몸을 기르느니라.

뱃속에는 음식물을 받는 주머니가 있으니 이를 위(胃)라 이르고, 또 긴 관에 서린 것이 있으니 이를 창자라 이르느니라.

위는 음식물을 소화하게 하는 기관이니, 음식물을 삼켜서 넘길 때에 위에 이르면 위는 염산즙을 더하여 스스로 신축하여 음식물을 부드럽게 하느니라.

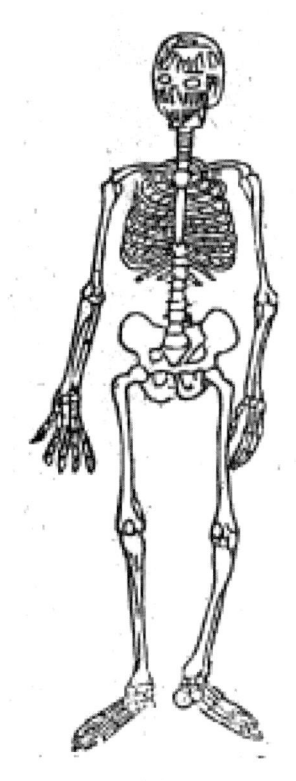

<그림 2> 인체

이미 부드럽게 된 음식물은 위에서 소장(작은창자)으로 내려가나니, 이때 소장은 쓴 액체와 단 액체를 더해 음식물을 소화하여 유즙(젖)과 같이 하고 가는 관으로부터 핏속에 보내 몸을 기르는 쓰임이 되고 그 거친 찌꺼기는 대장(큰창자)으로 내려가 마침내 몸 밖으로 나가느니라.

사지는 양손과 양발이니 양손은 양팔의 끝에 있고 양발은 양다리의 끝에 있느니라〈4~6쪽〉.

학부편찬,『보통학교 학도용 국어독본』권8, 1908년 발행, 1909년 재판.

제9과 박테리아

박테리아는 가장 가늘고 작은 동물이니 현미경이라 하는 안경이 없으면 능히 보지 못하는도다.

박테리아는 도처에 생존하나 그러나 특별히 티끌과 먼지, 더러운 물과 부패물에서 많이 사느니라.

박테리아는 자체의 분열로 인하여 번식하나니, 즉 발육하여 일정한 크기에 달하면 중앙에서 분열하여 두 개가 되는도다. 이와 같이 성장하여 또 같은 모양으로 분열하며, 그 분열하는 시간이 아주 신속하여 이십분이나 삼십분에 한 번씩 분열하는지라. 고로 한 개의 박테리아가 4,5일 후에는 셀 수 없느니라. 박테리아는 다른 물질에 기생하여 그 양분을 탈취하는 것인데, 우리들의 신체 중에 기생한 것 중에는 두려워할만한 것이 있도다.

장티푸스, 콜레라, 이질 등은 다 박테리아 기생으로 인해서 생기는 것인데 이것으로 인하여 생명을 잃는 폐단이 적지 아니하니라.

그러니 우리들은 주의하여 박테리아의 발생을 예방하지 않을 수 없을지라. 박테리아는 티끌과 먼지, 더러운 물과 부패물 가운데 발생하는 것이 가장 많으니 집 안팎을 항상 청결히 쓸고 닦아 깨끗하게 하여 이와 같은 불결한 물질이 쌓여 있게 하지 말고 또 신체와 의복을 청정하게 하며 음식물은 반드시 삶고 끓일지니라.

또 박테리아는 허약한 신체에 침입하면 번식이 심하게 빠르나 건전한 신체에는 설혹 침입할지라도 즉시 말라서 죽나니 우리들은 평일에 신체를 건전하게 해야 그 번식을 불허하도록 주의할지로다.

박테리아 중에는 인류에게 독해(毒害)가 없고 도리어 유익하게 하는 것이 있으니 술, 식초, 장(漿) 등의 좋은 맛을 생기게 함은 그 중에 무해한 박테리아가 번식하는 까닭이니라.

또 박테리아의 번식으로 인하여 모든 물건이 부패하는 것인데 우리들 인류에게 해가 됨이 매우 많으나 그러나 만약 어떤 물질이든지 부패함이 없으면 옛날로부터 지금까지 발생하야 말라 죽은 동식물이 지구상에 퇴적하여 우리들의 주거할 곳이 없을지로다. 그렇지만 박테리아가 있어서 말라 죽은 쓸모없는 것을 부패하게 하여 항상 세계를 공활(空濶)하게 하느니라 〈23~27쪽〉.

휘문의숙 편집부 편찬, 『중등 수신교과서』 권1, 휘문관, 1908.

제11과 휴식과 수면

사람의 신체와 정신은 털끝만큼도 그침 없이 사용할 수 없을지라. 공부와 운동 등의 피로가 있을 때에는 반드시 적당한 휴식을 필요로 할지나, 단지 휴식의 욕심이 편안함만을 누리려는 사상을 불러 일으켜 자기의 피로를 회복한 후에도 업무를 싫어하는 생각이 쉽게 생기나니 고로 시간을 일정히 하여 조금도 어기지 말 것이 옳으니라.

밤에 수면은 사람의 큰 휴식이니 하루의 피로를 회복함에 천연적 필요라. 많은 청년은 8시간의 잠을 항상 필요할지니 세상 사람이 혹시 번잡함이 많음에 따라 휴식의 시간을 아끼며 수면의 시간을 재촉하는 자도 있으나 이는 단지 뇌를 손상할 뿐이오, 일에는 털끝만큼도 이익이 없느니라.

그러므로 사람이 이 세상에 있으면서 사무에 분주할수록 더욱 시간의 규칙을 정하여 휴식과 수면을 정도에 맞게 하고, 새로운 날카롭고 적극적인 기세로써 업무의 습관을 기를지니, 어찌 잠시 일의 유익함에 빠져 다른 날 신체의 방해됨을 돌아보지 않으리오〈11~12쪽〉.

제13과 단련

신체의 건강을 유지함은 섭양(攝養: 병에 걸리지 않고 건강하게 오래 살도록 몸 관리를 잘함)의 법을 지켜 위생의 도(道)를 잘함이 좋으나 신체는 원래 외계 변화의 저항력을 가진 것이라. 만약 신체를 보호함이 그 정도에 지나쳐 이 저항력을 끝내 잃게 되면 도리어 취약에 빠질지니 저 온실 속에서 자란 초목은 그 실외에서 길게 자라나지 못함과 동일한 이치라. 그러므로 사람은 반드시 마음, 신체를 단련하여 그 저항력을 기르는 것을 주의할지나. 신체의 단련은 하루아침에 급격히 두드러진 효력을 얻지 못할 것이므로 먼저 쉬운 일을 따라서 차츰 진행할지니라.

저항력은 신체에 무한히 발달하는 것이 아니요, 그 굳셈을 따라 생기는 것이니 평소에 섭양의 법을 지킴이 제일이오, 건강에 해가 없을 알맞은 정도를 헤아려 단련의 방법을 채택함이 그 다음이니라.

신체 단련 중에 가장 필요한 것은 운동이니, 운동은 근육, 뼈와 장위(腸胃)를 강하고 굳세게 하며 피부를 튼튼하고 온전하게 하여 추위와 더위에 저항하는 힘을 능히 기르나니, 오직 피부가 튼튼하지 못한 사람은 질병에 걸리기 쉬운 까닭에 냉수 목욕과 냉수 마찰의 방법으로써 튼튼하게 할지니라〈14~15쪽〉.

제17과 오락

오랜 시간을 한 가지 일에 복무하면 자연히 권태의 마음이 생겨 사무를 볼 수 없을 뿐 아니라 만약 강행하면 정신이 느른해짐에 이르나니, 반드시 시간을 예정하여 사무를 교환하고 때때로 쾌활한 놀이를 행하여 피로한 정신을 쉬면서 보양할지라. 그러나 또 오락에 빠져 시간을 헛되게 보내면 사무를 못함이 권태에 그치지 않으므로 우리는 근면과 오락의 정도(程度)를 적당히 정하여 한쪽에 치우치지 않음을 노력할지니라.

대저 즐거움을 주는 것은 하나가 아니어서 혹 고상한 것도 있으며 혹 천하고 낮은 것도 있으니, 그 천하고 낮은 것은 사람의 품성을 해쳐 나약한 악습을 생기게 하며 사회에 해독을 흐르게 할 염려가 없지 않으니 이를 가장 주의할 바이오. 그 고상한 것은 사람의 기호를 적당케 하며 건강에 보탬이 있게 하여 그 오락의 효과가 사회에 미치게 할지니 어찌 쾌활한 것이 아니리오. 그러하므로 혹 천연의 풍경을 아끼며, 맑고 고상한 음악을 즐김은 가장 사람의 품성에 적당한 것이오. 또 승패를 다투는 놀이도 할 수 없음은 옳지 않되, 혹 탐닉에 혹하여 천하고 낮음에 빠지기 쉬우니 이에 당하여는 특히 주의함이 옳으니라〈18쪽〉.

현채, 『신찬초등소학』 6, 일한인쇄주식회사 인쇄, 1909년.

제3과 신체의 결구와 골육

사람 몸의 외부는 피부요, 그 안은 근육이요. 또 그 안은 뼈이니 뼈는 사람 몸의 운동을 편하게 하며 머리뼈 안에는 뇌수(腦髓)가 있고, 몸통 안에는 순환기와 호흡기와 소화기와 배설기가 있나이다.

뼈는 사람 몸의 도리(架: 집이나 다리 따위를 세울 때, 들보와 직각으로 기둥과 기둥을 건너서 위에 얹는 나무)요 근육이 그 위에 부착하여 팔다리를 운동하게 하고, 또 각종 기관을 보호하며, 근육은 중앙이 두텁고 양쪽 끝은 가늘어서 늘어나고 줄어들기 자유 자재하므로 능히 각 부를 운동하나이다.

대저 손목을 굽히고 펼 때에는 위 팔 앞 뒤 근육이 서로 늘어나고 줄어들며 그 양쪽 끝에 굳세고 강한 힘줄이 있으니 이는 뼈로 인하여 오르내리게 하는 것이오이다.

노인은 뼈가 절단되기 쉬우며 소년 때에 앉음과 섬이 바르지 않으면 필생토록 체구가 치우쳐 굽고 또 장(臟)과 부(腑)에 막힘이 있어 질병이 뭉쳐나며 노인은 힘씀이 지나치게 크면 골절되기 쉽고 근육은 가느다란 실로 이루어진 것이오이다〈5~7쪽〉.

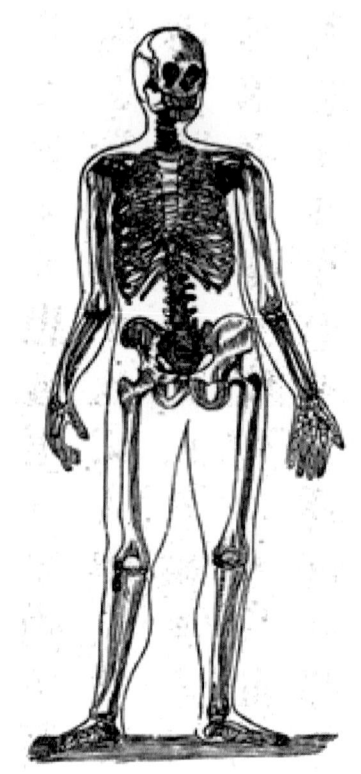

<그림 3> 신체의 결구와 골육

휘문의숙 편집부 편찬, 『고등 소학수신서』, 휘문관, 1908.

제47과 신체

신체가 건강하면 무슨 일이든지 곤란이 적고, 신체가 건강하지 않으면 무슨 일이든지 쉽지 못하니 그러므로 사람의 의무를 다함에는 신체를 건강케 함이 가장 긴절(緊切)하니라.

신체가 건강하지 못하면 그 마음이 또 건강하기 어려우므로 신체의 건강을 주의함은 마음을 위함에 또 중요하니라.

신체의 강장(强壯) 여부는 그 사람의 천품(天稟: 타고난 기품)을 따름이 많으나 강장하지 않은 사람도 섭양에 주의하면 건강을 능히 보전하고, 강장한 사람도 섭양에 부주의하면 도리어 건강을 해쳐 허약한 사람을 면하지 못하리라〈32~33쪽〉.

제48과 신체(속)

신체는 음식물로 인하여 길러지는 것이므로 반드시 자양이 있는 음식물을 선택할지오. 폭음 폭식은 큰 해가 있을지니 깊이 삼감이 가하니라.

신체를 건강케 함은 음식을 삼가는 외에 운동이 더욱 중요하니 팔을 많이 사용하면 팔이 발달하고 다리를 많이 사용하면 다리가 발달하는 고로 신체가 충분히 굳셀지나 공기가 신선하고 햇빛을 두루 받는 곳에서 운동함이 가장 좋으니라.

대개 체조는 신체 각부를 한결같은 모양으로 발달케 함으로 그 효과가 아주 크나 과도함은 불가하고 또 피부를 튼튼히 하며 신체를 청결히 함이 역시 필요하니라〈33~34쪽〉.

2. 신문

「치도약론」, 『한성순보』, 1884년 7월 3일.

    오늘날 세계의 기운이 크게 변하여 만국이 교통하여 수송하는 배가 바다 위로 마구 달리고, 전선이 온 세계에 그물처럼 널렸으며, 광을 열어 금은을 캐내고 쇠를 녹여 모든 기계를 만드는 등 일체의 민생과 일용에 편리한 일들이 거의 손가락에 꼽을 수 없을 정도로 많다. 그러나 각국의 가장 요긴한 정책을 구한다면, 첫째는 위생이요, 둘째는 농상(農桑)이요, 셋째는 도로인데, 이 세 가지는 비록 아시아의 성현이 나라를 다스리는 법도라고 해도 또한 어길 수 없을 것이다. 중국 춘추(春秋) 시대에는 남의 나라에 예방을 하면 제일 먼저 그 나라의 도로와 교량의 상태를 보고서 그 나라 정치의 득실(得失)을 알았다. 나는 전에 들으니 외국 사람들이 우리나라를 유람하고 돌아가서는 반드시 우리나라 실정을 사람들에게 이야기하기를, '조선의 산천은 비록 아름다우나 인구가 적어서 빨리 부강을 이룩하기는 어려울 것이다. 거리에는 똥과 오줌을 누는 사람과 가축이 길을 메울 정도로 많다'고 한다 하니 어찌 차마 들을 수 있는 말인가. 아, 우리 조종조(祖宗朝)가 나라를 세우고 법을 제정하던 처음에 도로와 교량을 수치(修治)하는 일은 이조(吏曹)에 맡기고 또 준천(濬川)하는 관청을 설치하여 오로지 구거(溝渠) 파는 일을 관리하게 하였으니 그 규모가 주도면밀하지 않은 것이 없었으나 풍속이 퇴폐 타락하여 습성이 되는 데는 어찌할 수 없다. 10년 동안 괴질과 전염병이 여름 가을 사이에 성행하여 한 사람이 걸리면 전염이 천명, 백명에까지 이르러 많은 장정을 비롯하여 죽는 일이 끊임없이 이어진다. 이것은 비단 거처가 불결하고 음식에 절제 없음으로 말미암을 뿐만 아니라, 더러운 물건이 거리에 쌓여서 독한 기운의 공격을 받기 때문이다. 이 독기의 공격이 많을 때에는 부자나 존귀한 자나 약간의 섭양을 아는 자들은 초조하게 화로 가운데 앉아 있는 것처럼 기양(祈禳)을 하고 주부(呪符: 재앙을 막고 악귀를 쫓기 위해 쓰는, 붉은 글씨나 무늬가 그려진 종이)를 쓰며 이르지 않은 바가 없다. 또 기백(歧伯)과 황제(黃帝)의 술(術), 곧 의술(醫術)을 거칠게나마 아는 사람은 도망쳐 피하고자 하여 좌견 우만(左牽右挽) 겨를없이 다급하게 분주(奔走)하다. 요행히 삶을 온전히 얻으면 문득 말하기를 금년 운수가 그렇게 시켰을 뿐이라 하고, 하늘의 기운이 점점 맑아져서 전염병 증세가 조금 숙어지면 사람들은 모두 의기양양하게 기뻐하며 잊어버리니 가히 그 어리석다고 말할만하고, 또 가히 슬프다. 현재 구미(歐美) 각국은 그 기술의 과목이 몹시 많으나 오직 의약(醫藥)을 제일로 여기는 것은 백성의 생명에 관계된 일이기 때문이다. 그런데 우리나라는 관공서에서부터 민간 집에 이르기까지 뜰은 수렁을 이루었고 길은 시궁창이 되어 썩는 냄새가 사

람을 핍박하여 코를 가리고도 견딜 수 없으니 실로 외국의 풍자를 받기에 충분하다. (후략)
  성상(聖上) 즉위 19년 11월 15일, 복주(福州), 김옥균(金玉均)

「논설」, 『독립신문』, 1896년 5월 19일.

　일기가 차차 더워 오기에 백성들이 병 안 나기를 위하여 요긴한 말을 조금 하노라. 집에 병이 없으려면 정(淨)한 것이 제일이니 그 정한 일은 곧 선약(仙藥)보다 낳은 것이라. 정하게 하는 것은 돈이 많이 드는 일도 아니고 다만 사람이 부지런하면 가난한 사람도 부자와 같이 할 터이니 조금 부지런만 하면 자기의 몸에 병만 없을 뿐 아니라 집안 식구가 병이 다 없을 터이요, 동리 사람까지라도 병이 적을 터이니 어찌 이 일이 소중하지 않으리오. 첫째 몸을 정하게 하여야 할 터인데 몸 정하게 하기는 목욕이 제일이라. 매일 사람마다 운동을 몇 시간 동안씩 하고 저녁에 목욕을 하고 자면 첫째는 밤에 잠을 잘 자니 좋고, 둘째 음식이 잘 내릴 터이니 체증(滯症)이 없을 터이라. 운동이란 것은 아무 일이라도 팔과 다리를 움직이는 것이 운동이니 걸음 걷는 것과 나무 패는 것과 공치는 것과 말 타는 것과 배 젓는 것이 모두 운동이니 자기의 형세대로 아무나 운동을 할 터이요. 목욕 하는 일은 다만 부지런만 하면 아무라도 이틀에 한 번씩은 몸 씻을 도리가 있을 터이니 이것을 알고 안 하는 사람은 더러운 것과 병나는 일을 자취(自取)하는 사람이라. 몸이 정한 후에는 집에 있는 사람들의 몸을 정하게 하여야 옳으니 부모와 처자와 친척을 사랑하는 사람들은 정한 것이 병 없어지는 근본인 줄을 알게 하여 주어야 할 터이요. 집안 사람의 몸이 다 정하게 된 후에는 집을 정하게 하여야 할 터이니 아무리 가난한 사람이라도 부지런만 하면 집안에 더러운 물건이 없어 냄새가 아니 나도록 할 터이라. 집을 정하게 하는 데는 쓰는(掃) 것이 제일이요. 문들을 열어 바깥 맑은 기운이 들어오게 하는 것이 마땅하니 이것이야 아무라도 능히 할 터이라. 집이 정하게 된 후에는 집 앞이 정하여야 할 터이니, 집 앞 정하게 하기는 우선 개천을 잘 쳐 더러운 물건이 씻어 내려가게 하는 것이요. 길가에 더러운 물건을 버리지 않게 하고 뒷간에도 뒤 본 후에 재를 뿌리면 냄새가 적어질 터이요, 보기에도 나은지라. 이런 것도 아무 사람이나 하려면 할 터이라. 몸과 집과 문 앞이 정하게 된 후에는 먹는 음식이 정하여야 할 터인즉 가난한 사람이 좋은 음식은 못 먹더라도 정하게는 하여 먹을 터이요. 푸성귀를 여름에 먹더라도 삶아 먹는 것이 좋거니와 날로 먹는 것은 매우 위태한 일이라. 곽란(癨亂: 급성 위장병)과 설사 나는 일은 대개 푸성귀를 날로 먹는데서 나는 일이요. 그 다음에 제일 소중한 일은 먹는 물이니, 서울 안에 있는 우물이란 것은 곧 사람 잡는 덫이라. 우물에서 나는 물은 대개 개천 물 거른 것이니 겨울에는 위태하기가 덜하거니와 날이 더워지면 그 물속에 각색 생물이 있는데 그 생물은 서양말로 박테리아라 하는 것이라. 이 물건이 사람의 속에 들어가 각색 병을 모두 만드는데 눈으로는 기계 없이는 볼 수 없으나 그 박테리아가 괴질과 열병과 학질과 이질과 다른 속병들을 만드니 이 생물을 제어하기는 정(淨)한 것이 제일이요. 음식과 물은 끓이면 이 생물들이 죽을 터인즉 우물에서 온 물과 푸성귀를 기어이 끓이든지 삶든지 한 후에 먹으면 집안에 병이 없어지리라. 물을 끓여서 정(淨)한 독에 넣어서 잘 덮어두면 냉수가 될터이니 그 물을 먹은 즉 물맛도 나아질 터이요. 물로 인연하여 병 날 묘리(妙理)도 없을 터이라. 병 아니 나도록 하는 것이 병 난 후에 고치는 일보다 더 소중한 일이니 백성이 병이 없어야 나라가 강하여지고 사농공상이 흥할 터이니 우리 하는 말을 별로 주의를 하여 말대로 시행하기를 바라노라.

「논설」, 『독립신문』, 1896년 12월 1일.

　　못된 의원(醫員)이란 것은 민간에 큰 화(禍)라. 조선 사람이 의원 까닭에 죽는 사람이 일년에 몇 천 명이니 의원이 없었더라면 이 사람들이 이렇게 죽을 리가 없는데, 무식한 의원에 학문 없는 약과 침 때문에 불쌍한 인생이 목숨을 많이 잃었으니 어찌 불쌍하지 않으리오. 외국에서는 사람이 의원이 되려면 적어도 일곱 해를 날마다 학교와 병원에서 각색(各色) 병을 눈으로 보고 다스리는 법을 공부한 후에 대학교 교관들 앞에서 시험을 지낸 후, 다시 의원 노릇을 하려면 그 동리 판윤(判尹) 앞에 가서 상등(上等) 의원들을 청하여 다시 시험 하여 그 사람이 내치·외치와 부인병들과 아이 병들과 해산(解産)하는 데 관계 되는 학문과 화학과 약물학과 약 만드는 법을 다 시험을 지낸 후라야 판윤이 인가장을 하여 주어 비로소 민간에 나아가 의원 노릇을 하는 법이라. 의원이 이 학문들을 모르고 책을 보고 의원인 체 하는 사람은 세계에 가장 위태한 사람이라. 요즈음 들으니 소위 의원이라 하는 자들이 사람을 침을 주어 죽은 사람이 많이 있다니, 침이라 하는 것은 당초에 학문 없는 물건이라. 외국서는 의원이 사람의 살을 기계를 가지고 건드리려면 그 기계를 더운 물에 넣고 끓여 그 기계에 있는 박테리아(독물)가 다 죽은 뒤에 다시 약물에 넣어 아주 염려없은 후에 비로소 살도 베고 오장(五臟)을 열고라도 다시 기워 매면 그 사람이 몇 날이 아니 되어 도로 살아나는 것이 묘리(妙理)인즉, 첫째 사람이 어떻게 생긴 것을 알아 베지 않을 물건은 베지 않고 또 베는 기계와 손과 의복과 방과 각색 물건이 다 정(淨)하게 하여 박테리아가 죽은 후에 아무 일이라도 하면 당초에 사람이 죽는 법이 없는지라. 조선 의원은 첫째 사람이 어떻게 생긴 것도 모르는 것이 의원 공부 할 때에 죽은 사람을 해부하나 하여 본 일이 없은즉 어찌 각색 혈관과 신경과 오장 육부가 어떻게 놓였으며 그것들이 다 무슨 직무를 하는 것인지, 그 중에 하나가 병이 들면 어떤 병 증세가 생기는지, 화학을 모른즉 약이 어찌 효험이 있는지, 약을 쓰면 그 약이 어떻게 사람의 몸에 관계가 되는지 도무지 모르고 덮어 놓고 약을 주며, 덮어 놓고 침을 주니 이것은 곧 사람을 위태한 데다가 집어넣는 것이라. 정부에서 백성을 위하여 의학교(醫學校)와 병원은 아직 못 세워 주더라도 제일(第一) 침주는 법은 금하여 불쌍한 목숨들이 살터이요. 또 사람이 병이 들면 조선서는 무당과 판수로 굿을 한다, 넋두리를 한다 하여 병인(病사람)이 편안히 잠잘 수도 없게 하며 또 그 굿하던 음식을 병인을 주어 먹게 하여 병이 더치게 하며 그 까닭에 죽은 사람들도 많이 있으니, 우리 생각에는 한성 판윤과 경무사(警務使)가 백성을 위하여 사업을 하려면 침장이와 무당과 판수와 재(齋) 올린다는 중들을 엄금(嚴禁)하면 그 까닭에 사는 사람이 몇 만 명일 터이요. 또 이 노릇하여 벌어먹는 사람들은 당장은 좋지 않다고 할지라도 얼마 아니 되어 감격한 생각들이 있을 것이 불쌍하고, 무죄한 인생들을 속이고 돈을 뺏으며 목숨을 잃게 하는 것이 사람의 마음에 불평(不平)할지라. 그것을 금하여 주니 어찌 감사치 않으리오. 사업이 다른 것이 아니라 여러 사람을 위하여 이롭고 편하도록 하여 주는 것이 사업이니, 여간 몇이 원망 있다고 상관할 것 없이 경무청과 한성부에서 이 몇 가지를 하기를 우리는 믿고 바라노라.

「기서 양매창론(楊梅瘡論)」, 『황성신문』, 1902년 11월 17일.

의학교장 지석영

질병은 사람에게 비록 미아 소양(微痾少恙: 가볍고 하찮은 병)이라도 마찬가지로 두려워할만한 것에 속한 것이로되 가장 두려운 것은 전염병이오, 전염병 중에 특히 심한 것은 양매창(楊梅瘡)이라. 양매의 한 증세가 남녀에게 전염하여 단지 성교할 때뿐만 아니라 입맞춤할 때에도 또한 전염하여 정도가 약할 때에는 치료법이 없지 않건마는, 그 정도가 심하면 치료가 쉽지 않아 가끔 눈이 빠지고 코가 떨어져 처참하기가 차마 볼 수 없으며 단지 당사자의 외모를 해치고, 생명을 앗아가는 것에 그칠 뿐만 아니라 자녀에게 유전하여 후손이 끊어지는 지경에 이르나니 진실로 천하의 악질(惡疾)이로다. 최근 서양 약사·의사(藥醫士)가 말하는 바를 두루 들으니 약품(藥品) 판매 중에 양매약(楊梅藥)이 열 가운데 7,8이오, 외과 진단하는 중에 양매창이 또한 열 가운데 7,8이나 되어, 작년이 재작년에 비하면 많고 금년이 작년에 비하면 훨씬 많다하니 이는 최근에 화류지풍(花柳之風)이 전에 비하여 더욱 많아진 까닭이라. 이제 부유한 집안의 자제가 몸에 매독이 있다는 소문이 혹시 있다하더라도 대단한 발표만 없으면 매음(賣淫)하는 어리석은 여성이 그 재물만을 탐하고 병은 생각지 못하기 때문에, 부유한 사람이 병이 있으면 다른 사람에게 전염함이 가난한 사람보다 많고, 용모가 예쁜 창녀에게 매독이 숨어 있다는 풍문이 자못 많더라도 당면 흔적만 없으면 꽃을 탐하는 미친 나비들이 그 색만을 취하고자 하고 그 병은 생각하지 못하므로 창기가 (매독균을) 갖고 있으면 다른 사람에게 전염함이 시골 아낙보다 많으니 이런 까닭에 한 여성이 백 명의 남성에게 전염시키고, 한 남성이 백 명의 여성에게 전염시키니 만약 방법을 써서 예방하고 구제하지 않으면 몇 년 되지 않아 모든 세상이 다 양매가 될 것이다. 집안에 심지가 아직 곧지 못한 자제가 있으면 그 부형된 사람이 그 지경을 냉정히 생각하건대 밤에 잠을 이루지 못할 것이다. 이 어찌 크게 두려워하지 않으리오. 각국의 법을 사용하여 기적(妓籍)을 편성하여서 매일 검사하고 싹이 시작될 때 뿌리를 뽑으면 그 걱정을 풀리니, 신체를 염려하고 자제를 염려하는 것은 사람들의 다 같은 심정이다. 간절히 바라건대 당로(當路)하신 군자는 여러 가지를 소홀히 하지 마시고 마음에 유의하여 (방책을) 채용하시면 단지 집마다 행운이 많을 뿐만 아니라 사람마다 행운이 많을 것이라. 무궁한 음공(陰功: 남몰래 쌓은 공덕)을 쌓아 한없는 복을 누릴 것이오이다.

「기서 권종우두설(勸種牛痘說)」, 『제국신문』, 1903년 3월 20일.

의학교장 지석영

    사람이 세상에 나서 범백사(凡百事) 위에 의심 있는 것은 행하지 않는 것이 당연하거니와 가치 믿을만한 것을 보고도 행하지 않으면 대단히 어리석은 일이라. 아이 기르는 데 역질(疫疾) 일관으로 말할진대 수천년 이래로 사람마다 지낸 바 위태로움을 이루 말할 수 없는 액회(厄會)러니 다행히 하나님 호생하시는 덕으로 우두법이 나서 일백여 달포 동안에 천하만국에 사람 건진 것이 가위(可謂: 가히 이르자면) 부지기수요, 우리 대한으로 말하더라도 25년 사이에 그 효험 본 사람이 또한 몇십만명이 될 것이니 이는 족히 의심을 파(罷)하고 믿을만한 것이요, 하물며 나라에서 마을을 설시(設施)하고 관원을 두어 아무쪼록 백성의 역질을 예방하게 하시니 추후라도 미신함이 없거늘 슬프다! 어찌 이렇듯 생각하지 않는고. 심지어 한 집으로 말하더라도 형의 자녀는 우두를 넣어 신통한 효험을 보았는데, 아우의 자녀는 시두를 하다가 낭패 보는 것이 종종 있으니 이는 다름이 아니라 남자는 임염(荏苒: 세월이 흐름) 연타(延拖: 일을 끌어서 뒤로 미루어 감)하여 용단이 없고, 여자는 장구치고 굿 배송(拜送: 천연두를 앓은 뒤 13일 만에 두신을 떠나보내는 굿) 내는 데 재미를 들여 기어이 시두를 기다리되 우리 집은 역질을 잘 사귀었으니 설마일거나 불행하랴 하다가 역질이 들면 물 떠 놓고 비는 것으로 일을 삼다가 소위 배송 날을 당하면 행랑방 형세(形勢: 살림살이의 경제적인 형편)로도 동서 대취(大取)하여 사오백냥을 허비(虛費)하며, 여간 견디는 집으로 말하면 수삼천, 칠팔천을 종종 허비하니 이런 어림없는 일이 어디 있으리오. 아이가 역질을 순(順)히 하였으면 기꺼운 흥취(興趣)에 괴이(怪異)치 않거니와, 아이는 방장 죽게 되었거나 죽었는데도 배송은 폐할 수 없다 하여 한 옆으로는 울면서도 한 옆으로는 장구를 치니 이러한 악습은 천하만국에 없는 것이라. 어지 부끄럽지 않으리오. 여보 어린 자녀 두신 동포님네들 자세히 들으시오. 무슨 까닭에 편한 것을 버리고 험한 것을 취하며, 첩경을 두고 먼 길로 가려하는지요. 가령 우두시키는 데 재물이 과(過)히 들게 되면 아무리 첩경이오, 아무리 편리하더라도 가난한 사람이 할 수 없으려니와 우두 의원 대접함은 더한 것이 없으니 가난한 사람은 당오전(當五錢) 닷냥, 열냥이라도 정표(情表)는 될 것이니, 이 돈 닷냥 열냥을 아끼다가 배송과 약값에는 몇백냥을 쓰니 돈쓰는 경위로 말하더라도 어림없고 자녀를 사랑하는 이치로 말하면 가위 미친 일이라고 할 만하도다. 가령 시두를 백명이 하는데 백명마다 태평하기는 믿을 길 없으니 백명중에 구십오명만 태평이 출장할양이면 족히 극순(極順)한 역질이라 할 것이니, 구십오명은 태평하였거니와 그중 불행한 다섯 사람이야 불쌍치 않고 죽는 것은 이루 말할 것 없고, 병신되는 것으로 말할진대 세상 맹인을 모아놓고 그 눈먼 근인(根因)을 물으면 거의 다 역질하다가 안맹(眼盲)하였다 하고, 또 대단히 얽은 사람으로 말하면 하늘이 주신 고운 현상을 일조(一朝)에 잃어버리니 이는 다 부모의 죄라 할만한지라. 그러므로 영국에서는 우두 처음 났을 때에 백성이 혹 믿지 않거늘 칙령으로 백성을 효유(曉諭)하되 자녀로 말하면 너의 자식이나 인민으로 말하면 나라백성이라 하여 우두를 시키지 않는 자는 중벌을 썼고, 영국 의원 해득란은 말하되 우두 시키지 않고 시두 시키는 자는 비상 같은 독약으로 자식을 주어 맛보게 하는 것과 같다 하였으나 자식 사랑하는 마음은 인지상정(人之常情)이거늘 기어이 우두 시키지 않고 시두를 기다리는 사람은 비단 어리석을 뿐 아니라 반상한 일이로다.

우두를 시키지 않는 곡절이 몇 조건이 있으니 그중 요괴(妖怪)한 사람은 말하되 천작(天作: 사람의 힘을 가하지 않고 저절로 됨)대로 할 것이지 어찌 인교(人巧: 사람의 정교한 솜씨)를 붙이리오 하니 가령 천작대로만 할진대 무슨 병이든지 절로 낫기만 기다릴 것이오, 아이가 울고 피가 나는 것이 참 애처러워 할 수 없다 하니 시두하다가 제반 악중(惡症)에 애처로움은 어찌 하며 우두한 아이가 다시 하는 폐(弊)가 있으니 믿을 수 없다 하니 이는 우두시키기를 분명히 못한 것이라. 심신(審愼: 말이나 행동 따위를 조심하고 삼감)하지 못한 것이 의원의 허물이요 우두법의 책망은 아니니, 바라건대 자녀 두신 동포들은 부디 인교라, 애처롭다, 다시 한다하는 마음을 일제히 파혹(破惑: 의혹을 풀어버림)하고, 아이 난 지 일백일이거든 폐일언(蔽一言)하고 우두를 시키시고 우두한 후에 시두를 혹 다시 하는 아이를 상고(詳考: 상세히 조사함)한즉 우두 한 자리가 분명치 않고 시두를 하더라도 다 극순하게 출장하니 이 아이가 만일 분명하지 못한 우두나마 하지 않았던들 시두를 분명 중(重)히 할 것은 가히 짐작할 것이오, 또 자리가 분명치 않거든 두세 번 시키면 아주 염려가 없고. 내가 기묘년(1879년)에 처음으로 이 법을 배워 몸소 시킨 것이 수만 명이요, 가르친 것이 천여 명이라. 대저 최근에는 거리에 시두 돋은 아이를 보지 못하고 수구문(水口門) 성낭에 덕맨 것이 없기로 마음에 간절히 기꺼워하더니, 작년 초겨울부터 시두가 크게 행하여 불행한 자가 종종 있으니, 이는 비유컨대 먹을 것을 두고 자녀를 굶겨 죽이는 것 같으니 이 아니 악착(齷齪: 잔인하고 끔찍스러움)하고 불쌍하며, 수구문 성낭에 무수한 덕맨 것에 흩어지는 독기가 동풍을 좇아 성중에 퍼지면 서울 안에 시두가 점점 만연하여 간정할 날이 없을 것이니 이는 비단 자녀두신 이의 깊은 염려라 위생상 직무에 대단히 관계될 듯 하오니 사람으로서 말씀을 버리지 않으시면 아이에게 다행이요, 국민에게 다행일 듯.

「시사평론」, 『대한매일신보』, 1908년 2월 14일.

나라형세 위급함이 몸의 병과 일반이라. 수십년을 신음하니 잡시방약(雜施方藥) 쓸 데 있나. 천하 명의 맞아다가 증세대로 치료할 제 일신 혈맥 살펴본다.

체중 맥을 살펴보니 모(某) 대신의 농락으로 십삼조건 맺었구나. 국민곤란 불계(不計)하고 큰 화근을 빚었으니 내종병(內腫病)이 염려로세.

뇌수 맥을 살펴보니 내각 지위 요동키로 돌에 때린 머리같이 정신들이 어질하다. 백 가지로 주선하나 진정하기 극난하니 현기증이 염려로세.

육부(六腑) 맥을 살펴보니 외국 차관 얻어다가 쓸데없이 탕비(蕩費)하고 지화 동전 가계하여 재정권리 없어지니 진액 갈증 염려로세.

신기 맥을 살펴보니 일진회가 탁란(濁亂)하여 자위권과 선언서로 외인(外人)에게 노예되고 벼슬 노득 분주하니 협사증이 염려로세.

장위 맥을 살펴보니 각부 관제 변개(變改)키로 외국인이 득세하여 주판임(奏判任)을 뺏어가나 제반 사무 생소하니 객회증이 염려로세.

귀경 맥을 살펴보니 각도 각군 관찰 군수 행정권은 빼앗기고 시위소찬(尸位素餐) 그저 앉아 수다 월급 탐식하니 창기증이 염려로세.

기부 맥을 살펴보니 황무지지(荒蕪地址) 개간키로 편편옥토 좋은 땅을 농부대신(農部大臣) 누구신고. 임의대로 내어주니 사말수척 염려로세.

대장 맥을 살펴보니 좁고 좁은 이 강산에 식민하자 결의하니 이천만중 우리 동포 거접(居接)할 곳 어디있나. 허루증이 염려로세.

혈관 맥을 살펴보니 지방 순사 배치하고 경찰권을 맡겼으나 도적들이 대치하여 재산보호

극난하니 오한증이 염려로세.

폐경 맥을 살펴보니 신법률을 개정하나 사법권이 문란하여 온 나라가가 함정되고 여러 형벌 혹독하니 전근증이 염려로세.

사지 맥을 살펴보니 도처 풍진(風疹) 요란키로 무죄 양민 겁을 내어 엄동설한 불계하고 남부여대(男負女戴) 유리하니 경중증이 염려로세.

간경 맥을 살펴보니 장례원 연회석에 총리대신 놀아난다. 두 어깨에 장구 메고 아리랑 타령이 자지러졌네. 광기증이 염려로세.

고황(膏肓)에 깊이 든 병 치료방침 어디 있노.

명문 맥을 살펴보니 동포 형제 결심하여 실력을 양성하고 외국 사상 분발하여 나라에 몸 바치면 일맥 생기 여기 있다.

「논설-파괴를 주장하는 자의 오해」, 『대한매일신보』, 1908년 2월 15일.

한국의 슬픈 지경이 이에 이른 것은 도덕이 떨어진 연고가 아니뇨. 말하되 그러하다. 습관이 완만하고 용렬한 연고가 아니뇨. 말하되 그러하다. 그런고로 이때를 당하여도 국가 흥망에 조금도 관계를 아니 하며, 그런고로 이때를 당하여도 학교의 설립이 드물고, 그런고로 이때를 당하여도 전첨(前瞻) 후고(後顧)하여 이름이나 벼슬이나 보전하려는 자가 있으며, 그런고로 이때를 당하여도 남의 노예나 되기를 달게 여겨 방관자의 웃고 꾸짖는 것을 사업으로 아는 자 있으니 이런 까닭에 파괴를 주장하는 자가 났으며 파괴하는 자가 날 (수)밖에 없도다.

오늘날 파괴치 못하면 파괴할 날이 없을 것이오. 나의 손으로 파괴치 못하면 다른 사람의 손에 파괴가 될 터이니 잘 되었다. 오늘날 파괴됨이여. 파괴할만한 오늘날을 당하여 파괴할 그 사람이 없어서 다른 날 다른 사람의 손에 부치면 장래에 건축함도 다른 사람이 하리니 급급(急急)하다 파괴할 일이여. 그러나 오늘날 진실로 파괴할 그날이라 하려니와 오늘날 파괴하는 자가 과연 그 사람인가.

슬프다 이 문제에 이르러서는 나는 실로 감히 그 사람이라고 쾌하게 허락지 못하겠도다. 오늘날 파괴를 주장하는 자를 볼진대

제일은 자기 나라에 전래하던 제도며 풍속과 습관을 아름답고 악하며, 좋고 좋지 못한 것을 물론하고 일체로 파괴하려는 자이오.

저 제2의 파괴를 주장하는 자는 노예의 성품과 노예의 재목이 가장 심한 자이라. 다른 사람이 파괴한 것을 자기가 파괴함으로 알면 장차 다른 사람의 건축하는 것도 자기가 건축함

으로 알아서 자기의 기지와 자기의 가옥과 자기의 기물(器物)이 일일이 다른 사람의 쓰는바 되어도 필경 몽혼약(曚昏藥)에 취한 것같이 곁에서 보고도 깨닫지 못하리니 슬프다 저 무리들이야 나무랄 것이 무엇 있으리오만은 그 제일의 파괴를 주장하는 자도 또한 파괴의 방법을 옳게 얻지 못할 자이라. 파괴라 하는 것은 저것을 파괴하여 이것을 보전하려 함이니 이것은 무엇이뇨 하면 국가가 이것이요 동포가 이것이며, 저것은 무엇이뇨 하면 국가의 병든 것이 저것이요 동포의 고통한 것이 저것이니, 국가에 병이 있고 동포가 고통있으면 국가를 보존키 어렵고 동포가 생존키 어려울지라. 그런고로 그 병들고 고통함에 원인이 풍한(風寒) 서습(暑濕)이든지 종기든지 물론하고 깊이 연구하여 적당한 약을 쓰고 이(利) 한 침으로 파종(破腫)을 하여야 그 병이 없어지고 그 기운이 소생하리니.(미완)

「논설-파괴를 주장하는자의 오해(속)」, 『대한매일신보』, 1908년 2월 16일.

만일 인순 고식(因循姑息)으로 목전에만 지내려다가는 병 많은 마경이 일어날 기한이 없을지라. 그런고로 파괴할 자를 기다리며 파괴하는 자를 옳다고 할 수 밖에 없으니 그러나 다만 병근(病根)은 궁구(窮究)치 아니하고 방문(方文)만 헛되이 시험하여 오장을 썩게 하며 맥락을 틀리게 하면 도리어 그 죽음을 재촉만 할 뿐이니 그런즉 파괴를 주장하는 자가 가히 파괴할만한 자를 파괴치 아니함도 옳지 아니하고, 가히 파괴치 못할 만한 것을 파괴함은 더욱 불가한지라.

어떤 사람은 가히 파괴할만한 것과 파괴치 못할만한 것을 가리되 어떠한 것은 가히 파괴할 것이니 내 마땅히 파괴하리라 하며 어떠한 것은 가히 파괴치 못할 것이니 내 마땅히 보전하리라 하나 눈으로는 검고 흰 것을 분변(分辨)치 못하고 마음으로는 취하고 버릴 것은 알지 못하여 매매(每每) 방황 주저하다가 중도에 폐지하기가 쉬우니 오늘날 ■■■ 마땅히 ■■■ ■이나 묻지 말고 큰 칼과 큰 도끼로 한 번에 파괴함이 가하니 이같이 한즉 설혹 삼간(三間) 초당은 탈지라도 가증한 빈대는 절종(絶種)이 되어 사람으로 하여금 한번 쾌하게 할지니 그 결과의 잘되고 못된 것을 물을 바도 아니요, 염려할 것도 아니라 하나니 이 말이 그러할까 어찌 그렇다 하리오.

대저 파괴하기를 위하여 정신을 허비하며 땀을 흘리는 것은 다만 나라의 애석한 운수를 붙들어 구원코자 함이니 만일 파괴하여도 망하고 파괴치 않아도 또한 망할진대 파괴하는 것이 무슨 귀한 것이 되리오.

슬프다. 파괴하는 자의 문견(聞見)이 이같이 좁고 수단이 이같이 참혹하면 그대의 파괴하는 일은 귀어허지(歸於虛地)하고 다른 사람의 수중에 파괴함이 되리니 삼갈지어다.

신병의 파괴를 시험코자 할진대 원기를 상하지 말 것이요, 나라 병의 파괴를 행코자 할진대 나라정신을 보전할 것이니 나라의 정신은 무엇이뇨. 자기 나라의 역대(歷代)를 존숭(尊崇)하며 자기 나라의 영웅을 공경하여 자기 나라의 정신을 발달케 함이라. 어리석은 사람은 혹 말하기를 3,40세가 지난 사람은 다 없어야 이 나라가 되리라 하나니 슬프다 이는 곧 미친 마음으로 나온 말이나 대저 옛날과 이제 둘 사이에서 옛 방문(方文)과 새 방문을 짐작하고 가감(加減)할 자는 또한 이 3,40세 지난 사람이니 만일 오늘 이때에 이런 사람들을 졸■ 다 없이하면 후진 소년은 누가 교도(敎導)하리오. 만일 일인(日人)으로 교도하면 이는 한인이 아니라 일인이 될 것이오, 미국 사람으로 교도하면 미국 사람이 될 것이오, 법국(法國) 사람이나 덕국(德國) 사람으로 교도하면 법국이나 덕국 사람이 될 뿐이니 우리는 지금 한국에 대하여 3,40 이상된 사람들이 일찍이 회심하기를 빌며 파괴를 주장하는 자는 다시 건축할 양으로 파괴하기를 바라노라. (완)

「나와 사회의 관계」, 『대한매일신보』, 1908년 3월 6일.

　대저 일개 육신으로 이 세상에 잠시간 있다가 홀연히 가는 자를 '나'라 이르며 과거와 현재와 미래를 관통하여 영구히 없어지지 아니하는 자는 사회라 이르나니 나는 죽더라도 사회라는 것은 죽지 아니하니 나는 멸하더라고 사회라는 것은 멸(滅)치 아니하며 나는 한(限)이 있더라도 사회는 한이 없는 것이라. 이러므로 일개 나 하나가 세상 사회에 있는 것이 비유할진대 태창(太倉)에 좁쌀 한 낟과 같으며 태산의 흙 한덩이만 할 뿐이로다.

　좁쌀 한 개가 비록 정(淨)하다한들 태창에 다 썩는 곡식을 구원치 못하며 한 흙덩이가 견강(堅强)하다한들 태산이 다 무너지는 것을 돕지 못하나니 이내 한 몸이 아무리 인의(仁義)를 닦고 도덕을 품었더라도 사회의 부패함을 장차 어찌하리오 하여 어리석은 사람과 용렬한 선비는 다만 노인이나 봉양하고 자식이나 기르는 것으로써 자기의 천성 직분이라 하며, 조반(朝飯) 석죽(夕鬻)으로써 자기의 사업을 삼아 일평생 계칙(戒飭)이 조석에 공궤(供饋)하는 식량과 염장을 걱정함에 지나지 못하고 혹 그중에 출중한 소견이 있노라 자칭하는 자도 세상이 요요함을 괴로이 여기는 의사가 태심(太甚)하여 대소사를 무론(毋論)하고 장주(莊周)와 같이 제물론(齊物論)을 주장하여 슬픈 퉁소와 취한 노래로 죽림칠현의 우활(迂闊)한 바람을 계적(繼蹟)하려 하고, 또 그 경륜 배포가 있노라 자칭하는 자도 입으로는 수신 제가 치국 평천하를 능히 외우며 붓으로는 고금 시세를 통하지 않은 바가 없으나 흔히 문을 닫고 들어앉아서 세상에 시비(是非)없는 것을 제일로 알아 협착(狹窄)한 규모를 벗어나지 못하니 슬프다. (중략)

내가 한 번 사회상에 출생한 이후에는 부득불 이 사회의 사원에 일부분되는 책임을 담임하며 직분을 극진히 하여 사회를 보조도 하며 개량도 하여야 사회가 영구하며 나도 좇아 영구할지며 사회가 멸망치 아니하며 나도 좇아 멸망치 아니할지니 생각하여 볼지어다.

「시사평론」, 『대한매일신보』, 1908년 9월 2일.

각 지방을 유람하니 인민들과 관리 중에 병 없는 자 희소(稀少)하다. 내 의술이 용렬(庸劣)하나 시험하여 집중하고 동침(銅針) 한 대 급히 빼어 정문혈(頂門穴)에 놓아보세.

사족가(士族家)를 돌아드니 양반들이 모여 앉아 자제 교육 생각 없고 아무 조상 자손이라 아무 편색 문벌(門閥)이나 평론키로 분주하니 정문침을 놓아볼까.

각 향교를 돌아드니 김지리지 재임(齋任)들은 폐포파립(敝袍破笠)하고 앉아 주식(酒食)이나 다투면서 제관 차접 방매키로 일을 삼아 협잡하니 정문침을 놓아볼까.

아전청을 돌아드니 간향(奸鄕) 활리(猾吏) 수단으로 막중 공납 흠축(欠縮)내고 무죄 양민 모함하여 여간 전재(錢財) 토색키로 대소 인민 어육(魚肉)되니 정문침을 놓아볼까.

각 서당을 돌아드니 완고할 손 저 학구가 사략(史略) 통감(通鑑) 가르칠 제 실지 학문 몽매하고 단장적귀 위주하여 남의 자제 그르치니 정문침을 놓아볼까.

농업가를 돌아드니 게으르다. 저 농부는 밖에 나가 잡기하고 들어와서 잠자기로 농사 실시(失時) 제가 하고 무죄 처자 구박하니 정문침을 놓아볼까.

통역실을 돌아드니 살기 등등 충천(衝天)이라. 유무죄를 불계하고 제 뜻에만 틀리면은 의병(義兵) 간련(干連) 있다 하여 임의대로 모해(謀害)하니 정문침을 놓아볼까.

각읍 관청 돌아드니 탐학(貪虐) 수령 허다하다. 생민 어육 되건마는 일호(一毫) 선정 뜻이 없고 이리저리 토색하여 자기 욕(慾)만 채우려하니 정문침을 놓아볼까.

관찰부를 돌아드니 협사(挾私)하는 관찰사는 출척(黜陟) 권리 있다하여 군수 선악 불계하고 자기 뜻만 불합(不合)하면 사직하라 권고하니 정문침을 놓아볼까.

차(此) 시대에 허다 병통 다 고치기 어려우나 여덟 가지 큰 증세만 치료해도 낳을텐데 부패 성질 고집으로 의원 말을 불신하니 회생하기 묘연(杳然)일세.

「시사평론」, 『대한매일신보』, 1908년 10월 23일.

▲시국형편 살피고자 각 방곡(坊曲)에 배회(徘徊)할 제 권문세가 돌아드니 무리무리 잡류(雜類)들이 냄새 맡은 파리같이 뭉게뭉게 모여들고, 빈호(貧戶) 잔촌(殘村) 돌아드니 우는 듯

호소하는 듯 창(窓)밑에서 하는 말이 각 신문과 각 사회가 권고(勸告) 논박(論駁) 무수(無數)컨만 염치없는 저것들은 소불통념(所不通念) 무심(無心)커든 우리 사담(私談) 쓸데 있나. 무의(無意) 무심 저 인종을 평론하는 내가 글다(그르다). 남을 원망 할 것 없이 내 탓이나 하여보세.

▲원수로다 원수로다. 위생국이 설시(設施)되면 가가호호 청결하여 무병(無病)할 줄 알았더니 푼전 난득(難得) 이내 산업 일본 순사 저 등쌀에 식정(食鼎)까지 전당(典當)잡혀 퉁퉁 설시하였는데 놀보 집이 아니어든 똥 천지가 무슨 일고. 그 중에도 청결비를 매호(每戶) 매간(每間) 2전씩에 제 똥 주고 값을 내니 개홧법은 이러한가. 장래 위생 고사하고 금일 당장 못살겠네. 남의 탓을 할 것 있나. 똥구멍이 원수로다.

▲원수로다 원소로다. 치도국(治道局)이 설시되면 도로 교량 수축하여 편할 줄로 알았더니 여러 만금(萬金) 치도비는 어떤 양반 다 자시고 추(醜)한 모래 실어다가 외면에만 덮었구나. 동적강이 아니어든 모래톱이 웬일인가. 인력거나 마차 위에 거들거려 앉은 이는 남의 사정 모르지만 도보하는 내 신세는 태산 같은 짐을 지고 한 걸음이 극난(極難)일세. 남의 탓을 할 것 있나. 내 다리가 원수로다.

▲원수로다 원수로다 연희장이 설시되면 별반(別般) 재조(才操) 연구하여 박람(博覽)할 줄 알았더니 초한(楚漢) 시절 아니어든 항장무(項莊舞)가 웬일인가. 무뢰 잡류 모여들어 춘향가로 희학(戲謔)하니 풍속 괴란(壞亂) 고사하고 오인(吾人) 자제(子弟) 가통(可痛)이라. 지각없는 처자들은 가장(家長) 부모 속이면서 여간 집물(什物) 전당잡혀 밤낮으로 추축(追逐)타가 개시(皆是) 난봉 되었구나. 이 노릇을 어찌할꼬. 남의 탓을 할 것 없이 내 처자가 원수로다.

▲원수로다 원수로다. 개화 한번 되고 보면 희호세계(熙皞世界) 격양가(擊壤歌)로 행락(行樂)할 줄 알았더니 각부 대신 저 행위는 더욱 심히 학대하고 경찰관의 저 행정은 용서 없이 압제(壓制)한다. 태평세월 다 버리고 경쟁하는 이 시대에 어찌하여 내가 나서 이 지경이 되었는가. 세상 잊고 죽자하니 부모처자 가련하고 구차하게 살자 해도 사신곡복(絲身穀腹) 할 수 없네. 남의 탓을 할 것 있나. 내 목숨이 원수로다.

「시사평론」, 『대한매일신보』, 1909년 4월 16일.

▲한국인의 곤란 정황(情況) 삼척동자 아는 바라. 더 말할 것 없거니와 위생법을 실시 후로 더욱 곤란 자심(滋甚)타는 여항(閭巷) 물론(物論) 들어본즉 이리가도 원망이요 저리가도 칭원이라. 민생 호원(呼冤) 이렇고야 무슨 일이 될 수 있나. 청이불문 할 수 없어 듣는 대로 말하노라.

▲못살겠네 못살겠네 나는 진정 못살겠네. 오예물(汚穢物:지저분하고 더러운 물건)을 다 제하고 신선공기 받는 것이 위생상에 필요인데 통통 설시한 이후로 게딱지와 같은 집에 방문 열고 나서면은 통통 부엌 한 데 붙어 음식기운 똥냄새가 바람결에 혼합하니 구역나서 못살겠네.

▲못살겠네 못살겠네 나는 진정 못살겠네. 의복 음식 요족하여 기한(飢寒) 없게 하는 것이 위생상에 필요인데 전재(錢財) 고갈 이 천지에 조석으로 절화(節貨)하여 부모처자 주린데도 구제방침 없건마는 위생비를 내라하고 불 볶듯이 독촉하니 정신없어 못살겠네.

▲못살겠네 못살겠네 나는 진정 못살겠네. 신체강건 하려니와 심지(心志) 활발 하는 것이 위생상에 필요인데 근근득생 우리더러 인정 없는 일 순사가 문 앞 쓸지 않았다고 구타하며 공갈한다. 군도(軍刀) 끄는 소리에도 몸서리가 절로 나니 경겁(驚怯)하여 못살겠네.

▲못살겠네 못살겠네 나는 진정 못살겠네. 남녀간에 짝을 지어 서로 살림하는 것이 위생상에 무해인데 유부녀의 매음함은 치지불문하면서도 과부되어 개가코저 한두 남자 선본 것을 매음녀로 잡아다가 병 있다고 검사하니 경위(涇渭) 없어 못살겠네.

▲가련하다 저 사람들 이 내 말을 들어보라. 개인이나 국가이나 자유권을 잃은 후에 압제 속박 받는 것은 면치 못할 바이어니와 행복이라 하는 것은 곤란 중에 나는 게니 쓸데없는 칭원(稱冤)말고 자강력을 약성하소. 자유권만 찾으면은 이런 곤란 없으리라.

「정신으로 된 국가」,『대한매일신보』, 1909년 4월 29일.

세계에 어떤 나라를 물론하고 먼저 국가의 정신부터 있은 연후에 국가의 형식이 비로소 서나니 비스마르크의 철석같은 정신으로 나라를 결탁한 연후에 오늘날 덕국(德國; 독일)이 있으며, 13주 의회의 백절(百折) 불회(不回)하는 정신으로 나라를 세운 연후에 오늘날 북미합중국이 있으며, 소년 이태리의 위험을 불피(不避)하는 정신으로 나라를 회복한 연후에 오늘날 이태리가 있으며 그 외에도 어떤 나라이든지 모두 그러하니 오호라 국가의 정신은 곧 국가 형식의 어미라 할진저.

정신으로 된 국가라 함은 무엇을 이름인가. 그 민족의 독립할 정신, 자유할 정신, 생존할 정신, 굴복하지 아니할 정신, 국권을 보전할 정신, 국가 위엄(威嚴)을 발양(發揚)할 정신, 국가의 영광을 빛나게 할 정신들을 이름이니라.

형식으로선 국가라 함은 무엇을 이름이뇨. 강토와 임금과 정부의 의회와 관리와 군함과 대포와 육군과 해군 등의 나라 형체를 이룬 것을 이름이니라.

오호라 국가의 정신이 망하면 국가의 형식은 망하지 아니하였을지라도 그 나라는 이미

망한 나라이며, 국가의 정신만 망하지 아니하면 나라의 형식은 망하였을지라도 그 나라는 망하지 아니한 나라이니라.

어찌하여 그러하뇨 하면 그 민족이 독립할 정신이 없으며 자유할 정신이 없으며, 굴복하지 아니할 정신이 없으며, 국권을 보전할 정신이 없으며, 나라의 위엄을 발양할 정신이 없으며, 나라의 영광을 빛나게 할 정신이 없으면 강토가 있어도 쓸데없고, 임금이 있어도 쓸데없으며, 정부가 있어도 쓸데없고, 의회가 있어도 쓸데없으며. 군함 대포가 있어도 쓸데없고 육군 해군이 있어도 쓸데없나니 이같은 나라는 오늘에 망하지 아니하면 명일에는 망할 것이오, 명일에 망하지 아니하면 필경에 망하고 말지니라.

이렇지 아니하고 그 나라의 민족 된 자가 독립과 자유의 정신만 있으면 정부와 의회 등 형식이 없을지라도 그 마음에 나라가 완연히 있고, 그 눈에 나라가 분명히 있어서 그 나라 인민의 머리 위에는 그 나라의 하늘이 있고, 그 나라 인민의 발아래에는 그 나라의 땅이 있으며, 그 나라 인민의 일신에는 그 나라의 독립과 자유하는 실력과 광채가 있어서 필경 그 국가를 세우는 날이 있을지니 이러한 나라는 오늘에 흥하지 아니하면 명일에는 흥할지며, 명일에 흥하지 아니할지라도 필경은 흥하고 말지니라.

그런 고로 국가의 형식을 세우고자 할진대 먼저 국가의 정신을 세울지며 국가의 형식을 보전코자 할진대 먼저 국가의 정신을 보전할 것이오. 국가의 형식이 망함을 근심하는 자는 먼저 국가의 정신이 망함을 근심할지니라.

우리는 천하에 나라를 사랑하는 동포에게 향하여 국가의 정신을 먼저 세움을 축원하노라.

「시사평론」, 『대한매일신보』, 1909년 9월 25일.

삼각산아 물어 보자. 콜레라가 발생함에 죽는 수를 비교컨대 한인들이 더 많으니 그것 무슨 곡절인가. 위생 예방하는 것도 다소 관계있지마는 어떤 병을 물론하고 지옥같은 피병원(避病院)에 한번 잡혀가고 보면 죽고 마는 까닭이지.

삼각산아 물어 보자. 지방 인심 살펴본즉 경제곤란 익심(益甚)한 중 개 돼지도 못기르니 그것 무슨 곡절인가. 지방세를 받는다고 돼지세(稅)도 받아가며 개 규칙(規則)을 세운다고 개 만나면 박살(撲殺)하니 비록 치고[牧] 싶더라도 칠 수 없는 까닭이지.

「시사평론」, 『대한매일신보』, 1909년 10월 12일.

금역(禁疫) 순사 행위 보소. 한일(韓日) 순사 몰려가며 괴질 검사 한다 하고 배 앓는 자,

두통 난 자, 배고픈 자, 술 취한 자 분별 않고 움켜다가 피병원(避病院)에 몰아간다. 곳곳마다 원망하니 알 수 없다. 그 순사들 어찌 그리 열이 났노. 괴이할 것 무엇 있나 병인(病人) 1명 찾아내면 상여금이 2환(圜)일세.

「시사평론」, 『대한매일신보』, 1910년 4월 16일.

  유행병 예방약 특별대광고
  ▲본포(本鋪)에서 유행병을 예방하기 위하여 다년 경험으로 정의 벽사단(正義辟邪團)을 제조하여 특별 염가로 대발매 하오니 전국 내 동포들은 급속히 왕림(枉臨)하여 이 약을 사시오.
  (효험) 부귀열에 발광 나서 국가를 팔아먹는 증세
  외인(外人)에게 아첨하여 제 민족을 잔학(殘虐)하는 증세
  마귀를 신앙하여 국조(國祖)를 능멸하는 증세
  동록 냄새에 미쳐서 형제를 무함(誣陷)하는 증세
  찬성열(贊成熱)이 탱중(撑中)하여 마귀 굴혈(窟穴)을 조직하는 증세
  관광열이 팽창하여 외인만 숭배하는 증세
  돌팔매에 두골 터진 증세
  평지 낙상에 벌 맞은 증세
  밑살 빠진 증세
  눈깔 퉁퉁 부은 증세
  각색(各色) 못된 증세에 무불(無不) 신효(神效)함.
  이 약을 장복(長服)하시면 이왕 병든 자는 쾌차할 터이요, 병들지 아니한 자는 그 못된 병에 걸릴 염려가 없사오니 이천만 형제자매는 유병 무병을 물론하고 일제히 사다 잡수시오. 정의벽사단을.

「유행 독감의 역사」, 『매일신보』, 1919년 2월 22일.[1]

  유행감기의 징후와 예방법(1)
  원 총감부 기사와 우도 동 촉탁의 조사

---

[1] 이 글은 1918~1919년 세계적으로 유행했던 독감에 대해서 역사적인 접근을 하면서 인플루엔자 예방법을 설명하고 있다. 식민지 조선에서 이 유행성 독감으로 4만 명 남짓이 사망한 것으로 알려져 있다.

◇유행의 역사

세계에 대유행하던 독감은 지금 조선에는 그리 대단치 않으나 내지에는 더욱 더욱 창궐하여 그칠 줄을 모른다. 이제 그 병의 형세와 예방하는 방법을 진술하고자 함에 당하여 그 감기의 역사에 비추어 종래로 얼마나 맹렬히 유행하였는지를 말하고자 하노라. 독감은 예로부터 돌아다니던 전염병인데 장기(瘴氣)라고 하는 병독이 공기 가운데 떠돌아 다니면서 사람에게로 침노하는 것이 그 원인인 줄로 생각하였다. 처음 그 병에 걸린 증세가 너무 격렬하므로 전격성(電擊性) '개다-루'라고도 일컬었으며 18세기에는 류성 '가다-루' 혹은 '가다-루'열이라고도 일컬었다. 서기 1742년에는 이 병을 '인플루엔자'라고도 일컬었더라. 이 병의 돌아다니는 역사를 찾건대 우선 서기 412년에 히포크라테스와 리퍼우스가 기록한 유행병으로부터 시작해야 한다. 그때에 돌아다니던 병은 이번 독감과 일치한 점이 많다. 그러하나 확실히 그 병이 유행하였음은 1383년이 처음이다.

1411년에 프랑스에서 유행함.

1414년에 유럽에서 유행함.

1424년에도 유럽에서 유행함.

1510년에 유럽 남북에서 유행함. '마르다'도에서 시작하여 이탈리아 스페인 프랑스 독일 영국 웅가룬에까지 유행됨.

1575년에 '시리엔'에서 시작하여 유럽에까지 유행하였으나 그때의 증세는 경미하였음

1580년에는 가장 크게 유행하였는데 아세아까지 시작하여 터키 콘스탄티노플로 지나서 전 유럽을 휩쓸고 아메리카까지 만연함.

1709년부터 1711년까지 2번 유행을 하였는데 이탈리아 프랑스 벨기에 독일 덴마크에서 유행함.

1729년부터 1733년까지 사이에는 두 차례의 대유행이 있어서 처음 번에는 유럽 동북쪽 되는 러시아 스웨덴 폴란드 독일 오스트리아 웅가룬 영국 스위스 프랑스 이탈리아 미국까지 만연하였더라. 또 다음번에는 러시아에서부터 시작하여 독일 스위스 프랑스 영국 이탈리아 스페인 미국에 미쳤더라.

172년은 격렬한 유행이 또 있었다. 독일 스위스 프랑스 늬우씨란드 영국을 휩쓸었더라.

1757~1761~1767년에는 북미에서 시작되어서 널리 세계에 만연됨.

1781년~1781년 가을에는 중국 인도 지방인 듯에서 시작되어 12월에 시베리아 유럽 러시아에 1782년 2월에는 핀란드 독일 덴마크 스웨덴 영국 늬우씨란드 프랑스 이탈리아 스위스를 엄습하였더라.

1787년~1790년에는 러시아에서 시작되어 독일 오스트리아 웅가룬 덴마크 영국 프랑스 이탈리아에 만연하였더라.

1799년~1803년에도 수차 유행하였고 1799년에는 러시아에서 시작되어 가리샤 폴란드 독일 프랑스 덴마크에 퍼졌었고 1800년 10월에 다시 유행하였더라.

1801~1803년에는 영국 독일 프랑스 스위스에 유행하고 1805년으로부터 1808년까지 환자를 발생함.

1811~1815~1824년 미국에서 유행함.

1827년 시베리아에서 크게 유행함.

1830년 이 유행은 격렬한 것으로서 전 세계를 엄습하여 소위 인플루엔자 시대를 이루었다. 이때의 최초 유행은 1830년 중국에서 시작하여 인도에 미치고 1830년 10월에 러시아를 범하고 1831년 봄에 독일을 엄습하고 다음에 오스트리아 프랑스 덴마크 벨기에 스웨덴 영국 스위스 이탈리아로 전파하여 1832년 1월에 러시아에서 유행하여 점점 유럽으로 만연함.

1836,37 1830년의 유행이 종식된 후 3년도 지나지 못하여 다시 대유행을 보게 되어 1836년 호주 남아프리카 인도를 지나 유럽에 미쳤고 1836년 12월 러시아에서 시작하여 급히 동서로 만연하고 북에서 남으로 가는 것과 동에서 서편으로 가는 두 계통이 있었다.

1847, 1848년 러시아 영국 덴마크 벨기에 프랑스 이집트 등을 엄습하였고 독일에서는 남부지방을 침범함.

1874년의 유행은 만연되는 성질이 아니었으므로 처처에서 조금씩 유행하였다(계속).

「유행 독감의 역사」, 『매일신보』, 1919년 2월 23일.

유행감기의 징후와 예방법(2)
◇유행의 역사

1874년에 처처에서 조금씩 유행한 후에 열다섯해 동안은 현행도 하지 않더니 1889년에 유럽 동부에서 발생되었다.

1889년 2월에 프라하에서 발생하여 러시아로 퍼져서 그해 10월에 페테르그라드에서 환자가 발생한 이래에 형세가 자못 맹렬하여 11월 중순에는 각 계급을 통하여 15만명의 환자가 생기고 그때에 독일 베를린과 프레스라우와 라이프찌히에도 환자가 발생하였으며 11월말로 12월 초에는 프랑스 파리와 스웨덴 스톡홀름과 덴마크 코펜하겐과 오스트리아 비인과 독일 함부르크와 뮌헨에 퍼졌으며 12월 중순에는 다시 독일 베를린과 파-셀쥐리히와 컨후와 스위스에서 다수한 환자가 생겼고 또 영국 런던에 뛰어가서 아일랜드와 스코틀랜드와 브뤠셀에 만연하였고 그달 그믐에는 이탈리아 포르투갈 빼멘 아테네 콘스탄티노플에까지 퍼졌다. 12월 중에는 미국 뉴욕에도 발생이 되어 남북지방으로 만연했었는데 그 중심지는 뉴욕과 보스톤

이었다. 그 이듬해 1890년에는 이집트에서 처음으로 발생하여 가부스타트에 만연하였고 선박의 왕래로 영국 런던에도 전염되었다. 그달 중순으로부터 하순에는 이 병이 별안간에 페르시아와 홍콩에서 발생하여 2월 3월에는 인도와 남양군도와 오스트레일리아에서 유행하였는데 페르시아와 인도와 아프리카 해안에서는 형세가 맹렬하여 폐경 상한까지 병발하여 죽는 사람이 많았고 오스트레일리아에서는 전염이 속히 되어 널리 퍼졌고 그해 가을에 이르러서 겨우 침식되었다. 전 세계를 자리 말듯이 유행한 감기는 두려운 전염성이 있어서 프리-드리-씨의 통계에 의지하면 독일에서 본 병이 발생한 곳이 한달에 평균 122개소에 발생하였더라.

그 후의 유행은 189~92~95~96~1906~1908년에 간간이 발생을 하였더라.

일본에는 1890년에 러시아 동방에서 만연할 때에 전염이 되어 황실에까지 침입하였었고 1892년에 3번이나 맹렬히 유행하였고 그후 때대로 유행하였으며 1916년에 크게 유행하여 다수한 환자를 내었고 조선에도 퍼졌다. 이 감기는 그 유행하는 형세가 맹렬하여 한 나라 또는 한 대륙에 퍼지며 그 바다도 건너서 다른 대륙에도 만연하므로 지극히 무서운 전염병이며 우연히 발생되어 맹렬한 까닭이오. 어떠한 사람에게든지 옮기가 쉽고 잠복하여 있는 동안이 지극히 짧아서 그러함이라.

「유행 독감의 역사」, 『매일신보』, 1919년 2월 24일.

유행감기의 징후와 예방법(3)
◇이 병의 증세

유행 감기의 병 증세는 유행하는 때를 따라서 일정치 않으나 다만 보통감기보다는 조금 불쾌한 점이 더하다. 그러나 증세가 유행하는 중에 변해서

△위험하게 되는 수도 있다. 이번에 감기가 유행할 때에도 처음보다는 증세가 차차 완화하여진 듯하며 이 병의 잠복기가 극히 단축함은 의심할 것이 없으나 왕왕히 잠복할 사이도 없이 전염되자 즉시 발병한다. 이 병에 걸리면 처음 증세는 몸이 노곤하고 무시로 오한이 일어나며 신열이 조금 있고 현기와 두통과 구역이 일어나는데 흔히 이 증세는 잠깐 있다가 곧 그 병의 본 증세가 일어도 나며 간혹 먼저 일어나는 바

△그 병의 본 증세는 오한이 일어나고 몸이 떨려서 신열이 38도 내지 40도 이상에 이르며 두통과 요통과 지절통이 생겨서 사지가 느른하며 구미가 없어지고 폐경에 딴 병이 병발하는 수가 많다. 이 병은 원 증세 외에 폐경계통에 딴 병이 범하며 소화기와 신경계에도 침범하는 일이 있는데 이번에 유행한 감기는 폐경과 신경계를 흔히 침범하였고 소화기를 장애한 일도 적지 않았었다. 즉 코와 인후와 기관(氣管)과 기관지가 담아

△두통과 지절통과 요통과 식욕부진과 복통과 편비증과 설사와 같은 증세가 있었으며 유행할 때의 기후라든지 환자의 연령 같은 것에는 상관없이 유행 전염되나 늦은 가을로부터 겨울과 이른 봄철에 많이 유행하며 연령이 한 살 못된 영아는 그리 전염되지 않으며 20세 이상 40세 된 자는 출입을 자주하는 까닭인지 많이 걸린다. 이 병의 경과는 대개 일주일 내외면 경쾌하여 지나 더 끄는 수도 있으며 이 병의 유행이 오래 끌고 아니 끄는 것은

△유행하는 성질을 따라서 두어 주일에 지나지 않는 수도 있고 혹은 수개월 내지 일년동안을 끄는 수도 있다. 이 병이 유행할 때에 홍역과 두창과 하질과 함께 유행하는 수가 있으나 이 감기로 구축을 당하여 이러한 전염병이 도리어 김초하여 지는 수도 있다. 한 번 이 병에 걸리면 약 한 주일 동안은 다시 그 병에 걸리지 않는 면역성이 있으나 그 후에는

△두 차례 세 차례를 걸리는 수도 많다. 의사에게 진찰을 시키면 전기한 증세라야만 돌림감기라고 이 병은 운기와 당감과 유행성 뇌척수막염과 같은 증세를 나타낼 때도 있다. 그러나 이 병은 발병이 속히 되는 것과 처음으로부터 폐경에 병이 침노하는 것과 신열이 속히 퍼지는 것이 다른 병과는 다르니라.

「유행성 독감의 역사」, 『매일신보』, 1919년 2월 25일.

유행감기의 징후와 예방법(4)
◇이 병의 근원

돌림감기의 병의 근원을 세상에서 널리 알게 되었음은 서기 1889년으로부터 1893년간에 유럽에서 이 병이 크게 유행했을 때에 파이펠씨와 페크씨가 함께 이 병의 근원을 연구하여 인플루엔자균을 발포하였음이라.

△그후에는 이 균은 여러 학자들이 모두 연구하여 보았으나 근년에 이 병이 유행할 때마다 정말 인플루엔자균이 이 병의 근원인지를 증명치 못하여 여러 가지로 말이 있었더라. 파이펠씨의 소위 인플루엔자균이라 하는 것은 형체가 가장 작은 간상균(桿狀菌)인데 두 끝이 둥글어서 쌍구균(雙球菌)과 흡사하다. 작년 겨울에 경성에서 이 병이 발생하였을 때에 경관연습소 기숙사에도 침범하여 수일 내에 맹렬히 만연하여 전 기숙생과 직원에게 전염되고 면한 사람은 겨우 두어 명에 지나지 못하였다. 그때에 시험으로 환자 20여 명의

△뱉은 가래침을 모아서 검사하여 보았으나 페이펠씨의 소위 인플루엔자균은 발견치를 못하였다. 그후 조금씩 검사하여 환자의 뱉은 담과 콧물 중에서 인플루엔자균을 발견치 못하였으나 그 병의 근원되는 균이 환자의 담이나 콧물 가운데에 있는 것은 분명한 사실이라. 이 균을 아직 발견치 못했으므로 그 균의 힘이 어떠한지는 알 수 없으나 햇빛에 대한 저항력

이 작아서 담이나 콧물이 마르면 그 균이 죽어버리므로 전염하는 힘이 없어진다.

◇ 이 병의 전염

이 병이 다른 사람에게로 퍼지는 것은 환자가 뱉은 가래침 방울이 튀어서 퍼진다. 이번에 유행하였을 때에 퍼지는 형세가 대단히 맹렬하여 각 도회의 주민을 휩쓸어내려 했었다. 그 급한 형세를 볼 것 같으면

△바람의 힘으로 병독을 전파하는 것 같았다. 그 전염하는 성질이 어린아이들의 홍역과 같았으나 홍역과는 전염하는 길이 같지 않았다. 즉 홍역은 병의 근원이 분명치 못하나 전염하는 원인이 티끌에 섞여 공기로 전파되므로 어느 곳으로 퍼지는 경로를 알지 못하나 돌림감기는 티끌이나 공기로 전염되는 수가 적고 접촉되어 전염하는 것이 그중 많다. 예컨대

△한 사람의 환자가 있는 집안에서 식구들이 전염된다고 안 돌볼 수가 없으므로 간호를 하여 줄 즈음에 환자와 같이 베개머리에서 이야기를 할 때에 부지불식중에 병독이 있는 가래침 방울을 흡수하여 전염되어 경각에 일가족이 모두 이 병에 걸리게 되며 또 서로 출입하는 데도 전염이 된다. 예컨대 이웃집에서 이 병의 환자가 있더라도 서로 왕래가 없으면 전염이 안되고 멀리 격하여 있을지라도 문병을 하러 오거나

△서로 왕래하면 곧 전염이 되며 또 여러 사람이 모인 곳에서도 전염이 잘된다. 에컨대 학교의 생도와 관청 회사의 관리사원들이 잘 걸리는 것은 역시 병독이 있는 가래침 방울을 흡수하기 때문이다. 그런데 병 증세가 가벼워서 병이 든 환자들이 알면서도 나와서 다니므로 예방을 하기가 대단히 곤란하다. 그러므로 이 병을 예방하려면 이 몇 가지를 엄숙히 지켜야만 한다.

이 병이 퍼질 염려가 있는 집회를 정지함

학교에 몇 생도가 걸려서 퍼질 염려가 있거든 일시 정학을 함

관청 회사에서 휴업을 하기 어려운 경우에는 이 병이 든 자가 치료를 하여 전쾌하였다는 증명서가 없으면 출근치 못하게 함

이 병에 한번 걸려서 완치를 한 사람이라도 다른 사람과 이야기한 때에 석자의 거리를 두게 함

환자를 방문할 경우에는 환자가 완치한 후 적어도 열흘 후에 가서 보게 함

출입할 때에는 입과 코에 찬 기운과 먼지가 들어가지 않게 막고 다니게 함

담과 콧물에 더러운 것은 소독함.

3. 잡지

육군 삼등 군의장 유한성(劉漢性), 「질병예방의 주의」, 『서우』 제8호, 1907년 7월.

　질병의 원인은〈13쪽〉극히 많으니, 이를 크게 구별하여 내인(內因)과 외인(外因) 2종으로 구별할지라. 내인이라 하는 것은 곧 신체에 관계 하여 체질 및 연령 등이 질병에 원인된 자오. 외인은 신체 외에 혹 물질 매개로 질병을 유인하여 중대한 질병을 일으키는 것이라. 연령과 질병이라는 것은 크게 관계되는 것이, 소아는 보통 소화기병에 걸리기 쉽고, 소년은 발육병에 걸리기 쉽고, 장년에 이르러는 과로하는 원인으로 제반 질병에 걸리기 쉬우니라. 즉 실부적리(實扶的里: 디프테리아)라 하는 것은 소아를 침범하고, 청년은 결핵증에 침범되고, 노년은 암종에 침범되는 것 같이 연령에 큰 관계가 있는 것을 가히 알 것이요. 또 성질에 관하여 다른지라. 여자는 임신, 분만 등에 기능이 있으므로 이에 관련하여 질병을 일으키고, 남자는 일반 위험한 업무에 대하여 외상 등을 받는 일이 많고, 체질로 말하면 우리 신체가 각각 강장자(强壯者)와 박약자가 있어 신경질도 있으며, 졸중질(卒中質)도 있으며, 폐로질(肺癆質)도 있어 강장자는 질병의 원인에 대하여 저항력이 많으므로 질병이 범하는 일이 적고, 박약자는 질병에 쉽게 습격을 당하나, 강장자에도 비만한 자와 여윈 자가 있어 비만한 자와 여윈 자가 각각 특유한 병의 성질을 감싸 감추는 것이오. 신경 이하 여러 성질은 병적 변화에 지기 쉬운 것이라. 그러므로 사소한 병에도 마침내는 큰 병을 일으키니 극히 주의할 것이오. 또 유전이라 하는 것은 부모 신체의 혹 특정한 종류의 소질을 자손에게 전하여 자손의 신체를 박약케 하는 것도 적지 않으니 이와 같은 박약자는 본래 신체 건장자에게 비교하지 못할 것이오. 또 직업과 빈부에 관하여 관계가 적지 않으니 개인 직업이라는 것은 사람마다 달라 항상 불결한 공기를 호흡한 자도 있어 앉아서 일하는 자도 있으며 신체를 노동하는 자도 있어 신체 강건상에 영향을〈14쪽〉미치게 하는 일이 많고, 빈부에 대하여 보면, 가난한 자는 먹을 것이 부족하여 자양분이 결핍하고, 거처에 임하는 것, 의복, 기타 일반위생 사상이 희박하여 모든 일이 고르지 않고, 부자는 의복도 족하며 위생도 빈천한 것보다 정돈하나 비위생과 운동 부족 등의 원인으로 질병을 일으켜 건강을 손상케 하며(미완)〈15쪽〉.

유병필(劉秉珌), 「생리(生理)의 정의와 서론」, 『기호흥학회월보』 제1호, 1908년 8월.

　이에 논할 것은 생리 각론에 사람의 전체 구조를 간략히 진술하노니, 인체는 내외를 물론하고 피부가 모두 있어 겉몸을 두루 덮은 것을 외피라 칭하고, 오장과 육부에 분포한 것을 내피라 칭하고, 외피는 입과 코를 통해 뱃속까지 달하여 내피와 서로 이어지고, 내피는 항문으로 나와서 외피와 연합하니라. 외피의 바로 아래에는 비망(肥網, 진피)과 지막(지방)이 함께 있어 그 형상이 작은 구멍이 서로 연결된 것과 같아 그물눈을 이루니 그 작용은 온몸으로 하여금 서로 연관되어 원만하나니 만일 오랜 병이 낫지 않으면 비망이 소멸하여 근육과 뼈가 드러나 가죽과 살만 겨우 있을 뿐이니라. 또 얼굴 부위에는 동피(動皮)와 활육(活肉)이 있어 스스로 자극을 받아 움직일 수 있어 사람의 기쁨, 성냄, 근심, 두려움의 형태를 나타내되 다른 곳은 그렇지 않고, 짐승에 이르러서는 두 손의 쓰임이 없으므로 온몸의 동피와 활육이 모두 있어 그 깃과 털을 움츠러들게 하며 모기와 파리도 쫓느니라. 사람 몸의 비망막 아래에는 동육이 있으니 그 모양이 둥글고 납작하고 그 색은 맑고 붉어서 주위와 속에서 하나가 되고 굳은 뼈가 그 속에 있어 운동 작용을 보좌하고 동육과 뼈 사이에는 가장 중요한 혈관과 신경(뇌기근)이 모여 있는 곳이 있으니 이 두 가지는 귀중한 장기라 해를 입기 쉬움을 면한 까닭이오. 이외에 인대(근대)와 근초(근포)가 또 있어 비육(肥肉)을 묶어서 잇고, 혹 뼈마디를 감싸서 비육이 괴리되지 않으며 뼈마디가 빠지지 않으며 또 두 뼈가 마주 한 곳에는(연골)(점격)이 함께 있으니 그 질(質)이 부드럽게 질기고 미끄러우며, 활액 주머니(포막)이 함께 있어 기름 액을 만들어 뼈마디를 윤택케 하고, 그 전동(轉動)을 신령스럽고 민첩하게 하여, 막혀 마음에 벗어나는 폐가 없느니라〈34쪽〉.

유병필(劉秉珌), 「생리학(續)」, 『기호흥학회월보』 제2호, 1908년 9월.

전신골체(全身骨體)

이에 논함은 먼저 머리, 몸, 손, 발의 해골을 간략히 진술하노니, 두골은 인체의 최상부에 있어 8골이 함께 이루어 모든 뇌를 보호하고 각 골이 서로 꽉 끼어 맞춰져서 아주 굳세게 움직이지 않으니 8골은 무엇이오. 1은 전두골(액골), 2는 좌우 노정골, 3은 좌우 섭유골, 4는 후두골(침골), 5는 호접골, 6은 사골이라. 전두골은 눈구멍으로부터 좌우 노정골에 이르러 한편으로는 밖으로 향하여 위로 기울었고, 한편으로는 안으로 향하여 옆으로 들어가 대뇌를 받듦으로써 전엽하고, 좌우 노정골은〈27쪽〉 정수리와 전두골이 서로 접하는 곳에서 일어나 후두골이 서로 합하는 곳에 이르고, 좌우 섭유골은 노정골 아래에서 위로 노정골과 접하고 후두골과 뒤에서 이어지며, 후두골은 노정골 뒤에서 뇌의 후엽을 감싸고 그 아래에 한 큰 구멍이 있으니 이 구멍이 머리 정 가운데에 있어 척수의 통로가 되고, 호접골은 모양이 마치 나는 나비와 같아 머리 바닥 속에 있어 두골 일곱 조각으로 모두 서로 이어졌고, 사골은 이

마 안 정 가운데에 있어 뼈 봉우리를 이루니 모양이 닭 벼슬과 같고 그 옆에 체의 눈과 같은 작은 구멍 수십이 있어 신경이 통하여 코에 달하여 냄새 맡기의 길을 만드니 이상 8골은 사람 머리의 상반부에 모여 모든 뇌를 보전케 하는 것이오(미완: 未完)⟨28쪽⟩.

연구생(研究生), 「뇌와 신경의 건전법(健全法)」, 『태극학보』 제26호, 1908년 11월.

제1장 뇌는 하여하뇨

옛날에는 의식과 관념과 사상 등의 현상을 통칭하여 마음의 동작이라 하고, 그 중추는 심장으로 우두머리[元首]를 삼았으니 이는 유래 동양 정신학사 상에 유명한 학설이라. 그러므로 우리가 고개를 끄덕이고 좋은 점을 칭찬하지 않음이 없이 그러함을 시인하였더니 근래의 해부학, 생리학, 심리학 등의 연구가 갈수록 발전하여 옛날의 무턱대고 믿었던 것을 하루아침에 배척하고 뇌가 중추됨을 세상에 공포하니 그 주장에 이르기를 뇌에 대뇌와 소뇌가 있고 그 밖에 부수된 신경계통 등이 있어 피부, 오관기(五官器), 내장기관 등에서 종래하는 여러 신경을 서로 연락하여 지휘, 분배한다 하니 비유하건대 뇌는 전화의 교환국과 같고, 신경은 전선과 같은 것이로다⟨29쪽⟩.
……(중략)……

제2장 뇌 및 신경의 양생법

제1절 뇌 및 신경 사용법

제1관 사용의 때

뇌 및 신경은 적당히 사용할 때도 있고 부적당하게 사용할 때도 있으니 대개 오전에는 전날의 피로를 저녁의 수면으로 회복하였으므로 뇌신경을 적당하게 사용할지니, 그러므로 하루 중에는 조석 후(오전 8시경)몇 시간을 경과해서는 기억력이 가장 쉽고 1년 중에는 봄가을 춥지 않고 덥지 않은 3월, 8월경에는 독서 상에 기억이 극히 어렵고 겨울철이 도리어 적당하다가 겨울철 몹시 추운 때를 당하여는 뇌와 신경이 추위를 이기지 못하여 기억력을 감소하나니 이는 우리의 유래 실험으로도 족히 알 바요. 또는 공부의 시간을 제한함이 좋을지니 비록 독서의 취미가 진진하여 싫증나지 않은 서적이라도 길게 지속하면 자연 권태하여 기억이 불량하나니 그러므로 대저 독서의 시간을 일정하게 하고 그 시간이 다하면 즉시 문 밖에 나가서 운동을 하거나 혹은 정원을 관람한 후에 다시 책 읽기를 시작할지니 이와 같이 1시간 독서 후에는 10분 혹은 20분간씩 쉴 것이며 그 다음 1시간에는 다른 종류의 서적을 읽어 교대로 책을 바꿔 읽으면〈31쪽〉비록 이와 같이 이어서 읽을지라도 싫증이 없을지니 …(중략)… 만일 복잡한 사항을 기억하고자 할 때는 그 요지를 간단하게 적어 분류표를 만들어 항상 눈앞 보이는 곳 벽 위에 혹은 책상 옆에 붙여두어 저도 알지 못하는 사이에 기억되게 함이 좋을지니라〈32쪽〉.

간재생(簡齋生), 「위생에 관한 생리상 연구」, 『서북학회월보』 제9호, 1909년 2월.

우리가 한평생에 처하여 충분한 위생을 실행하고자 한다면 먼저 인체의 생리를 연구함이 필요하므로 아래에 인체조직의 신진대사를 논함.

무릇 우리의 신체조직은 그 보전과 지속 기능에 신진대사를 필요로 하니 혈액은 특히 이 신진대사를 매개하여 보급물질을 조직에 나눠주며 노폐물을 조직으로 배제하느니라. 각막 및 연골과 같이 혈관을 갖추지 않은 조직도 역시 세포 원질로 아주 가까운 모세혈관을 거쳐 영양액을 수령하므로 혈행에 장애가 있으면 조직의 영양을 손해하며 또 혈관이 온전히 폐색하면 조직이 사망하여 괴저(壞疽: 혈액 공급이 되지 않거나 세균 때문에 비교적 큰 덩어리의 조직이 죽는 현상)를 면할 수 없음.

이상과 같은 논의를 거쳐 이를 보면 조직 내에는 2종의 액류(液流)가 존재하니, 그 1류는 즉 수입류니 보급물질을 수입하고 그 2류는 즉 수출류니 노폐물을 수출함이 분명하니라.

(1)수입류는 흡수기로 섭취된 단백질, 지방, 함수 탄소 및 염류를 조직에 부여하여 이의 형성에 이바지하는 것이므로 만약 한 조직의 동맥계에 어떠한 장애가 있어 이 수입을 감손하면 그 신진대사의 기능이 홀연 쇠약하여 조직의 형성이 모자라고 죽는 것을 면하기 어려움.

(2)수출류는 분해산물에 특히 요소 탄소수 및 염류을 수령하여 이를 배설기에 보내 가급적으로 조속히 배제하는 것이나 만약 조직으로 온 액류가 배설기의 물질을 배제함보다〈11쪽〉오히려 성대할 때는 이 물질이 다시 1회 조직 안을 통과하나니 비유컨대 대량의 독물을 피하에 주입함에 누누이 과다한 혈중에 유입하고, 오히려 아직 배설하지 못함에 당하여서는 다른 조직은 신경계에 달하여 그 작용을 일으킴과 같으니라. 그러나 수출류는 2종의 관계(管系: 인체속 관의 체계) 즉 정맥과 림프관이 이를 이끄므로 하루아침에 이 관도에 장애가 있으면 노폐물의 수출이 감소하여 신진대사의 변위 상태(變違狀態)를 초래하니 시험 삼아 신체의 일부를 꽉 조여 정맥과 림프관을 압박하면 수출류가 심하게 겹쳐 쌓여 그 조직이

갑자기 부풀어 오름.

  조직 안 액류 진행에는 근(筋)의 동작이 크게 필요하니 곧 근동작은 단지 그 압박을 거쳐 유순한 조직 안에 작은 액관(液管)의 액류를 재촉할 뿐 아니라 근이 골막(骨膜), 연골막, 관절에 부착한 바에서는 한 번 확장하고 한 번 이완함으로써 서로 교환하여 함액강(含液腔)의 형성을 변화하게 하고 그 속의 액을 재촉하여 나가게 하는 능력이 있음.

  조직이 새로 생겨서 훼손되고 죽은 부분을 보완하고 살리는 것을 재생이라 말하나니 하등 동물과 냉혈 동물에는 이 기능이 심하게 광범하고 왕성하여 조개와 게 같은 것은 그 다리와 집게를 잃어도 능히 재생하며, 가물치와 같은 것은 지느러미 혹은 꼬리를 절제하여도 또 재생하나 온혈 동물과 사람에게서는 재생력이 심하게 협소하고 또 어렸을 때에 고유하니 이제 참 재생을 서술하면 다음과 같음.

  (1)혈액은 처음에 혈장, 다음에 백혈구, 마지막에 적혈구를 재생하며

  (2)표피 모양 물질과 상피는 심층의 세포가 분할하여 재생하는 것이니 그 표층이 없어지면 심층으로 유래(由來)하고 심층이 함께 결손 되면 그 결손부의 가장자리로 유래함〈12쪽〉.

간재생(簡齋生), 「위생에 관한 생리상 연구」, 『서북학회월보』 제10호, 1909년 3월.

  눈의 조절기능

  안구(眼球)는 물체의 거리에 관계없이 능히 그 원근에 응하여 바로 망막 위에 그 상을 촬영하는 기능을 갖추었으니 이를 조절기는 또는 적시(適視) 기능이라 말함.

  대개 이 기관은 수정체가 물체의 거리에 응하여 그 볼록함이 늘어나고 줄어듦에 관계 있는 것이므로 눈 속에 만약 수정체가 없을 때는 조절기능이 이에 곧 중지됨.

  눈이 흔들림 없이 안전할 때는 가장 먼 물체를 향하여 조절하나니 풀어서 말하면, 무궁한 곳에 있는 물체에 비치므로 병행 광선은 안정 정시안의 망막 위에 모여서 이에 초점을 맺나니 이런 까닭에 먼 것을 볼 때는 조절기를 영위하는 근의 작용을 요함이 없음〈9쪽〉.

간재생(簡齋生), 「신경의 생리적 구별」, 『서북학회월보』 제12호, 1909년 5월.

  무릇 신경의 섬유는 어떠한 종류를 불문하고 그 구조와 성질이 다 동일이오. 또 자극을 위아래 양쪽에 전달하는 기력이 있으므로 생리상에는 단지 그 말초기와 중심기에 의하여 영위하는 바의 기능 소위 신경의 특이력을 따라 다음과 같이 구별함〈5쪽〉.

말초신경

(제1) 원심성 신경은 흥분을 중심으로 말초에 향하여 전달하는 것을 이름.

(1) 운동신경: 그 중심기는 중심 신경절과 말초 신경절이오. 또 그 말초기는 근(筋)이며

(2) 분비신경: 그 중심기는 중심 신경절과 말초 신경절이오. 또 그 말초기는 샘세포이며

(3) 영양신경: 그 말초기는 자세히 알 수 없으나 조직 안에서 신진대사, 발육, 보전과 지속을 주재하며

(4) 제지신경: 이미 발동된 운동과 분비를 제지하며 혹 덜어내는 것이오.

(제2) 구심성 신경: 흥분을 말초로 중심에 향하여 전달하는 것을 이름.

(1) 지각 신경: 특별한 말초기에서 지각성 흥분을 중심기에 알리는 것이오.

(2) 5관(五官) 신경: 5관기의 지각신경이오.

(3) 반사신경 혹 고무운동신경: 말초에 자극을 받아 이를 중심에 알리고 다시 원심성 신경 즉 (제1)의 (1)(2)(3)(4)의 신경에 전달하여 그 신경의 기능을 환기하여 소위 반사운동 혹 반사분비 혹 반사제지를 환기하는 것이오.

(제3) 중심간 신경: 신경 중추를 서로 연계하여 흥분을 교대로 전달하여 일제 운동과 만연성 반사 작용 등을 매개하는 것을 이름〈6쪽〉.

전신 골격도(全身骨骼圖), 『신문계』 제1권 제1호, 1913년 4월.

1. 전두골: 머리뼈의 앞부분을 이루는 뼈
2. 후두골: 두개골의 뒤쪽을 차지하는 큰 뼈
3. 쇄골: 가슴 윗부분에서 어깨에 걸쳐 거의 수평으로 되어 있는 뼈
4. 상박골: 어깨에서 팔꿈치까지의 팔의 부분을 이루는 뼈
5. 요골: 손바닥을 앞으로 한 자세에서 아래팔의 바깥쪽에 있는 뼈
6. 척골: 팔뚝을 이루는 두 개의 뼈 중 안쪽에 있는 뼈
7. 완골: 사람의 손목을 이루는 여덟 개의 짧은뼈를 통틀어 이르는 말
8. 장골: 손바닥을 이루는 다섯 개의 뼈
9. 지골: 손가락을 이루고 있는 뼈
10. 늑골: 등뼈와 복장뼈에 붙어 가슴의 골격을 이루는 활 모양의 긴 뼈대
11. 흉골: 가슴의 앞쪽 한복판에 있어서 좌우 갈비뼈와 연결된 가늘고 긴 편평한 뼈

12. 경추골: 포유류의 척추를 형성하는 뼈
13. 요추골: 척추를 이루는 등골뼈의 하나
14. 무명골: 몸통과 다리를 연결하는 한 쌍의 큰 뼈
15. 천골: 척추의 아래 끝부분에 있는 이등변 삼각형 모양의 뼈
16. 대퇴골: 넙다리뼈
17. 슬개골: 무릎 관절을 이루고 있는 종지 모양의 오목한 뼈
18. 경골: 하퇴골의 하나
19. 비골(腓骨): 종아리의 바깥쪽으로 정강이뼈와 나란히 있는 뼈
20. 부골: 발목 부분을 형성하는 일곱 개의 뼈
21. 척골: 발목뼈와 발가락뼈 사이에 있는, 발의 뼈
22. 지골: 발가락을 이루고 있는 뼈〈26쪽〉.

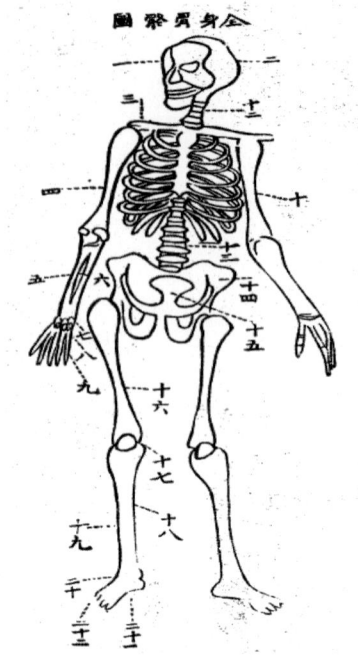

<그림 4> 전신골격도

근육, 『신문계』 제1권 제1호, 1913년 4월.

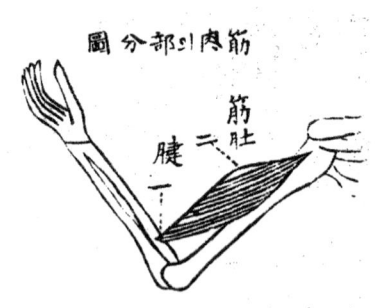

<그림 5> 근육의 부분도
1 건(腱): 힘줄
2. 근두(筋肚): 신축성이 뛰어난 근육의 가운데 부분

근육

인체에 50여 개의 근육편이 있으니 건강한 신체에서는 대개 신체의 5분의 2를 차지하여 신체의 용모와 여러 부분의 운동을 주관하느니라. 근육의 현상과 부분, 근육은 현상은 장간과 광협(廣狹)이 부동하나 대개 원추형이 많은데 그 중앙이 비대 유연하여 적색을 띠는 곳을 근두(筋肚)라 부르며 양 끝의 강인하고 뾰족하여 백색을 띠는 것을 건(腱: 힘줄)이라 부르니라. 근육의 종류와 그 동작 근육에는 수의근(隨意筋)과 불수의근(不隨意筋) 두 종류가 있다〈27쪽〉.

「세계 일등의 야만인」, 『청춘』 2호, 1914년 11월.

세계 일등의 야만인

사람으로 생겨나기는 다 마찬가지건마는 현재 지금 지구상 인류 간에는 온갖 점에 비상한 층 등이 있음을 보겠도다. 유럽 각국의 인류가 기껏만껏 더할 수 없는 인지(人智)와 천혜(天惠)의 결과로 '문명'이라는 맛 좋은 취흥이 도도하여 좁은 세계를 넓게 휩쓸고 다니는가하면 아프리카 아메리카 내지며 남양 군도의 토인 중에는 우리가 수백 년 좀 더 들이켜 수천 년 이전에 경험이 있는 극히 유치한 극히 참혹한 짐승이나 얼마 틀리지 않은 상태가 지금까지도 온전히 남아 있으니 우리가 이에 잠깐 소개하고자 하는 것은 이 원시적 생활을 남의 20세기로 알고 지내는 유수한 종족 중에서도 가장 열등으로, 가장 하급으로 본 제목의 주인공이 되는 오스트레일리아 토인의 이야기라. 여러분이 이것을 보고 우리 생활에 대조하면 필연 그렇든가하는 의외의 감상이 일어날지니라.

오스트레일리아 토인이 왜 이렇듯 본 제목의 주인공이 된 것을 우리로 하여금 설명하게 하면 대륙 중 제일 작은 호주(면적 7,631,513제곱킬로미터) 그 지세의 고립적 위치와 그 생활 자료의 결핍이 그 가장 큰 원인이라 하겠노라. 동쪽 연안으로〈78쪽〉 내려간 산맥 동쪽을 내어놓고는 기후가 건조하고 비의 양이 희소함으로 논밭을 갈고 씨를 뿌린 것을 고사하고 푸른 풀잎 하나 구경할 수 없는 메마른 땅이 전체 땅의 10분의 9를 점령하여 하늘의 은혜라는 말은 꿈에도 들어보지 못하고 하루 밥거리에도 구차함이 막심하여 채취 시대의 가련한 경우가 극단에 이르렀으니 이렇듯 '생활의 곤란'에 빠진 그네들에게 이렇듯 '자연의 포로'가 된 그네들에게 무슨 지력 발달할 여유가 있으리오.

더욱 백여년 전 이래로 문명 정도가 극단으로 다른 유럽인들이 침입한 뒤로 그네들은 점점 열패자의 자격을 표백(表白)하여 주판상 증명으로 보아도 유럽인들이 도착한 당시에 15만이나 되던 인구가 1891년에는 벌써 3만명에 감하(減下)하였으니 이 비례로 보면 그네들은 머지않아 그 이웃 태즈매니아 섬에 사는 사람과 같이 종족 진멸(殄滅)의 슬픈 운명을 당할지도 모르겠더라.

열등 인종의 상모(狀貌)

호주 토인은 여러 학자의 각각 다른 연구로 인하여 각각 다른 평정을 받았으니 독일 인종학자 부르멘바타는 피부색으로 의견을 내놓아 다른 오세아니아의 갈색 인종과 같은 시조의 계통을 꾸미고 프랑스의 때니카는 모발에 기인하여 오스트레일리아 인종인 아프리카 에디오피아 인종과 인도 프레비아 인종과 같은 파보(派譜)에 기입하고 또 카트루스쥬는 용모 언어 거주지역과 풍속 습관상으로 미루어 흑색인종의 동쪽흑인이라는 이름 아래에 남양 네그릇뜨며 파푸아와 형제간이라 하여 같은 돌림자를 달아주니라.

요약하건대 호주 토인은 지방을 따라 생활상태의 부동(不同)함과 다른 종족과의 혼합한 〈79쪽〉 결과로 골격 용모에 약간 차이가 있으나 대체로는 통일하여 다른 종족과 확실히 구별할 수 있는 형식을 갖추어 가지니라.

신장은 보통 중키 이상이니 남자는 평균 167-168센티미터, 여자는 대략 남자보다 10센티미터쯤 작으니라.

동부와 북해안의 주민은 남부나 내지에 사는 이보다도 키가 크고 근육도 상당히 발달하였으나 몸은 알기 쉽게 수척하여 심하면 살과 뼈만 앙상한 것이 어찌 보면 겨골 송장인가 의심하게 되었으며 또 기름기운이 적은 것은 영양이 좋지 못한 결과라. 그러나 살거리는 이상히 부드럽고 여러 기관도 웬만큼 발달하였으며 허리 동강은 비교적 펴졌으나 팔은 곰배 부러워 아니할 만큼 짧고 작으며 또 야위었으며 손가락은 거미발같이 가늘어 엉성하고 발은 채가 늘씬하고 뼈가 툭툭 불거지니라. 호주인의 피부색이 보통 검다는 것은 기름이나 무슨 다른 것을 바르는 까닭이오. 실상은 초콜렛(과자)같은 갈색을 띠는 것이라. 여자의 피부는 항용 남자보다도 색깔이 여리고 소아(=갓난아이)도 여자와 같으나 낳은 지 며칠만 되면 의례로 곧 검어지느니라.

모발은 참 탐스러운 중에도 남부 종족이 더욱 그러하니라. 머리를 깎은 이외에는 고슬고슬한 곱슬머리가 곰배같이 짧은 팔에 척 덮인 것과 올고사리 모양으로 오골오골 말린 털이 두 어깨에 축 늘어진 것을 보면 아무래도 욕심낼 만하게 되었으며 이따금 해안에서 보는 곧은 털은 옛적에 해삼을 따라왔던 말레이 인종의 피가 섞인 결과인 듯하도다. 두발의 빛은 윤택한 흑색이나 다갈색이나 혹 붉은 갈색을 띠었으며 그 중에 빨간 것은 물들인 까닭이오. 수염들도 발달이 잘 되었으나 〈80쪽〉 양■('양털'인 듯함)보다도 더 고슬고슬하니라.

두골은 한정 없이 길고 낮고 좁은 이마는 과녁 모양으로 뒤로 벌떡 자빠졌으며 양판 얼굴에 광대뼈는 쑥 내밀고 야무지게 생긴 눈썹 뼈는 보기에도 동정(同情)이 풍부한듯하게 짙은 속눈썹에 가린 검은 눈 위에 드러나고 탐스러운 눈썹은 일직선으로 다스렸으며 코는 낮고 짧으며 콧날은 바로선 것도 있으나 간혹 조금 짜브라졌거나 조금 드러나거나 한 것도 있고 콧구멍은 바라지고 시욹은 퍼졌으며 입은 크고 입술은 두드러져 소위 나발 주둥이오. 이 속은 희고 아래턱은 쑥 내밀어 주걱턱이 지고 귀뿌리는 웬만큼 크니라. 요약하건대 그네들의 상모는 열등 인종의 특색을 섭섭할 것 없이 발휘하였더라.

넷 이상의 수는 모르느니라

그대들의 성질에 관하여 여행자 모험가들의 제각기 다른 보고가 한 가지가 아니나 그 심적(心的) 능력의 발달이 비상히 열등임을 사실이라. 그러나 시력 청력은 의외에 예민하고 무기와 기구 다루는 법에 특이한 발전을 보겠으며, 도덕 같은 고상한 관념이 그네들에게 있을 까닭이 없고 극단의 이기주의가 천행(擅行)하며 무지, 무감각, 잔인, 나태, 불결은 그네들을 체면이 없도록 총할(總轄)하고 원려(遠慮)라는 것이 조금도 없는 고로 저축 같은 것은 아주 없느니라.

여자는 남자의 노예와 같이 학대를 받아 만일 사나이가 사냥을 나갔다가 빈손으로 돌아오거나 하는 때에는 그 동티로 몽동이나 칼이나 손에 집히는 대로 참혹한 거조(擧措)를 당하느니라⟨81쪽⟩.

그러나 그 용기, 인내력, 남자의 자존심이 많은 일, 어른을 공경하는 일, 가족적 단결, 종족적 감정은 그네들의 고유한 미덕이라 이를지니라.

호주 토인의 언어는 다음식(多音式) 연철식(連綴式)이니 그 종류가 종족의 수보다도 많으나 통히 일치한 점이 많아 일개 특별한 말의 계통을 형성하였으니 그 특색으로 문법적 관계는 어근에 부속한 후치사(後置詞)로 인하여 정한 것이니 말레이시아어나 폴리네시아어의 전치사로 인하여 정한 것과는 의취(意趣)가 아주 다르니라.

그네들의 언어에는 추상적인 사상이 없고 그 중에는 또 손짓으로 표정(表情)하는 언어가 기묘하게 발달하였으나 이 표정은 종족을 따라 아주 다른 고로 같은 부락이나 발음이 아주 비슷한 가까운 부락 외에는 통용하지 못하는 듯하더라.

수의 관념이 부족한 것은 도리어 경괴(驚怪)할 지경이라. 숫자 상 언어는 중국어를 차용하면 저공(원숭이)의 조삼모사 우리나라말로 하면 구궁이 세음이라는 것과 같이 '넷'까지 밖에 없고 그 이상은 '많다' 하든지 혹 적은 수에다 다른 말을 붙여 표하는 것이니 가령 '다섯'이라 할 때에는 손으로, '열'이라 할 때에는 손가락으로, '스물'이라 할 때에는 손과 발로 흉내를 내는 것 같은 것이니라.

백인으로 환생한다

그네들의 종교사상을 자세히는 알 수 없으나 어쨌든 극히 열등임은 분명한지라. 그네들은 초자연의 어떠한 것 즉, 선령(善靈)과 악령(惡靈)을 믿어 장대한 훌륭한 사람을 선령의 형식, 짐승 모양이나 흉한 무서운 상상의 본체를 악령의 형식으로 정하며 어느 종족에는 '부(父)'라 '조(祖)'라 하여 높은 본체를 인류와 자연현상의 창조자로 존숭하며⟨82쪽⟩ 사후에 대한 상상은 도처에 존재한 듯하나 그 관념은 극히 막연한 것이며 근래에는 백인은 토인의 혼령이 환생한 것인 즉 자기들도 장래에는 백인으로 환생한다는 신앙이 널리 퍼져가더라.

묘발음(墓發蔭)이라하는 세음으로 그네들은 또 죽은 사람의 혼령은 수풀에 의지하여 그 친족이며 같은 부락의 화복(禍福)을 맡았다고 일통(一統)이 신앙하는 고로 죽은 이에 대한 공포심이 비상하니라. 그러므로 요술쟁이 같은 이가 큰 세력을 가지고 있으며 요술을 하여 극히 신비한 하나의 제전(祭典)을 행하나 제전에 참가하는 이에게는 엄격히 비밀을 지킨다는 규정이 있음으로 그 제전에 관한 내용은 당초에 알 수가 없으며 요술의 주문, 부적이라는 것은 기름한 돌이나 동그스름한 돌을 쓰고 간혹 평판이나 긴 나무에다 직선 또는 곡선을 그린 것도 쓰느니라.

제전 중에 가장 보통으로 또 가장 중대한 것은 일종의 관례(冠禮)니 남자아이가 일정한 연령에 달하면 일정한 시험을 받고 일정한 교훈을 준 뒤에 성인이 된 남자로 어른 축에 들어옴을 허락하느니라.

지킴 신령회

호주 토인은 작은 단체 곧 백명 가량의 부락을 성립하고 거기 무리지어 살아 많고 적은 종족의 형식이 되는 것이라. 이 한 종족의 부락을 포괄한 공동단체에는 동일한 방언 동일한 풍속, 습관, 동일한 관념, 서로의 결혼, 교환이 행하며 또 남자부와 여자부의 구별이 있고 부락의 사무는 장로가 통할하나 장로는 재주와 지혜, 이력과, 용기와 요술로 민중을 통치하며 각 부락은 또 가족을 구별하여 가족은 남자를 가장으로〈83쪽〉 추대하고 가장은 일가의 보호와 경제의 임무를 담당하느니라.

이 사회적 단체 외에 종족 간에는 또 '지킴 신령회'라는 것이 있으니 회원은 다 신성하다는 동물, 간혹 식물, 무생물, 자연물을 신령으로 받들어 위하는 것이라. 그러므로 지킴신령이 된 동물은 포획을 금지하고 또 같은 지킴 신령을 위하는 이는 혈족의 관계가 있다 하여 결혼을 금하며 지킴 신령은 여계(女系)를 돌보는 것인 고로 어린아이는 모당(母黨)의 가족에 속하였으나 토지소유권은 부당(父黨)의 권리로 상속하게 되느니라.

무서운 잡식 인종

호주 토인의 생활 상태는 극히 단순하고 또 극히 비참한 것이라. 북부 따뜻한 곳에 거주하는 종족은 온통 나체요, 그 나머지는 겨우 눈가림으로 두어 치 되는 짐승의 가죽을 허리에 두르든지 조개껍질이나 사람의 모발, 짐승의 털, 앵무새의 깃이며, 풀, 나무껍질, 짐승의 가죽으로 조그만 두렁이 같은 것을 만들어 앞을 가리고 기후의 변동이 많은 지방에는 주머니쥐 '오포삼' 가죽, 멍석때기 같은 것으로 만든 어깨 가죽을 둘러 찬 기운을 방어하느니라.

남자는 여자보다도 몸치장을 더 좋아하여 피부며 모발에 붉고 흰, 혹은 노란색의 채색으로 직선이나 고리 모양을 그리며 또 돌칼, 돌조각, 조개껍질로 피부를 새겨 가슴, 어깨, 등허리 같은 데 종창(腫瘡)같은 문신을 하고 몹시 뽐내니 이것은 몸치장으로만 할뿐 아니라 또 친류(親類)의 상복표, 성인의 표, 계급의 표도 되느니라.

두발은 항상 천연적으로 자라게 하나 종족을 따라 짧게 깎기도 하고 일부분〈84쪽〉 뽑기도

하며 머리를 감장하기 위하여 수건으로 테 머리를 하느니라. 머리 장식에는 작은 짐승의 꼬리, 주머니쥐의 어금니, 조개껍질 같은 것을 쓰나 두발은 불결하여 구더기 끓듯 하는 기생충(=이)같은 것을 잡아가지고는 자미스럽게 이짓거리며 또 코 설주를 뚫고 거기다 나무 조각이나 깃털로 꾸민 동물의 뼈를 꽂고 또 일부에는 어린아이의 코를 납작하게 짜부라트리는 습관도 행하며 목에나 가슴에는 나무열매, 치아, 자개, 소라껍질, 풀줄기, 갈대 토막 같은 것을 실에 꿰어 염주같이 걸고 팔에는 나무섬유로 짠 나선형 또 원형의 팔찌를 매느니라.

호주 토인은 비상한 잡식 인종이라. 농작과 목축이 없는 고로 다만 사냥과 고기잡이로 겨우 생명을 보존하나 음식물이 풍족할 때에는 범의 채반으로 배가 터지고 자위가 나도록 먹고, 없는 때에는 며칠씩 창자가 말라붙는 곤경에 빠지는 일이 있으니 그런 때는 허리띠를 졸라매고 참으나 기후가 건조한 시기가 오래 계속하는 때에는 쇠약의 결과로 이따금 굶어죽는 일이 있느니라. 식용에는 캥거루, 웜뱃(wombat), 오포상 같은 이 토지의 고유 포유동물 외에 조류, 도마뱀, 뱀, 물고기, 나방 종류의 곤충, 갑충(甲蟲), 파리 같은 것이 가추가추 밥상에 오르며 또 초식으로는 과일의 씨, 풀의 싹, 나무뿌리, 등(藤), 버섯 같은 것이 있고, 인육도 입맛을 다셔가며 먹는 때가 있으며, ■혼성(■昏性)의 식물은 연초의 대용이 되느니라.

짐승 고기 요리는 일종 특별한 방법이 있으니 큰 구덩이 속에 마른나무며 지질껍질을 쟁이고 그 위에 장작을 벌여놓고 또 그 위에 조약돌을 깔고 불을 때다가 돌이 달으면 내장을 끄집어낸 짐승 배 속에 쟁여서 뜨거운 재와 뜨거운 돌 틈에 묻고 전부가 식지 않게 나뭇잎과 흙으로 꼭 덮어 두며 나무뿌리 풀줄기 같은 것도〈85쪽〉 생으로 먹지 않을 때에는 역시 뜨거운 재나 모닥불에다 굽느니라.

요리에 쓰는 불은 불을 쓰는 법을 전한 수인씨의 찬수(鑽燧) 제도를 그대로 이용하여 선회법이나 마찰법으로 만드는 것이니 선회법은 구멍 뚫린 평판을 땅에 놓고 그 구멍에 몽둥이를 박고 선회적 운동을 하는 것이오. 마찰법은 '부메랑'같은 단단한 나무 끝으로 부드러운 판자에 금을 내고 그 금의 자리를 좌우로 마찰하는 것이라. 그리하여 발화한 나무 가루를 성냥개비에 붙여 다시 마른풀에 옮겨 훌륭한 불이 되는 것이니라.

가옥도 극히 간단하여 잎사귀 붙은 나뭇가지나 나무껍질로 한대 가게 짓 듯하여 뜯고 세우기에 용이하게 된 고로 가끔 떼를 지어 이전하며 청년은 썩 동안뜨게 거처를 식히며 어떤 데는 굴속이나 바위틈 어구나 나무 밑에서 비와 이슬을 피하는 종족도 있느니라.

달빛 아래의 춤 놀이

여자는 남자의 노예로 된 것과 그 수가 적은 것이 남자간의 쟁투하는 원인이라. 결혼 풍속의 야만인 것은 의례건 일이나 극히 유치한 공동결혼의 일종이 지금에도 그저 행해지고 있는 것은 실로 경괴할 일이더라.

장식(葬式)은 종족을 따라 한 가지가 아니라. 화장, 수장, 토장 외에 또 나뭇가지나 굴속에나 혹 나무와 잎사귀를 긁어모아놓고 그 위에다 얹어두기도 하나 그 중에 토장이 가장 보통이니 어떤 때는 사오척 깊이 땅에 사각형의 구덩이를 파고 시체를 동쪽을 향하게 누이며 모자의 애정이 지극하여 만일 어린아이가 죽으면 그 어미의 비탄함이 여간이 아니라, 시체를 궤짝에 담아가지고 정처 없이 끌고 가다가 시체가 썩어〈86쪽〉 문드러져 악취가 코를 찌른 된 뒤에야 비로소 장사를 지내니 추완(醜頑)한 야만녀에게도 역시 애정의 눈물이 있는 것이더라.

오래간만에 만나는 친구를 대하면 이상야릇한 환영법이 있으니 즉, 손님이 먼 데서부터 외마디소리로 자신이 오는 것을 알게 하면 사나이는 손님의 몸이 보이도록 '엇엇' 소리를 내고 계집은 소리를 버럭버럭 질러 반가운 뜻을 표하며 멀리 나아가 기다리다가 딱 만나면 서양 사람의 입 맞추는 일체로 가슴을 서로 부딪치면서 일종의 애호(哀號)를 발하느니라.

호주 토인은 유희를 좋아하나 그 중에도 유명한 것은 '고로보레'라는 무도이니 청명한 달밤에 행하는 것이라. 무도자는 의례히 남자이나 간혹 여자도 참가하는 일이 있으며 무도자의 복색은 머리에는 상모달린 '오포삼' 가죽 모자를 쓰고 갈대로 만든 모테두리 팔찌를 끼고 허리에는 '오포삼' 가죽을 두르고 발꿈치 주위에는 나무를 대고 눈 가장자리며 전신에는 빛깔이 하얗고 고운 흙으로 가로세로의 선을 긋고 큰 모닥불을 에워싸고 제각기 몽둥이를 들고 지휘자의 지휘대로 기묘하게 다리를 오므렸다 폈다 하면서 가슴을 조금 숙이고 몇 번 동안을 같이 걸음으로 구경꾼 있는 쪽을 향하여 진퇴 하는 것이니 그러면 구경꾼은 손바닥을 친다, '부메랑'을 친다, 노래를 부른다 하여 장단을 맞추느니라.

이 춤놀이에는 종류가 많아 전쟁, 유렵(遊獵), 희극, 비극 여러 가지를 하느니라.

석기시대의 기구

그네들은 아직도 극단인 채취시대의 생활이라. 사냥은 유대류(캥거루, 주머니쥐 등)를 주장하고 짐승류를〈87쪽〉 더듬어내든지 도르든지 하는 데는 썩 큰 능력을 가지고 있느니라. 바람이 조금 잘못 부는 때에는 남호주 어떤 토인들은 몸에다 진흙을 발라 동물의 후각을 방어하기도 하고 잎사귀 많이 붙은 나뭇가지로 몸을 가리기도하여 물새를 사냥할 무렵에는 머리만 물위로 내어놓고 몸둥이는 갈밭 속에다 파묻어버리며 땅속에 든 버러지같은 것을 잡으려면 풀숲에다 불을 질러 버러지를 몰아내든지 그렇지 아니하면 장나무로 허적여내며 조류는 가벼운 투창이나 투봉(投棒)으로 잡느니라. '진고견'이라는 반 야성의 개를 먹이나 이 개는 새끼 적에 잡아다가 계집의 손으로 어린아이 기르듯이 정성스럽게 길러내며, 물이 많은 지방에서는 고기잡이가 성하나 물이 얕은 데서는 손으로 훔척 잡기도하고 납작한 판자대기를 쓰기도하고 창으로 찔러 잡기도하며 깊은 물에서는 그물질을 하나 그 외에 굿을 쳐

고기를 몰아넣기도 하고 뼈나 나무로 만든 바늘을 쓰기도 하느니라.

여자는 또 식물성의 섬유로 실을 낫기도 하고 '캥거루' 뼈로 그물이나 망을 뜨기도 하며 남자는 원숭이모양으로 나무는 잘 타나 배 부리는 것은 극히 서투르니라.

그네들은 지금에도 석기시대의 인민으로 기구의 제작도 매우 간단한 것이라. 각종의 석기는 그네들에게 대단히 중요한 물품이나 그 외에는 철물은 고사하고 아직 토기도 제조할 줄을 모르느니라. 석기에는 도끼, 작은 칼, 박피구(剝皮具), 끌, 톱이 있고 또 석기 외에 짐승의 뼈, 자개, 나무그릇을 사용하나 자개는 가죽 털 같은 것을 베기 도하고 종창(腫瘡)같은 문신을 하는데 쓰기도하며 목기는 몽둥이 목판 같은 것을 만드는 데 쓰고 또 '캥거루'나 '에뮤 [emu: 에뮤과에 속한 새. 타조와 비슷하며 오스트레일리아 특산으로 지구상에 한 종 밖에 없다]'의 뼈로 바늘을 만들며 사람의 두개골을 사발로〈88쪽〉 쓰는 이도 있느니라.

무기는 대개 목제라 가장 널리 쓰는 것은 투창이니 길이는 항용 2미터 이상이오, 자루는 갈대로 만들고 창끝은 뼈, 단단한 나무, 돌 같은 것으로 만든 것이라. 토인은 이 창을 능히 50미터부터 70미터까지 던지고 그리하여 가벼운 것은 사냥에, 무거운 것은 전쟁에 쓰느니라.

또 한가지 중요한 것은 '부메랑' 즉, 주살 기계(器械)라. 좁고 납작한 4분의3 미터 쯤 되는 낫 같이 꼬부라진 평판(平板)이니 작은 동물, 조류의 사냥에 쓰는 것이라. 이것을 사용함에는 썩 연숙(鍊熟)하여 200보 밖에서 능히 작은 동물을 헛맞히지 않으니라. 이것을 던지는 법은 먼저 낫을 잡는 것과 같이 오목한 부분을 앞으로 대고 볼록한 부분을 좌편으로 행하여 손에 들고 전력을 다하여 평찌보다 조금 들어 앞으로 던지면 처음에는 대략 10미터 가량 죽 바로 나아가다가 위로 솟으면서 좌편으로 전향하여 본처로 도로 오는 것이니라〈89쪽〉.

「인종과 문명」, 『청춘』 4호, 1915년 1월.

인종과 문명

백우황열론(白優黃劣論)의 오류=동서 문명에 각각 장단이 있음=서로 융화하여 완벽이 될 지어다

독일은 황화설(黃禍說)의 본종(本宗)이라. 그러나 그 독일이 이같은 황족(黃族)의 일파로 보던 터키를 원인(援引)하여 한편을 삼으니 이로 인하여 동 설의 근거가 반이나 파괴되었고 그와 같이 영,프,러 여러 나라에도 일시는 독일 황제의 장단을 맞추어 건출물에 우쭐거리던 이가 있었으나 지금에는 그 말을 집어치우고 상하가 모두 일본의 유럽 출병을 희구하여 마지않으니 인정의 변함이 ■운(■雲) 복우(覆雨)뿐 아닌 감상이 있도다. 어쨌든 유럽 백인 나

라는 이로 인하여 이제 이후로는 영 황화설 창도할 권리를 상실하였다 할지니 우리는 이에 대하여 다소의 감개가 없지 못하노라.

인종을 시험하여 과학적으로 분류하려던 최초 학자는 스웨덴의 '린네'씨오. 독일의 '푸르멘파타 뮬레'씨 등이 또한 각각 하나의 기축(機軸)을 장출(裝出)하였으니 이 여러 석학들이 분류의 표준으로 착안한 것은 피부의 색채, 두로(頭顱: 두개)의 형상, 아울러 언어의 이동(異同)에 있었고 그 중에도 피부의 색채에 의거하여 노아의 세 아들을 ■연(■緣)하여 백인족, 황인종 및 흑인종이란 이름을 지은 이는 프랑스 유■씨로 비롯하여 제가(諸家) 각설(各說)이 검핵(檢覈)이 정철(精徹)에 들었으나 피차에 일장일단이 있어 특별히 완벽된 것이 없었더라. 원래 인간의 사물은 상대적이오, 하나도 절대적인 것이 없나니 비유하건대 제숙이와 등어리 같아 어디까지가 제숙이오 어디부터 등어리인지 언뜻 보면 명료한 듯하되 반드시 명료하지 못하니 인종을 분류함이〈72쪽〉 또한 이와 같은지라. 가령 대동(大同)을 취하여 백인종이니 황인종이니 또 흑인종이니 할지라도 백(白) 중에는 황(黃)이 있고 흑인종 중에도 황인종을 혼입(混入)함을 면하지 못하니 비유하건대 일본인은 황족(黃族)의 표본으로 지목을 받지마는 학자 중에는 몽골인종으로써 진짜 황인종이라 하고 일본인은 몽골인종이 아니라 터키인과 흡사하여 황백 양인종의 중간에 자리한다 하는 이가 있음과 같은 것이니 이와 같이 절대적으로 인종의 분류를 하기 어려운 것이라. 물론 어느 정도까지는 할 수가 있다 하더라도 여러 색에 등급을 붙여 갑(甲)색으로써 을(乙)색의 위에 놓아 백인종이 아니면 사람이 아니라 하여서는 천만 의외의 잘못된 주장이니 이는 제숙이로써 등어리를 비양하는 류(類)어늘 유럽과 아메리카 사람은 왕왕 이 폐단에 빠지는도다. 일찍이 독일인이 기초한 한 논문을 살펴보니 둘째발가락이 엄지발가락보다 긴 것은 오직 일본인에 볼 뿐이오. 문명국 사람에는 그런 것을 보지 못하였다 하여 은연히 일본인이 야만인임을 풍자하였으니 이는 오로지 백인 그네들이 혼자 작정으로 자기네만 우등 인종이라 하여 내게 있고 남에게 없는 것은 문명의 상징이오, 남에게 있고 내게 없는 것은 야만의 증거라 하는 소이라. 둘째발가락과 인류의 우열에 무슨 관계가 있으리오. 독단도 또한 심하도다. 그리하여 백인은 홀로 피부의 색채가 같은 형체상 일에만 관하여 그러할 뿐 아니라 자기가 산출한 문명에 대하여서도 동일한 잘못된 생각을 가지니라.

우리는 서양 문명을 부정하는 이가 아니라. 그러나 서양 문명 이외에 문명이 없다는 소견에는 복종하지 못하겠노라. 우리는 서양 문명에 대하여 얼마쯤 동양 문명의 존재함을 인(認)하며 그리하여 동양 문명이 서양 문명과 결코 헌지(軒輊: 우열, 고저)할 바가 없음이 마치 황색과 백색의 사이에 등급을 붙여 무엇을 낫다고 무엇을 못하다고 할 수 없음과 같음을 생각하는 것이라.

사물에 대하여 호오(好惡)의 관념을 야기함은 인정의 부득이함에서 나는 것이나 자기의 가진 바,〈73쪽〉 자기의 좋아하는 바에 아첨하여 한몸으로 남을 배척함은 사리에 정당하지 않으니 동서 문명의 관계도 또한 이와 같을 뿐이라. 우리는 동서 문명의 차이로써 정도 상의 차이가 아니오, 성질 상의 차이라 하노니 정도 상 차이에는 등급을 붙일지라도 성질상 차이에는 명분을 베풀지 못할지라. 시험하여 이것을 설파하고자 하노라.

사람이 세상에 나서 죽으면 말려니와 살자면 먹어야 하겠고 입어야 하겠고 주소를 구하여 안거하여야 할지니 그러면 사람은 무엇을 먹고 무엇을 입고 어디서 안거하느뇨. 가론 자연뿐이라. 사람은 자연을 먹고 자연을 입고 자연에 안거하나니 가령 의식주가 사람 생활의 전부는 아니라 할지라도 얼마쯤 기초를 형성하는 것이오. 그리하여 이 기초를 주는 것은 곧 자연이니 자연을 떠나 인생을 상상하지 못할지라. 문명이란 필경 사람이 외계와 교섭하여 얻은 결과의 누적에 다름 아니며 외계와의 교섭은 진취적 적극적도 있고 퇴영적 소극적도 있으니 전자는 서양인 일반의 경향이오, 후자는 동양인 보편의 현상이라. 전자는 자아로써 한갓 외계를 압도하고자 하며 후자는 자아를 억제하여 아무쪼록 외계의 핍박을 감내하고자 하니 즉 전자는 자아를 안조(安措)하여 외계로 하여금 자연에 적합케 하고자 하며 후자는 외계에 손을 대지 않고 자아로 하여금 외계에 적합케 하고자 하니 비유하건대 양자가 다 강우(降雨)의 불편을 감각함은 일반이나 전자가 생각하는 바는 도로의 개량이오. 후자가 기하는 바는 신발에 있음과 같으며 그 외에 한랭을 당하매 그네(서양인을 말함)들은 방을 덥게 하고 우리(동양인을 가리킴)는 옷을 껴입으며 또 여름철에 모기의 공격을 막기 위하야 그네는 더러운 도랑을 준설하거나 메꾸어 모기의 감소를 꾀하고, 우리는 모기장을 만들어 모기의 예봉을 피하는 등, 이러한 유(類)의 사례를 나열하기에 여유가 없을지라. 요컨대 서양인의 사상은 항상 밖으로 달림으로 그 결과는 저와 같은 물적 문명을〈74쪽〉 빚어내고 동양인의 안목은 반드시 안으로 향하므로 이와 같은 심적 개화(開化)를 섭치(攝致)하였으니 양자가 완전히 착안점을 달리하여 방향도 서로 다르고 성질도 서로 달라 교량(較量: 비교하여 헤아려봄)에 길이 없으니 이 우리가 색채에 대하여 반드시 황(黃)이 백(白)만 못지않다. 아울러 동양 문명이 결코 서양 문명의 아래에 서지 않음을 주장하고자 하는 소이라. 양자의 관계는 병립적이오 상하적이 아니며 더욱이 2종의 문명은 세상을 마칠 때까지 고립하고 말 것이 아니라. 이번 대전쟁(1차 세계대전)은 양자로 하여금 점점 서로 접촉하고 융화케 하여 반드시 내외 표리가 다 충족된 이상적 문명을 건설할 시기가 당할지로다. 살펴보건대 동서의 문명은 다 홀몸이라. 하나는 외형은 구비하나 내용이 부족하고 하나는 내용은 여유가 있으나 외형이 결핍하니 외형 내용에 다 완전무결한 문명을 만들어 유색 무색이 모두 그 행복을 누리게 함은 일반 인류의 책임이 아닌가(모 신문으로부터)〈75쪽〉.

Ⅱ. 위생과 청결

1. 교과서

학부 편집국 신간, 『국민소학독본』, 대조선 개국504년(1895년).

제24과 손가락 끝이라

한 큰 장사가 그 점포에 사환(使喚)할 아이를 구할 때 아무 말도 아니하고 다만 그 손가락 끝을 자세히 보아 손톱을 짧게 베어 때 묻지 않은 사람만 가려 썼다 하니, 이 장사는 어찌 그리하였느냐.

이는 그 손가락 끝이 청결한 사람은 몸의 청결한 표가 되며, 또 몸의 청결함으로 마음의 아름다움과 몸의 건강한 표가 될 연고인가 합니다〈19~20쪽〉.

제25과 청결하게 하라

우리 항상 몸을 청결하게 아니하면 남이 싫어도 할 뿐더러 나쁜한 병은 대개 더러운 몸에서 나고 또 전염도 하니, 고로 얼굴과 입과 손과 손가락뿐 아니라 기타 온몸도 자주 물에 씻어 정(精)하게 하며 또 의복은 자주 빨아 입어 때 묻지 아니하게 할 것이오이다〈20~21쪽〉.

대한국민교육회, 『초등소학』권8, 대한국민교육회 三板, 융희원년(1907) 11월,

제2 위생

아픈 사람(病人)같이 가련한 자는 세상에 다시없나니, 자기가 좋아하는 먹을 것(食物)도 먹지 못하며 재미있는 놀이터에도 가지 못하고 또 직업과 학문 등에 힘쓰지도 못하고 밤낮으로 잠자리에 누워 신음할 뿐이니 사람은 위생에 주의하여 병이 생기지 않게 할지니라.

위생하는 법이 각종이 있으나 마시고 먹을 것을 삼감(愼)이 제일이라. 먹을 것은 곡물과

고기와 채소 등을 골고루 먹어 한 종류만 먹지 말며, 하루에 세 번을 먹되 먹는 때를 일정히 하고 소화하기 어려운 것과 맛이 변한 것 등은 일체 먹지 말며 또 냉수는 물론하고 탕과 차(茶)도 무단히 마시지 말며 주류(酒類)는 어떤 종류든지 일체 마시지 않는 것이 좋고 또 연초(담배)를 피우지 말지니라.

마시는 것과 먹는 것 다음에 절실한 것은 운동·휴식 등이라. 상당히 운동하면 피가 제대로 회전하여 음식물이 잘 소화하여 신체가 건강하느니라. 그러나 운동만 하고 휴식하지 않으면 신체가 피곤하여 병이 생기나니 고로 낮에는 근면히 동작하되 때때로 휴식하고 야간은 전혀 휴식하여 몸과 마음의 노곤함을 위로함이 가하니라.

사람의 신체에 때가 있으면 털구멍이 막혀 감기가 들기 쉬운지라. 고로 자주 목욕하여 신체를 청결케 할지니라.

또 거처도 삼감이 가하니 낮고 습한 곳과 어둡고 차가운 땅에 살지 말고 또 집안을 청결케 하며 정원에 수목을 심어서 호흡하는 공기가 맑고 신선하게 하며 간간이 음악을 듣고 화초를 완상(玩賞)하여 심신을 기쁘게 하며 또 항상 일찍 일어날지니라.

의복은 화려를 숭상할 것이 아니요, 오직 정결케 하여 때가 끼지 않도록 주의하며 또 몸에 끼이게도 말고 신체에 적의(適宜)케 하며 띠로써 너무 묶지 말아서 혈기(血氣)를 순환케 할지니라.

이러한 방법을 잘 지키면 건장한 사람은 더욱 건장하고 아픈 사람이라도 또한 병이 나아 장수를 누릴지니, 사람의 일신이 만사의 근본이라 자신을 스스로 지킴이 옳으니라〈2~4쪽〉.

학부편찬, 『보통학교 학도용 국어독본』권4, 1907년 발행 5판, 1909년.

제17과 신선한 공기

아침에 일찍이 문밖에 행보하면 바람이 졸음을 씻어서 마음의 세계가 상쾌한 것은 신선한 공기를 호흡하는 까닭이라. 만일 공기가 없으면 우리들은 극히 짧은 시간이라도 생활하지 못할지라.

사람이 공기 중에 생활하는 것은 물고기가 물속에서 생활함과 같아 고기가 물 밖에 나가면 살지 못할 것이오, 사람이 공기를 떠나면 호흡 동작을 못할지라. 사람이 수중에 빠져죽는 것은 물을 먹는 까닭이 아니오, 공기를 호흡치 못하는 까닭이로다.

물에 맑은 물과 탁한 물이 있는 것과 같이 공기에도 청결한 공기와 더러운 공기가 있어서 청결한 것은 위생상에 유익하고 더러운 것은 유해한지라. 다수의 사람이 모인 좁은 방 안에 들어가면 악취가 있고, 얼마 되지 않아 두통이 나는 것은 공기가 더러운 증거이니라. 그런 고로 방 안에 공기 유통을 좋게 하고 아침저녁으로 물을 뿌리고 비로 쓰는 일을 세심하게 하며 때때로 창문을 개방하여 신선한 공기를 주입할지니라〈49~52쪽〉.

안종화 역술, 『초등 위생학 교과서』, 광학서포, 1908.

제2과 위생 총칙

위생의 법이 비록 많으나 대강(大綱)을 5류(類)로 나누니 음식과 공기와 일광(日光)은 외계(外界, 외계는 신체의 밖을 말함)의 물(物)이 우리 몸으로 들어오는 것이오. 운동과 휴식은 우리 몸을 위하여 자연히 작용하는 것이니라〈2쪽〉.

제3과 음식1

우리 음식물의 목적이 셋이 있으니, 하나는 전체의 발육을 완전케 함이오. 둘은 전체의 모비(耗費: 소모·소비)를 수보(脩補, 우리 몸을 한 번 힘쓰면 반드시 소비함이 있으니 고로 음식물로써 보충)함이오. 셋은 전체의 난열(煖熱)을 증가함이니 고로 매일의 음식물을 충족케 할지니라〈2~3쪽〉.

제12과 공기1

우리들이 종일토록 먹고 마시는 것은 할 수 없을지라도 공기는 잠시라도 없지 못할지라. 음식이 없으면 거사(遽死: 갑자기 죽음)는 이르지 않으려니와 공기가 없으면 잠시도 살 수 없으니 고로 사람이 공기로 생활함이 음식보다 급하니라〈11~12쪽〉.

제17과 일광1

식물이 어두운 곳에서 살면 가지와 잎이 마르고 우리가 방안에 오래 있으면 살이 창백하나니 이는 햇빛이 동물과 생명의 근원이 됨이라. 고로 우리가 마땅히 햇빛을 많이 받아 혈질(血質) 속에 붉은 재료를 증가하며 또 피부에 배설하는 더러운 물질이 햇빛과 햇볕을 타고 흩어져 없어지게 할지니라〈16~17쪽〉.

제20과 운동1

흐르는 물이 썩지 않고, 호추(戶樞: 문의 지도리, 돌쩌귀)가 좀 슬지 않음은 항상 운동하는 까닭이니 인체도 이와 같아 쓰지 않으면 폐(廢)하고 쓰면 더욱 강할지니 그러므로 독서와 작사(作事: 일거리를 만듦)와 체조와 산보 등을 모두 늦추지 못할지라. 세상에 나태하여 일을 일삼지 않는 자가 있어 종일토록 앉거나 누워있고 운동하지 않으면 팔다리 온몸이 잔약(孱弱)하여 폐물(廢物)되느니라〈19~20쪽〉.

제32과 휴식1
한때 마음 씀은 뇌수(腦髓)를 단련함이오. 한때 힘(원문에는 '心'으로 되어 있으나, '力'이 맞는 것으로 보임)을 씀은 근육과 뼈대를 강하게 함이니 다만 마음과 힘이 서로 교용(交用: 혼용)됨이 마땅하고 한쪽을 치우치게 사용함이 마땅치 않으니 마음 씀을 지나치게 오래하면 근육이 여윌지오. 뇌를 다하도록 휴식하지 않으면 성내기 쉽고, 피로하도록 휴식하지 않으면 병나기 쉬우니 이 두 가지는 위생가가 크게 꺼리는 것이 되느니라〈33~34쪽〉.

제33과 휴식2
종일토록 일하면 뇌의 힘을 소모함이 아주 많으니 야간에 휴식이 마땅할지라. 고로 해시(亥時: 밤 9시에서 11시 사이)에 자는 것이 마땅하니 장년은 매일 밤 8시에 마땅히 잘지요, 어린 아이는 10시에 잘지니 그렇지 않으면 혈색이 담백하여 얼굴에 화색이 없고, 뇌의 힘이 부족하여 정신이 황홀(恍惚: 어지러움)하리니 곧 약함의 근원이 되느니라〈34~35쪽〉.

제34과 휴식3
우리는 잠을 많이 잠이 마땅치 않으니 잠을 많이 자면 의지와 기개가 어둡고 게으를지라. 잘 때에 한쪽으로 치우쳐 자면 마땅치 않으니 한쪽으로만 자면 피의 운행이 고르지 않으며, 잘 때에 배부르게 먹는 것이 마땅치 않으니 포식하면 몽혼(夢魂)이 불안하며 자는 중에 찬 기운을 받음이 마땅치 않으니 찬 기운을 받으면 장부(臟腑: 오장 육부)가 발염(發炎)하나니 (찬 기운을 받으면 장부 안에 피가 고이므로 장부에서 염증이 생김) 잘 때에 마땅히 주의할지니라〈35~36쪽〉.

유길준, 『노동야학독본』 제1, 융희2년(1908).

제41과 청결
청결은 맑고 조촐함이니 한 사람은 한 사람의 청결이 있고, 한 집은 한 집의 청결이 있고 한 나라는 한 나라의 청결이 있으니 집과 나라의 청결이 한 사람에 비로소 나니라.
대개 청결함은 속과 거죽의 분별이 있으니 속이라 함은 마음을 가리키는 것이며 거죽이라

함은 모양을 이름이라. 마음이 청결한 즉 행실이 자연히 청결하려니와 모양의 청결도 청결한 마음에서 나느니라.

이제 청결의 문제는 모양으로 말씀함이니 곧 사람 사는 모양에 관계한 것이라. 대강 말하건대

 가. 속옷을 자주 빨아 입어서 절은 때와 묵은 땀이 몸에 닿지 말게 할지어다. 만일 조심하지 않으면 큰 병의 말미가 되느니라.

 나. 목욕을 날마다 하여 몸에 조금도 때가 없게 할지어다. 때는 씻을수록 있으니 하루 두 번 세 번씩 씻어도 마찬가지라. 대개 몸의 때는 피부의 병을 일으키느니라.

 다. 머리털은 날마다 씻고 비듬은 조금도 없이 할지어다. 사람의 정신은 머릿골(뇌수)에 있으니 머리털을 덮어 기운이 서리게 하고 또 비듬과 때로써 그 서린 기운을 썩히면 머릿골에 물들어 맑은 생각이 나지 못하며 정신이 흐리고 희미한 중에 머리에는 병이 자주 나며 눈이 쉽게 어두우니라.

 라. 다른 사람과 한 그릇에 음식을 먹지 말지어다. 침 묻은 술(숟가락)이나 저(젓가락)로 국물 있는 음식과 젖은 밥을 한 가지 하면 자연히 그 침을 서로 먹은 즉 보기에 더러울뿐더러 모르는 중에 병이 서로 옮느니라.

 마. 침 뱉기와 코풀기를 사람의 앞에서 하지 말며 또 오줌과 똥은 반드시 뒷간에 누고 아무데나 막 누지 말지니라.

이는 다 한사람에 관계 한 일이어니와 한 집의 청결인 즉
가. 방과 뜰을 깨끗이 하여 묵은 먼지와 거친 풀이 없게 하는 일
나. 개수 물을 흘려 고여 있지 말게 하는 일
다. 뒷간을 굳이 막으며 자주 쳐서 더러운 물건을 보이지 않게 하는 일

나라의 청결은
가. 길을 잘 닦는 일
나. 전염병을 예방하는 일
다. 백성의 청결치 아니함을 가르쳐서 청결 법을 시행하게 하는 일

한 사람이 청결하지 않으면 그 사람을 더러운 사람이라 하고, 한 집이 청결하지 않은 즉 그 집을 더러운 집이라 하며, 한 나라가 청결치 않으면 그 나라를 가로되 더러운 나라라고 하나니 조심할지어다. 나라의 더러움이 사람에 말미암음이라. 더러운 이름을 무릅씀은 개화 못 한 일을 천하에 반포함이니라⟨70~73쪽⟩.

학부편찬, 『보통학교 학도용 국어독본』 권5, 1908년 발행, 1909년 3판.

제4과 피부의 양생

시력으로 능히 보지 못하나 우리들의 신체 피부에 수많은 작은 구멍이 있는지라. 이 작은 구멍으로조차 체내의 폐물(廢物)을 때때로 배출하는도다.

피부를 오래 세척하지 아니하면 피부의 표면은 폐물과 흐르는 땀을 보이지 않게 숨기는 바가 되며 또 공기 중 티끌과 먼지도 부착하여 더러운 때가 되는지라. 이들 오물이 피부의 작은 구멍을 닫아서 막으면 폐물이 몸 밖으로 새어나가지 못하고 몸 안에 머무르고 쌓아지느니라.

이들 작은 구멍은 또 몸 밖으로부터 각종 물질을 흡수하는 힘이 있는지라. 고로 오물이 피부를 보이지 않게 가리면 다시 몸 안으로 흡수하여 혈액의 순환을 불순하게 하고 마침내 질병에 걸리기 쉬우니라.

피부를 불결하게 함은 신체에 유해할 뿐 아니라 다른 사람 보기에 추한 모습을 뚜렷하게 드러내어 자기의 품위를 비천하게 함이니라.

그러므로 우리들은 때때로 목욕하고 빨고 씻은 의복을 입어 신체를 청결하게 함이 옳도다. 우리나라 사람은 의복을 항상 빨고 씻으나 목욕을 드물게 하는도다.

목욕은 온욕과 냉욕이 있는지라. 온욕은 피부를 청결케 할뿐 아니라 피곤함을 잊게 하는도다. 종일 일한 후에 온탕에 목욕하면 몸과 마음이 상쾌하여 하루의 노곤함을 위안하느니라. 냉욕은 피부를 강하고 건강하게 하며 혈액의 순환을 좋게 하는 효과가 있는지라. 매일 새벽에 냉욕하는 사람은 감기에 걸리는 것이 아주 적고 또 정신이 항상 쾌활하도다. 고로 근래 문명국에는 냉욕이 성행하느니⟨9~12쪽⟩.

현채, 『신찬초등소학』 2, 보성사 인쇄, 1909년 발행, 1913년 재판 발행.

제27과 위생

김 진사는 늙은 사람이라 바람을 싫어하여 병든 지 여러 달에 방문을 굳게 닫고 있어서 더러운 기운이 방속에 충만하더니

하루는 그 아들 효동이가 학교에 갔다가 위생으로 연설하는 것을 듣고 집에 돌아와서 그 날부터 방문과 창문을 자주 열어 공기를 통하게 하고, 또 마루와 뜰을 청결하게 쓰더니 그러한지 7,8일 만에 김 진사의 병이 쾌차하였나이다⟨35~37쪽⟩.

휘문의숙 편집부 편찬, 『고등 소학수신서』, 휘문관, 1908.

제49과 정결

위생의 길은 정결(淨潔)이 제일이라. 무릇 방의 기구가 하나라도 정결하지 않음이 불가하되, 신체가 더욱 중요한 고로 머리 빗질을 반드시 부지런히 하며 씻기를 반드시 자주하며 의복을 반드시 늘 바꾸며 모자와 신발을 반드시 항상 솔질하며 손과 낯에 때가 있거든 곧 씻을지니, 이를 어려서부터 습관으로 하지 않으면 커서 나태가 성질이 되어 고치기 어려울지라. 일찍이 독서하는 선비를 보니 옷과 바지에 이(虱)가 생기고 갓과 신발에 쌓되 종일 책상에 엎드려 정리함을 알지 못하고 심한 자는 머리털이 마구 흐트러지고 버선발로 뱉은 침이 바닥에 가득하여 사람이 모두 멀리 피하거늘 그가 말하기를 나는 학문이 남보다 나으니 정결은 귀히 할 가치가 없다 하나니, 아아! 이 무슨 말인고〈52~53쪽〉.

박정동 저, 『초등수신』, 동문사 발행, 융희3년(1909년).

〈그림 6〉 목욕

제22 목욕

목욕은 신체가 더러워진 것을 없애 위생에 유익한 방법이라. 사람이 세상에서 생활함에 천지간 각종 티끌과 먼지가 신체의 진액(津液)에 뭉쳐서 때가 되나니 자주 세탁하여 신체의 외부를 정결케 하며 또 이 목욕하는 방법을 미루어 마음속의 악덕을 씻어버림을 생각하느니라.

이런 까닭에 옛 성인이 목욕하는 대야에 새기길 날로 새로우며 또 날로 새롭다하니라〈17~19쪽〉.

학부 편찬, 『보통학교 학도용 수신서』 권2, 三省堂書店 인쇄, 1909년(5판).

제12과 청결

신체의 때를 씻지 않으며 더러운 의복을 입고 여러 사람의 앞에 나옴은 무례하기가 심한 자이로다. 가령 무례가 아니라 하더라도 남이 싫어하며 누추하게 아느니라. 또 신체를 불결히 하여 더러운 의복을 입으면 신체를 위함에도 불리하리로다. 병은 신체와 의복을 불결히 함으로부터 많이 나느니라. 가령 불결함이 병의 근본이 안 되더라도 항상 자기의 마음도 불쾌하리로다.

그런 고로 사람이 목욕을 잘하며 의복을 세탁하며 두발을 가지런하게 하여 항상 신체를 정결(精潔)히 함이 옳도다.

무릇 의복은 화려한 것을 필요로 하지 않으며 고가의 물품을 취하지 않음이라. 빛나지 않은 의복이라도 잘 세탁하여 청결케 할지어다. 우리나라 사람들은 의복을 자주 세탁하나 그러하나 목욕을 드물게 하는도다. 신체, 의복 뿐 아니라 집안, 정원, 도로 등도 청결케 함이 가하도다.

도로에 대소변을 누며 집밖으로 대소변을 유출케 하여 악취가 코를 자극함은 문명국에서는 결코 없는 일이니라〈47~50쪽〉.

노병희, 『녀자 소학 수신서』, 박문서관, 1909.

제42과 깨끗하게 할 것

병이 없어 몸이 강건하려면 깨끗하게 하는 것이 제일이라. 집안과 쓰는 그릇이 하나라도 깨끗하지 않더라도 좋지 않거든, 몸은 더욱 깨끗하지 않아서는 크게 해가 되나니, 날마다 세수하는 것은 으레 하려니와 자주 목욕하며 의복을 자주 빨아 입으며 쓰는 것과 신는 것을 자주 솔질하며 얼굴에 더러운 것이 있거든 곧 씻을지니, 이렇게 하면 어려서부터 습관이 되어 어른이 되더라도 깨끗하기를 일삼으리라. 글 읽은 선비를 간혹 보니 의복에 이가 기어다니고 갓에 먼지가 뽀얗게 켜켜이 쌓였어도 하는 말이 나는 선비니 깨끗한 것은 내가 귀이 여기는 바가 아니라하니 이것이 무슨 글 읽은 선비라 하리오〈61~62쪽〉.

학부 편찬, 『보통학교 학도용 수신서』 권4, 三省堂書店 인쇄, 1910년(4판).

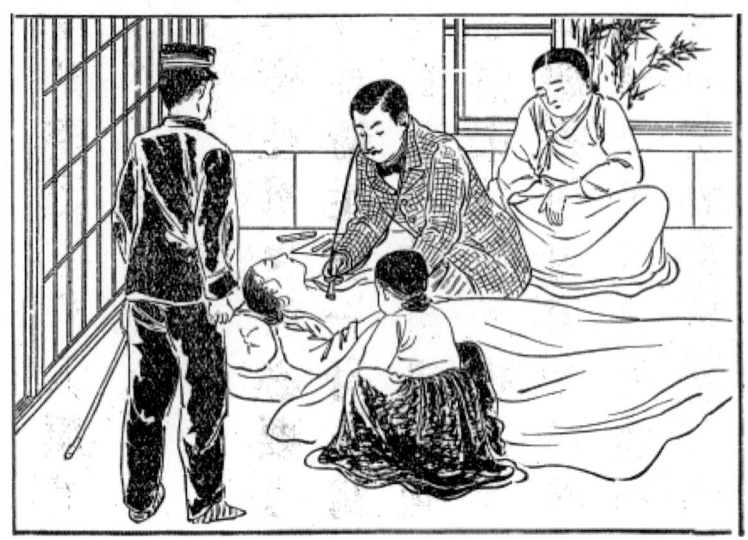

<그림 7> 환자. 의사가 진찰하고 경찰이 옆에 서 있다.

제5과 위생

신체의 건전함을 위하여 위생이 가장 필요함은 우리들이 이미 아는 바이라. 위생은 한 몸을 위할 뿐 아니라 또한 공중(公衆)을 위하여 주의함이 옳도다. 무심히 불결한 것을 맑은 도랑 가운데 던져서 버리면 하류의 사람이 마시고 나쁜 병에 걸리는 일이 있는지라. 한 사람의 신중치 못함으로 말미암아 악질에 걸려서 친족이나 이웃 사람에게 전염되어 며칠 사이에 수많은 인명을 손실하는 폐단이 없지 않도다.

어떤 촌락의 한 여자가 종일토록 야외에서 밭을 매다가 석양에 귀가하였는데 갑자기 온몸이 고통이 있어 인사 불성(人事不省: 제 몸에 벌어지는 일을 모를 정도로 정신이 흐리멍덩한 상태)하는지라. 가족과 이웃 사람이 모여 구호하더니 하루 사이에 여러 사람이 같은 병에 걸렸더라. 가까운 마을의 사람들이 그 말을 듣고 문병하러 오는 자가 연속하여 끊이지 않으니 그 사람들에게도 역시 전염되어 며칠 안에 사망자가 수십 명에 미친지라.

경찰서에서 이 급보를 듣고 의사를 파견하여 검사하니 페스트라 칭하는 가장 나쁜 전염병이러라. 의사는 환자를 피병원(避病院: 전염병 환자를 격리하여 수용하는 병원)으로 보내고 집과 가재도구는 있는 대로 죄다 불살라 버린 후에야 병독(病毒)을 소멸했다 하더라.

페스트 외에도 각종 악질이 있으니 콜레라(虎列刺), 온역(溫疫: 전염성 열병을 통틀어 이르는 말), 두역(痘疫) 등이라. 전염병의 유행은 위생에 주의하지 않음으로 인하여 생기는도다. 고로 각자가 항상 위생을 중히 여겨 전염병에 걸리지 않게 할지니라.

두역은 종두로써 예방할 수 있도다. 문명한 여러 나라에서는 사람마다 어렸을 때 반드시 종두를 시키는 고로 두역으로 인하여 천명(天命)을 요절하거나 낯 위에 두흔(痘痕)있는 자가 전무하니라. 우리나라에서는 오히려 종두의 효과를 알지 못하는 자가 있어서 아동이 두역으로 사망하는 자가 많으니 개탄할 바이로다.

콜레라는 음식물로 인하여 생기는 병이라. 사람마다 각 그 음식물에 주의하면 이 병을 예방하기 어렵지 않도다. 평소에 위생을 중히 여기고 불행히 전염병이 들거든 즉시 경무서에 치보(馳報: 급히 달려가 알림)하여 그 전염함을 방어케 함이 옳으니라. 만일 이것을 은폐하였다가 수많은 사람에게 전염케 하면 이는 칼로써 살인한 것과 다르지 않으니라〈13~17쪽〉.

2. 신문

「논설」,『독립신문』, 1896년 12월 12일.

　오늘은 우리가 또 조선 사람들을 위하여 몸 가지는 법을 말하노라. 조선 사람은 매양 길에 다닐 때에 입을 벌리고 다니니 이것은 남이 보기에 매우 어리석어 보이고, 또 사람의 몸에 대단히 해로운 것이 숨을 입으로 쉬면 공기가 바로 부아(척추동물의 호흡기관)로 들어간 즉 여름에는 공기에 각색(各色) 먼지와 눈에 보이지 않는 독한 물건이 바로 사람의 몸으로 들어가니 대단히 해롭고, 겨울에는 일기(日氣)가 추운 즉 공기 속에 독한 생물은 적으나 먼지와 찬 기운이 바로 들어가니 부아에 해가 대단히 있는지라. 코로 숨을 쉬게 되면 공기가 바로 부아에 들어가지 않고 들어가는 길이 여러 번 구부러졌으므로 공기가 부아에 다다를 때에는 공기가 얼마만큼 더워졌고 먼지와 독한 생물들은 중간에서 막혀 들어가지 못하게 되었고, 또 콧속에 털이 얼마큼씩 있으니 그 털 있는 까닭은 이 먼지와 독한 생물을 중간에서 막으라는 뜻이라. 그런 고로 코로 숨을 쉬면 사람의 위생에 대단히 유조(有助: 도움이 있음)하고, 또 첫째 입을 다무니 보기에 병신 같아 보이지 않는지라. 누구든지 야만국을 가서 보면 야만들은 다 입을 벌리고 다니되 문명 개화한 사람들은 평시에 입 벌리는 법이 없으니 조선 사람들은 아무쪼록 입을 벌리고 다니지 않기를 바라노라. 길에서 손으로 코 푸는 것은 대단히 천해 보이니 사람마다 손수건을 가지고 다니는 것이 마땅하고, 손가락이나 소매나 옷에다가 코 씻는 것은 세계에 천한 일이요. 길에서 걸음 걸을 때에 조선 사람 모양으로 지어서 걷는 것은 남이 대단히 흉보는 일이니, 부디 지어 걸음을 걷지 말고 길에서 침 뱉을 때에 소리 내지 말고 뱉으며, 다닐 때에 고개를 바로 들고 어깨를 꼿꼿이 하며 팔을 천연(天然)히 흔들고, 조선 활개 치는 법을 없애며 더구나 관인(官人)들이 부축하고 다니는 것은 성한 사람이 남에게 병신 같이 보이는 것이요. 참 병이 없는 사람이 병이 있다고 말하는 것은 첫째는 거짓말이니 좋지가 아니 하고, 또 남에게 약한 것을 보이는 것이니 이로울는지 모르겠고, 목욕을 자주 할수록 몸이 튼튼하여 지며 머리를 자주 감을수록 신병이 적은 법이니 조금만 부지런하였으면 아무라도 이런 것 하기는 어렵지 않으며, 이를 정(淨)히 닦아 입에서 냄새가 안 나야 이가 쉽게 상하지를 않고, 밤에 잘 때에 암만 추운 밤이라도 고기(高氣: 숨 쉴 때 나오는 기운)를 통한 데가 있어야 몸에 병이 안 나는 법이요. 사람마다 매일 무슨 운동을 하든지 적어도 두 시간 동안은 사지를 움직이는 운동을 하여야 기혈이 통하여 신체가 강건하여지고 생각이 활발하며 정밀하여 무슨 일이든지 좁고 어리석고 옹색하지가 않은 법이니, 오늘 우리가 한 말을 자세히 읽고 주의하여 이대로 행하면 행하는 사람에게 큰 이로움이 얼마 아니하여 있을터이오. 남이 안 하니까 아니 한다든지, 남이 하니까 한다는 생각은 영영 없애는 것이 조선이 진보하여 갈 기초(基礎)니 우리말대로 몸 가지기를 배우는 사람이 차차 생기기를 바라노라.

「논설」, 『독립신문』, 1897년 2월 2일.

  길이라 하는 것은 한 사람에게 매인 것이 아니라 전국 인민에게 매인 까닭에 외국 사람이 남의 나라에 가서 그 나라 인민이 어떠한 백성인지 짐작 하는 것은, 첫째 길을 보고 결단하는 것이라. 서울 길들이 전일(前日)에 비교하면 얼마큼 나아진 데도 있거니와 아직도 십분의 일이 수리(修理)가 못되어 근일(近日)에 사람들이 길에 다니려면 길이 길이 아니라 수채 구멍으로 다니는 것같은 데가 많이 있고, 더러운 물건과 대소변을 아무데나 버리며, 심지어 고쳐 놓은 길가에도 이런 일을 하는 사람들이 있으니, 이 사람들은 다만 자기 몸만 망신(亡身)하는 것이 아니라 나라를 망신시키는 사람들인즉 어찌 불쌍하지 않으리오. 일전(日前)에 외국사람 둘이 서소문 안길로 밤에 지나면서 하는 이야기를 들으니, 조선을 사랑하는 사람의 마음에 분하고 애석한 마음이 자연히 나더라. 서소문 안길은 맨 진흙이오, 아무데를 디뎌도 검은 진흙이 각색 더러운 물건과 모두 섞여 신발 위로 넘어오며, 미끄럽고 끈끈하여 발자국을 임의로 떼어 디딜 수가 없는지라. 한 외국 사람이 말하되 당신이 세계 각국을 많이 보았다니 다른 데서 이런 길 같은 길을 보았느냐 물은즉 그 사람의 친구 말이 다른 데서는 이런 길을 못 보았으나 청나라 서울 북경에서 이런 길을 한 번 보고, 또 한 번은 꿈속에 지옥에 들어가서 본즉 지옥에 가는 길이 이 길과 같으나 지옥 길에서는 냄새는 이렇게 나지 않더라 하며, 어찌하여 이 길가에서 사는 사람들이 하루 몇 번씩 이 길로 지나면서 이 더럽고 이 흉악한 것을 보고 의사(意思)를 내어 고칠 생각을 아니하느냐 한즉 그 친구의 말이 조선 사람은 이 길을 더럽고 흉악한 줄로 생각을 안 하는 까닭이라, 말로는 더럽다 하며 마르고 정한 길을 질고 더러운 길 보다는 좋아하는 것 같으나 질고 더러운 길을 고쳐 마르고 정한 길 만들 생각들은 없으니 이것을 보면 이 더럽고 진 것을 우리가 더럽고 질게 생각하는 것과는 다름이라. 그러자 조선 사람 하나가 지나가니까 그 사람더러 외국 사람이 묻되 왜 당신 집 앞 길을 정하게 못 하고 있느냐 한즉, 조선 사람 말이 돈이 없어 못 한다 하거늘, 외국사람 말이 돈이 없으면 삯꾼을 얻어서 못할지언정 왜 당신 손으로 고쳐 놓지를 못 하느냐 한즉, 조선 사람 말이 첫째는 그 길이 내 길이 아니오, 둘째는 내가 그런 일을 하기 좋아 아니하노라 한즉, 외국사람 말이 만일 그 길이 당신 길이 아니면 왜 남의 길에다 대소변은 왜 보며, 더러운 물건은 버리느냐 한즉, 조선 사람 말이 그것이 풍속이라 하니, 외국 사람이 다시 말 아니 하고 지나가면서 자기들끼리 하는 말이 조선은 풍속 까닭에 될 일이 못 된다고 하더라. 이런 이야기를 들으면 혹 분히 여기는 사람이 있어 이 더럽고 진 길들을 사람마다 자기 집 앞만 수리 하자면 함도 과히 아니 들터이오, 자기 몸에도 유조하고, 자기 위생에도 유조하고, 나라 모양도 나고, 조선 인종에 명가(名價)도 올라 갈 터이니 풍속에 매여 이 망신 들을 아니 하는 것이 세상에 난 장부의 떳떳한 생각일 듯하더라.

『독립신문』, 1898년 8월 11일.

　향일(向日, 지난번)에 경무청 훈령으로 인민의 집 측간(厠間: 변소) 구멍을 영위 막은 것은 첫째 인민의 위생을 극진히 보호하는 본의요, 둘째는 도로가 정결함을 숭상하는 일이라. 인민된 자가 어찌 위생에 이익을 감격히 아니 여기며 또 어찌 훈령을 어기리오. 인민들의 생각에 이렇게 막은 후에 똥이나 오줌을 쳐낼 방책이 필경 있으리라 하였더니 막은 지가 날이 오래돼 똥과 오줌을 쳐낼 사람도 없고 방책도 없어서 다행히 측간 구멍이 깊은 집은 아직 며칠은 더 견디려니와 구멍이 얕은 집은 똥오줌이 넘쳐서 정결치도 못하고 그 괴악(怪惡)한 냄새에 사람이 견딜 수가 없이 되니 본래 경무청에서 막으라 한 본의가 밖으로 흘러나오는 더러운 것만 막아서 대도(大道) 상 행인의 위생만 보호하여 주고 집속에 있는 사람의 위생은 불관(不關)하는지 모르거니와 만일 그렇지 아니할 양이면 똥과 오줌 쳐낼 방책을 어서 바삐 하여 주는 것이 일하는 차서(次序)에도 합당하고 집 속에 있는 사람의 위생에도 매우 좋을 듯하도다.
　향일에 내부에서 인민의 집 측간 구멍은 영위 막고 똥과 오줌을 쳐낼 방책으로 세 가지 조목을 마련하여 경무청에 훈칙(訓飭)하였다 하기에 우리 신문에도 이왕 기재하였거니와 정부에서 영칙을 기위(旣爲) 내리고서 필경은 설시(設示)하는 일이 없어 백성들의 말이 이러하니 실로 딱하도다.

「위생론」, 『독립신문』, 1899년 6월 21일.

　동양에 어떤 학문 고명(高名)한 이의 위생법 말한 것을 좌(左)에 기재하여 사방 첨군자(僉君子)의 주의(注意)함을 권면(勸勉)하노라.
　옛 말에 가로되 작은 불도 끄지 않으면 큰 들을 다 태우고 적은 물도 막지 않으면 큰 강물에 이른다 하였으니 이는 사람 몸의 질병에도 적당한 격언이로다. 어느 병이든지 그 시작할 적에는 작은 불과 작은 물의 한 가지인 모양으로 숨을 들이쉬고 내쉬는 사이에 은연중 일어나서 그 끝이 신명(身命)을 상하기에 이르나니 그런즉 병이 일어난 후에 의약을 쓰는 것보다 평생에 극진히 마음을 써서 병에 걸리지 아니함이 곧 위생법이라. 그 방책은 높고 멀어서 행하기 어려운 일도 아니요, 격(格)밖의 재물을 쓸 일도 아니요, 깊고 커서 알기 어려운 이치가 있음도 아니며, 다만 사람들의 날마다 항상 떠나지 아니하는 거처와 의복과 신체와 음식 네 가지에 나아가 주의를 배(倍)만 더한즉 병의 시근(始根)을 막고, 편안하며 길거하여 오래 사는 수역(壽域)에 이를지니라.

거처는 방과 집의 안과 밖을 정결히 쓸고 닦으며, 기둥과 문턱의 위와 아래를 맑게 씻고 먼지와 무더기와 더러운 물건을 궁벽한 곳에 버리며, 더럽고 흐린 물을 집안에 머물러 두지 말지어다. 이런 썩고 상한 악취(惡臭)는 그 독이 사람의 병이 되나니 열병(熱病)은 모두 이런 데서 생기는 것이라. 그 썩어서 냄새나는 물건을 삼가 안 한 그 사람의 한 몸만 죽일 뿐 아니라 다른 사람에게까지 미치며, 그 근방에 모두 넓게 폐(弊)가 되니 어찌 두려우며 삼가지 아니 하리오.

의복은 때 묻고 더러운 비단이나 명주옷은 맑고 조촐한 굵은 무명과 베옷만 못하다 함은 사람의 이르는 바이니, 다만 보기에만 그럴 뿐이 아니라 양생(養生)하는 데도 적당한 말이로다. 사람의 살에 항상 입는 옷과 잠자리에 입는 옷은 자주 씻고 빨아서 쪼여 말릴지니 만일 그렇지 않으면 더러운 때가 그 올 사이에 붙어서 사람의 몸에 종기를 나게 하며, 사람의 몸에서 새어나는 김 기운을 막아 감기와 폐경 병을 일으키고, 또 이불과 요는 사람의 몸에 닿아 사람에게서 나는 악취와 열기를 빨아 쌓이는 것이니 매일 아침마다 내 널어 볕과 바람에 쪼이게 하고 또 그 씻어 빠는 것을 자주 하여 땀과 때의 붙은 것이 사람의 몸에 큰 해가 되지 않도록 할지어다.

신체를 청결하게 함이 가(可)하니 한 달에 3,4차 목욕을 할지라도 매일 조석에 수건을 냉수에다 빨아 가지고 전체를 씻으면 때와 땀이 몸에 어리고 붙지 아니 하기로 옷과 이불과 요도 더럽지 않으며, 몸에서 나는 김의 기운이 막히지도 아니 하여 병이 점점 적어지나니, 차고 더운 때를 물론하고 냉수로써 씻는 것이 심히 좋으나 씻는 때에 바람이 다질리는서로 부딪히는 곳은 극진히 피하며 노인과 어린 아이는 더운 물로 씻고, 감기 들어 조금 열기가 있는 사람도 더운 물을 쓰는 것이 가할지라. 날마다 목욕을 하는 것이 극히 적당하나 의복을 벗고 있는 때는 바람에 촉감(觸感)되기가 쉬우니 평생에 조석으로 씻는 사람은 한 달에 세 번만 목욕을 하여도 무방하고 수건으로 몸을 씻으면 땀과 때만 제거할 뿐 아니라 신체의 어루만지는 것을 인 하여 혈맥의 유통(流通)함을 돕는 고로 백병(百病)이 들지 못하느니라.

입 속은 항상 냉수로 양치질 하여 악취가 머물러 있지 못하게 하며, 또 이를 무슨 약으로 씻는 것보다 흰 소금으로 이의 안과 밖을 잘 씻음이 심히 좋으며, 눈도 항상 냉수로 씻는 것이 가하니 눈을 냉하게 한즉 병도 적고 안력(眼力)도 쇠하지 않느니라.

어렸을 때부터 항상 익숙히 먹는 음식은 무엇이든지 해가 없거니와, 만일 먹는 물건을 변하여 고칠 때에는 극진히 조심을 아니 하면 심히 위태할지라. 무릇 만물이 다 사람의 먹는 것이 되기에 그 토지에서 나는 것은 그 토지에서 사는 사람의 먹는 것이 안 되는 것이 별로 없으나 그러나 익지 않은 것과 굳센 것을 끓이거나 굽지 않은 것과 끓이고 굽고 한 후에 도로 식어서 찬 것은 다 양생에 적당하지 않으며, 절반 날 것으로서 익지 못하고 또 굳센 것은 항상 먹는 쌀밥이라도 해가 있나니 극진히 살펴 가림이 가하니라.

　어떤 식물(食物)이든지 한때에 과히 먹는 것은 불가하니, 수고로이 힘을 허비하는 자는 많이 먹는 것이 좋을 듯하나, 자주 먹는 것이 가 하지 많이 먹는 것은 가하지 않으니라. 새로 나는 채소는 양생에 적당하며 새와 짐승과 물고기 등 물도 먹는 것이 또한 가하며 쇠고기는 한 달에 3,4차 이상은 먹는 것이 극히 좋으니라.

　더운 음식은 이를 해롭게 하고 비위를 상하게 하나니 온(溫)하기를 기다려 먹되, 결단코 입 기운으로 불지 말지어다. 입으로 좇아 나오는 기운과 숨은 곧 장부(臟腑) 가운데서 썩는 물건의 패(敗)한 냄새라, 만일 식물에 이런 기운과 냄새가 붙으면 양생을 해(害)함은 고사하고 반드시 병 뿌리를 빚어내느니라.

　식물의 제일품(第一品)은 맑고 조촐한 냉수라. 온탕과 숙랭[숭늉]도 다 좋으나 너무 더우면 해가 있고, 지금 외국에서 성행하는 차도 가하나 과히 마시면 그 해가 적지 않으니, 커피차는 지르는 기운이 있어 많이 마시면 기운이 오르고 피를 토하는 증세가 곧 있고, 일본차의 상품은 많이 마시면 피가 마르는 증세가 생겨서 잠을 이루지 못하며, 청나라 차는 성질이 조금 순하나 대개 손익(損益)이 상반(相半)하니 많이 마시는 것은 불가한지라. 그런 고로 정결한 냉수의 공(功)이 다른 물건에 비할 바가 아니요. 본토에 있든지 다른 땅에 옮기든지 정결한 냉수의 본질은 한결같은 고로 풍토가 졸연(猝然)히 변하여도 호말(毫末)의 영향은 받지 않느니라.

　술을 약이라고 칭하여 마시는 것은 불가하니, 많이 마시면 해가 되는 것은 사람의 다 아는 바이라. 번로(煩勞)히 말할 것이 없으되 대범 술이라 하는 것은 일조(一朝)에 금하기도 어려우며 졸지에 끊기도 어려운즉 그 쓰는 데 나아가서 한 말을 하겠노라. 혹 밥 먹기 전과 밥 먹은 후에 술을 조금만 마시면 과히 해는 없다 하나, 크게 취하기에 이른즉 그 해가 적지 아니 하니 깊이 삼가 함이 가한지라. 술 품(品)으로 말할지라도 외국 술은 대단히 불가하니 방심하고 마시는 것은 더욱 위태하며, 제일 상책(上策)은 술이라 하는 것은 아니 마시는 것이 극히 좋으나, 만일 부득이 하여 마시는 경우에는 대한(大韓) 토산(土産)의 찹쌀로 만든 막걸리나 여러 날 되어 농(濃)하게 삭은 약주가 겨우 가하니라.

「양전지책」, 『독립신문』, 1899년 7월 19일.

근래에 장맛비가 지리하고 삼복(三伏) 일기(日氣)가 점점 더우니, 도성(都城)에 사는 인민들이 설사병이 많이 있으며 혹 이징(異徵) 기운으로 오래 신고(身苦)하는 사람이 많다 하니 실로 민망한 소문이라. 사람이 첫째는 병이 없어야 그 몸이 충실할 것이요, 몸이 튼튼하여야 무슨 일이든지 마음대로 힘쓸 터이요. 둘째는 백성의 몸이 병드는 것은 그 집이 빈궁할 장본이요, 백성의 집이 빈곤하면 나라가 또한 병들 터이니 어찌 근심할 일이 아니리오. 그 병의 근본을 궁구(窮究)하여 보건대 도성 안에 들어온 개천이 많이 있고, 그 개천에서 악독한 냄새와 지미(至微)한 벌레가 나와 사람의 코와 입으로 들어가면 그 사람으로 하여금 병이 나게 하나니, 집집마다 그 개천을 정결케 한 후에야 그 집에 사는 사람이 병이 적을 것이요. 또는 도성 안에 있는 우물물을 보면 모두 대소변의 거름 물로 화(化)한 것이라. 그 물을 정(淨)한 유리 항(缸)에 담아 놓고 좋은 현미경으로 그 물을 비추어 볼 것 같으면, 물 가운데 반드시 무수한 벌레가 있을 터이니 그런 물을 먹고야 인민들이 어찌 병 없기를 바라리오. 정부에서 그 백성을 참 사랑하고 나라를 부강케 하려면 먼저 그 백성으로 병이 없도록 하여 주는 것이 인민에게도 큰 은혜요, 나라에도 큰 이익이 될지라. 그런 고로 외국에서는 성읍(城邑)과 대촌(大村)마다 수역소를 설시(設施)하고, 높은 산에 폭포수 같이 청렬(淸冽)한 물을 저축하여 땅 속으로 인도하여 집집마다 철통 구멍으로 물이 쏟아지게 하고, 그 철통 끝에 막는 쇠가 있어 정한 물을 먹을 때마다 그 쇠만 틀어 놓은즉 좋은 물이 잠시 간에 큰 그릇으로 하나씩 되는지라. 집집마다 물장수를 수고하지 않고 정결한 물을 마음대로 마시나니 백성을 보호하는 데 어찌 상등(上等) 계책이 아니리요. 이제 대한 정부에서도 백성을 위하여 수역소를 시급히 설시하고 삼각산 속에 좋은 물이나 한강 상류의 청렬한 물을 도성 안으로 인도하여 백성의 집마다 좋은 물을 먹게 하면, 첫째는 물이 흔하여 백성들이 자연 정결하고 병이 없을 것이요, 둘째는 정부에서 국고의 돈을 지출하더라도 인민에게 물 값을 수쇄(收刷)하고 보면, 백성은 같은 값에 좋은 물을 얻어먹을 것이요, 정부에서는 몇 해 아니 되어 그 돈에 이익이 여러 갑절로 국고에 수입(收入)할지라. 설령 도성 안 인민의 집을 2만으로 말하면 절장보단(絕長補短: 긴 것을 잘라서 짧은 것을 보충한다는 뜻)하여 1년 동안에 사서 먹는 물 값이 4원 가량이 될 터이니 매 년에 8만원씩은 국고로 수입할지라. 백성은 물장수를 부르러 다니는 폐단이 없이 편히 앉아 동가홍상(同價紅裳)으로 좋은 물을 먹고 병이 적을 터이요, 정부에서는 백성을 편리하게 하여 주고 국고의 돈은 수입하리니 어찌 두 가지 온전한 계책이 아니리요. 우리 생각에는 정부 관인(官사람)들은 종속(從速)히 의논하고, 수역소를 설치하여 좋은 일로 백성을 위생하게 하는 것이 옳은 줄 아노라.

「논설」, 『매일신문』, 1898년 9월 29일.

어떠한 사람 하나가 사물상에 아주 망매(茫昧)하여 아는 것이 아무것도 없더니 그 사는 집이 광활하여 앞뒤에 밭이 많이 있는지라. 마침 추품이 일어나매 우연히 마음이 동(動)하여 배추씨를 구하여 앞뒤 밭에 골고루 심었더니 며칠이 지나니 순이 나고 오륙일 후에 잎이 퍼지는지라. 그 사람이 신통하고 기이(奇異)히 여겨 집안사람들을 시켜 잡풀을 뽑고 성긋하게 솎아내고 거름으로 북돋아 주었더니 십여 일 후에 그 사람이 지팡이를 끌고 앞뒤 밭을 점검해 보니 앞밭에는 푸른 잎과 흰 줄기가 땅에 가득히 무성하고 번화(繁華)하여 하나도 마르거나 이울지 않았고, 뒷밭 한곳에는 사람의 손이 좀 덜 돌아가서 밭이 거칠고 잡풀과 벌레가 성하여 아주 조잔(凋殘: 말라서 쇠약하여 시들어짐)해졌는지라. 그 사람이 두루 거닐며 이윽히 보다가 우연히 깨달음이 있어 곁의 사람에게 말하여 가로대 내가 지금 이 앞뒤 밭에 난 배추를 보니 사람 기르는 것도 이와 같은지라. 지금 서양 사람들의 정치와 법률은 이르지도 말고 거처와 의복과 음식이 다 위생(衛生)하는 데 맡겨져 날로 인구가 번성하여가고, 동양 사람들은 정치와 법률은 말하지 말고 거처와 의복과 음식이 위생에 아주 어두워 날로 인구가 쇠잔하여가니, 서양 사람은 밭에 잡풀도 없고 거름도 하야 북돋아준 저 앞밭과 같고, 동양 사람은 밭에 심기는 하였으나 잡풀도 매지 않고 거름도 안하며 북돋아주지도 않아 황무(荒蕪) 조잔하기가 저 뒷밭과 같으니, 이러한 것을 급히 사람을 시켜 풀도 매고 벌레도 잡으며 거름도 하야 잘 북돋아 주면 나머지 배추나 성하게 부지하여 자랄 것이오, 만일 그대로 버려두면 나중에 아주 종자도 없어질 터인즉, 지금 동양 형세도 급히 정신을 차려 인민을 거름하고 북돋아주지 않으면 얼마 되지 않아 동양 황인종은 다 없어지고 서양 백인종만 번성하여 온 세계가 백인종의 천지가 될 터이니 이러한 생각을 우리 동양 사람들이 깊이 하여야 하겠다고 하더라.

위생과장 민원식, 「기서 위생문제요감」, 『황성신문』, 1906년 11월 8일.

서양 속담에 말하기를, 활발한 정신이 장건(壯健)한 신체에 있다하니 이는 진짜 격언으로 아오. 무엇이오하면 정치가가 만약 신체 허약하면 많은 포부가 있고 인민을 구제할 경륜이 있어도 이를 실시하여 국익을 꾀하며 민리(民利)를 흥하게 하지 못하고, 실업가가 만약 신체가 건장치 못하면 이를 실행하여 국부(國富)를 늘리며 민업(民業)을 일으키지 못하고, 학자가 만약 신체가 약하면 학식이 풍부하여도 인민을 가르치며 세상을 교화할 수 없거든 하물며 군인과 노동자 같으면 전략과 기능에 교묘하여도 신체 장건치 못하면 무엇에 쓰리오. 이를 한 나라로 보아도 국민의 신체 허약함이 그 나라 위세가 스스로 쇠함이로다. 이는 고금

역사가 증명한바 국민이 장건하면 국가가 부강에 나아가고 국민이 문약하여 장건치 못하면 국가가 쇠망에 이르리니 고로 신체의 건강함과 그렇지 않음이 그 사람의 행불행뿐만 아니라 실로 국가 융성 여부의 큰 관계가 있음이로다. 이는 곧 세계에 문명한 여러 나라가 국가의 임무로 그 국민의 장건을 꾀하기 위하여 위생의 일을 시설한 바로다. 무릇 사람이 태어남에 장건한 신체와 활발한 정신은 모두 하늘이 준 바이나 그러나 어머니 태 안에 있을 때 주의를 게을리 하며 혹은 난 뒤에 양육의 길을 그르쳐 천부의 신체를 해쳐 허약에 빠짐과 심한 바는 요절하여 하늘의 뜻에 반함에 이름은 그 위생의 지식이 결핍하며 양생의 법을 알지 못한 것이로다. 대개 사람의 생존함이, 집에 살아 비바람을 막으며 의복으로써 추위와 더위를 견디고 음식으로써 배고픔과 갈증을 치료하니 이 세 가지는 실로 인간 생존에 3대 요건인데, 그 위생에 적합하며 그렇지 않음은 사람 몸에 장건하며 그렇지 않음에 큰 관계있음은 물론하고 이 세 가지 중 사람에게 생존을 해치며 장건을 상함이 있는 때는 부지불식간(不知不識間)에 신체를 해치며 질병을 일으킴에 이르고 특히 사람의 음식 부문에 속한 공기와 같은 것은 눈이 이를 보는 것이 능하지 못하나 그 신선하며 더러움은 사람의 건강에 큰 관계를 가짐은 불구하고 그 좋고 나쁨이 눈에 들어오지 아니하는 고로 사람이 등한시(等閑視)함이 많음. 하물며 사람 세상에 더욱 두려운 저 수많은 전염병과 같은 것은 그 병독이 미세하여 보통 육안으로써 볼 수 없는 고로 사람이 그 병독이 부착된 의복을 입으며 그 병독이 많은 집에 앉아서 그 병독이 있는 음식물을 먹고 마시며 그 병독에 섞인 공기를 호흡하여 그 병독이 범하는 것을 알지 못하고 마침내 사회에 병독을 유행하게 하여 몇 백 몇 천 백성으로써 몸을 망함에 이르게 함은 진실로 두려워하는 바로다. 이를 역사에서 보니 나쁜 돌림병이 유행하여 백성이 그 업을 잃고, 군대가 그 다음을 어지럽게 하여 크게 국가에 쇠운을 불러온 일이 세계 각국에 없지 않으나 고대에는 인지(人智)가 미개하고 국민이 모두 위생의 지식이 부족하여 사람 힘으로 다함을 알지 못하고 도리어 하늘의 뜻으로 돌리어 하늘의 뜻에 반함이러니, 오늘날에는 인지가 열리며 위생의 기술이 크게 나아가 세계에 문명 제국이 모두 다투어 이를 시설함을 힘쓰며, 그 해독을 미연에 막을 길을 강구함에 급급하오. 돌이켜 우리나라 상태를 보니 국민의 지식이 세계문명에 뒤처진 것은 심히 그 의식주를 완비하지 못하여 생활의 상태가 많이 위생 주의에 결핍함은 진실로 걱정하는 바로다. 이제 이를 고쳐 국민의 장건할 발달을 꾀함이 국가에 급무가 아니고 무엇이리오. 나는 어려서 다른 나라에 가서 문명 상태 시찰을 오래하였고, 위생 일에 완미(完美: 완전하여 결함이 없음)함도 보았소. 이제 본인이 위생과에 봉직하여 이 위생에 관한 여러 개인 의견을 적어 국민에게 알리며, 또한 위생과장직을 생각하던 나머지이니 다행히 독자 여러분에게 참고 될 수 있다면 아주 아주 다행.

민원식, 「위생문제요감」, 『황성신문』, 1906년 11월 13일.

제1 공기와 음료수

인간 생활의 3대 요건인 의식주 중에 건강에 가장 큰 관계를 가진 것은 먹는 것이라. 특히 먹는 것에 속한 공기와 음료수는 그 좋고 나쁨이 사람 눈에 인식하기 어려운 고로 세상 사람이 많이 불지불식지간에 신체를 해치는 음료수를 쓰며 건강을 상하게 하는 공기를 호흡하나 어떠한 먹는 것이라도 그 조리함에 물을 사용치 아니함이 없으며, 잠자는 사이라도 공기를 호흡치 아님이 없는 고로 이의 두 가지 중에 조금일지라도 오물이 섞이며 더러운 기운을 포함한 때는 신체에 미치는 바인데, 상해(傷害)는 바로 자각하지 못하는 날[日]을 쌓으며 달[月]을 거듭한 사이에 사람 몸에 미친바 해악이 심히 클지로다. 공기의 신선한 물질을 호흡하고자 할진대 여러번 자꾸 창문을 개방하여 실내의 공기를 끊고, 또한 흡연과 내뿜은 탄산가스를 호흡함과 같은 일은 위생상의 해악이 적지 않으리로다. 그러나 공기의 신선을 꾀할 일이 심히 쉽소. 즉 창문 개폐의 수고로움을 아끼지만 않으면 족하려니와, 이에 반하여 음료수는 그 양호를 꾀할 일이 아주 곤란하오. 물이 땅속에서 솟아난 것과 둘이 있으나 세상 사람이 음료란 것은 지중에서 용출하는 물이나, 지중에는 여러 종의 더러운 물질이 있는 고로 우물 물은 이를 포함함이오, 용출하는 산중의 바위틈으로 흘러나오는 샘은 오물을 포함함이 적다하나 인가(人家)에 가까운 지중에서 용출하는 물은 많이 오물을 포함하리로다. 우리 경성 안의 우물 물과 같은 것은 특히 그러하니 이제 시내의 우물 물을 채집하여 검사하니 그 흐린 빛이 있어 짠맛을 함유함을 알리로다. 이는 우리나라의 민간 분뇨 같은 것과 오물을 지상에 흘려버려서 몇백년 동안 지중에 깊이 침투된 것이 우물 물에 섞여 용출함이로다. 그 짠맛이 없고 청렬(淸洌)하여 얼핏 순량(純良)한 물 같은 것도 이를 현미경에 비춰보면 아주 많은 더럽고 독한 물질을 함유함을 발견하리로다. 그러나 물속의 오물이 많은 것은 끓이기만 하면 인체의 해로움을 제거할 수 있으려니와 생수를 음용하는 습관이 있는 우리나라 사람은 늘 이와 같은 불량한 물을 음용함이 그 신체에 유해(有害)함은 진실로 전율(戰慄)할 일이오.

세계 문명 국가의 도시는 그 도시의 사업으로써 음료수의 양호를 꾀함이 곧 그 상수도의 설비가 그것이로다. 그러나 상수도 설비가 없는 작은 도회, 시골에는 각 우물물이 사람 몸에 유해한지 여부를 검사하여 혹시 우물물이 좋지 않은 것을 알면 음료수로 마시는 것을 엄금하여 국민의 건전할 발달을 꾀함이로다. 상수도는 음료에 적합하고 양호한 물을 원천지에서 도시 가까이 있는 높은 지대에 끌어오며 광대한 여과(濾過) 저수지를 만들어 이 물을 여러번 여과하여 오물을 제거하고 이를 철관에 의하여 전체 시내 각 가정에 나눠 통하게 하므로, 시민은 철관에 수도꼭지를 열면 깨끗한 음료수가 세차게 흘러나오니 단지 위생상에 적합할 뿐 아니라 우물물을 마시는 노고를 필요로 하지 않고, 특히 화재 같은 때에는 꼭지를 열어 소화함이오. 꼭지를 들면 진화할 수 있는 이로움도 있으나 우리나라 같은 경우는 상수도 설비의 기획이 있어도 그 비용이 막대하여 지금 바로 전국 도시에 이를 설비하는 것은 재정상 허락지 못하는 바이나 서서히 국력의 발전을 꾀하여 완전한 영역에 들어갈 수 있겠소. 그러나 헛되이 상수도의 설비를 꿈으로 하고 불량한 물을 음용함은 사람 몸에 크게 유해하므로 가급적 좋은 정책의 방도를 강구하지 않을 수 없으려니와, 우물물의 불량함은 인력으로써 쉽게 깨끗한 물로 함이 불능하므로, 고하노니 국민이 음료로 하는 우물물을 엄밀히 검사하여 그 불량한 물은 음료로 마시는 일을 엄금하고, 국민은 생수를 마시는 습속을 고쳐 기필코 한번 끓은 물을 마시는 풍습을 만들 일을 꾀함이 가하리로다. 이렇게 하면 조금 위생이 장차 나아갈 수 있을진저.

민원식, 「위생요감」, 『황성신문』, 1906년 11월 15일.

제2 가로와 변소

우리들이 오랫동안 외국에 있던 바거니와 우리나라에 가로를 보행하며 가장 불쾌를 느끼는 일은 그 길이 불결하여 더러운 물도랑이 노출된 일이로다. 종로거리, 남대문 같은 것은 불결하다 하나 조금 참을 수 있으려니와, 한번 작은 길거리에 들어갈 때는 오물이 길 옆에 쌓여 산을 이루고 분뇨는 도랑에 흘러 내를 이루어 냄새가 코를 찔러 차마 보행할 수 없는 상태로다. 이것이 도시의 체면상에 심히 불량할 뿐 아니라 그 위생상에 미치는 해악이 진실로 두려워할 바로다. 즉 더러운 물도랑이 노출된 고로 더러운 물질에서 생겨난 더러운 기운은 공기에 섞여 입과 콧구멍으로 사람의 몸 안에 들어가고, 길가의 사람과 가축의 분뇨는 햇빛을 쬐어 건조하여 먼지와 함께 바람 따라 공기 속에 날려 흩어져 이 또한 코와 입을 거쳐 사람의 체내에 들어가 여러 질병의 원인을 만들도다. 문명국의 도시는 이를 주의하며 길거리는 매일 청소하여 물을 살포하여 먼지의 비산을 방지하고, 더러운 물도랑 같은 것은 모두 그 위를 덮어 사람 눈에 접촉이 없게 함과 함께 더러운 기운이 발산하는 것을 방지하고 특히 도랑 속에 흐르는 더러운 물이 땅속에 깊이 침투함을 방지하기로 하여 그 구조는 돌 또는 벽돌, 석회 등으로써 막아 땅속에 침투함이 없게 함을 꾀함이로다. 이를 하수도라 칭하여 앞서 말한 음료수의 상수도와 함께 도시에 중요한 사업이 되리로다. 우리나라의 도시도 이에 완전한 하수도를 수축할 일을 꾀함이 가하나 이 또한 상수도 일과 같이 많은 경비를 요하므로 지금 바로 이를 개축하는 일은 조금 곤란함으로써, 현재에 급한 일로 하여 온 도시의 더러운 물도랑에 덮개를 함과 함께 늘 도랑 안을 준설하여 더러운 물의 유통을 꾀함을 요하오. 그러나 길거리는 매일 청소를 게을리 하지 말며 티끌을 길가에 버리는 일을 금하여 모두 티끌은 각 거리 일정한 장소에 버리게 하며 태워 없애게 할 제도를 수립함이 가하도다. 거리에 관하여 말할 바는 공중변소의 설비로다. 우리나라에 도시 공중변소 시설이 없지 않다하나 그 수가 심히 적고 또 극히 불결하여 가히 접근치 못함으로써 백성들이 많이 길가에 방뇨하여 불결한 도로를 더욱 불결케 하는 상태로다. 이제 각 동(洞) 통(統)에 공중변소를 설치하고 변소 이외의 장소에 방뇨하는 자에게 취체를 엄히 하고, 또 거리에 청결을 보장함으로써 위생의 해로움을 제거할 수 있음이로다.

민원식, 「위생요감」, 『황성신문』, 1906년 11월 19일.

제3 가옥과 변소

사람에게 늘 기거(起居) 음식(飮食)하는 가옥의 불결이 위생상 유해한 일은 분명한 일인데, 집의 안팎을 불문하고 불결한 장소는 사람 몸에 해되는 독성있는 기운을 발하여 전염병의 원인이 되는 미세한 세균을 만듦. 특히 변소와 주방 같이 습기가 있는 장소는 가장 확실히 있으므로 가옥은 늘 청결을 지켜 변소와 같이 미세균을 발생시키기 쉬운 장소는 석회석 탄산과 같은 소독 물질을 산포(散布)하여 이를 방역해야함. 원래 위생의 일은 병독(病毒)을 미연에 방지하여 사람 몸에 건강을 보호 유지케 하려면 그 신체 장건한 때에는 주의를 게을리 한 때는 뒤늦은 후회를 하리로다. 그러나 혹 한사람이 심히 위생에 주의하여 그 가옥에 청결을 지켰으나 이에 인접한 다른 가옥이 불결하여 병독을 발생한 때는 이를 전파하므로 가옥 청결의 일은 1향(鄕) 1촌(村) 1시(市) 1군(郡)이 모두 이를 주의하며, 각 사람이 서로 함께 그 청결을 지킬 일에 게을리 함이 불가하도다. 1시(市) 안에 위생에 부주의 하는 자가 있어 병독을 발생하여 이 병독이 이웃에 전염하며 점차 전 시(市)에 유행함에 이르러 수많은 인명(人命)을 해칠 일이 세간에 그 예가 없지 않으나, 우리나라에 아직 '전염병 예방규칙'의 발포가 없고 따라서 '가옥청결법'이 충분히 실행치 못하다 말하나 위생 일은 각 사람의 이해(利害) 휴척(休戚: 편암함과 근심)에 직접 관계를 미치는 바니 국민은 정부의 명령을 기다리지 않고 나아가 그 실행에 노력할 일을 생각함이 가함. 변소의 청결법에 대하여 이에 일언(一言)을 하지 않을 수 없음은 우리나라의 변소는 구조 불완전한 것이로다. 우리나라의 변소는 배설물을 축류(蓄溜)할 설비가 없으므로 각호가 모두 이를 옥외에 배출하여 더러운 물도랑에 흘러나오게 한다. 더러운 물도랑은 그 설비가 극히 불완전하므로 길거리 옆에 오물은 산적하여 냄새가 코를 찔러 견딜 수 없는 현상을 보리로다. 이제 다른 나라의 변소가 어떠한 설비를 했는가를 보면, 어디든지 모두 연화(煉化) 석회(石灰)와 같은 불침투 물질을 사용하여 똥통에 축류소를 만들고 이를 농작물에 비료로 제공하므로 거리가 극히 청결하여 냄새가 날 일이 없도다. 우리나라 변소는 이 설비가 없으므로 앞서 말한 불결을 초래할 뿐 아니라 하루아침에 불행하여 전염병의 발생이 있으면 병자(病者)의 배설 불결물은 더러운 물도랑에 흘러 그 병독이 바로 이웃과 이웃으로 미쳐서 전 시(市)가 그 해를 입음에 이른 일이 분명하니 어찌 두렵지 않으리오. 이제 우리나라 수백만의 변소를 하루아침에 개량할 일은 심히 용이하지 않은 일이로다. 고로 현재 급무는 더러운 물도랑에 소통을 능케 하며, 변소의 소제를 주의하고 소독약과 냄새 막는 약을 산포하여 병독의 발생과 그 만연함을 막음에 있소. 새로 가옥을 건축할 때는 반드시 그 구조 설계를 상세히 기록하여 관청에 허가를 구하며, 관청은 그 건축이 위생상 불완전한지 여부를 조사하여 만약 불완전한 바가 있을 때는 이를 고치게 하면 점차 개량의 실(實)을 거둘 수 있으리로다.

민원식, 「위생요감」, 『황성신문』, 1906년 11월 22일.

제4 음식물 제조 판매에 취체(단속)

우리 국민이 위생 사상에 결핍하고 그 지식에 결여한 결과로 인간 생활에 가장 큰 관계를 가진 음식물에 위생상 유해한 물질이 있음에도 이를 돌아보지 아니함은 진실로 개탄하리로다. 특히 일반 공중(公衆)에 관계있는 음식물의 제조자와 그 판매자가 위생을 불고(不顧)하고 사람의 건강을 상하게 하며 물품을 제조 판매하는 것 같은 일은 세상에 해를 끼침이 가장 많은지라. 시험하여 우리나라 수많은 음식물점에 대하여 그 판매물을 조사하면 수많은 불량품을 발견하리로다. 그러나 파는 자가 이를 괴상히 여기지 않고, 사는 자가 이를 살펴보지 않아 금전을 들여 신체를 상함은 진실로 답답하지 않으리오. 만약 이들 불량품을 먹고 마시는 자가 발병하는 때는 그 병독이 확산 유행하여 많이 사람에게 해를 줌에 이르므로, 불량음식의 판매는 이를 먹고 마시는 자가 해를 입을 뿐 아니라 그 해가 널리 세간에 미침으로써 그 단속은 가장 엄중히 하리로다. 이제 시내(市內) 음식물 판매 상황을 보면 대개 음식물을 담음에 불결한 그릇을 사용하여 불량 음식물이 되지 않는 고로, 공기 중 미세균은 먼지와 함께 바람에 날려 음식물에 섞임이 있도다. 이와 같으면 곧 청결한 물질이라 말하나 나중에 불결 유해의 물질로 되므로 음식물의 제조판매는 그 제조소를 감독하여 불량품의 발표를 금할 뿐 아니라 그 판매점을 검사하여 그 용기에 불결물이 혼입함을 막으며 또 일수를 경과하여 부패해진 물품 판매함을 엄금함이 가(可)할지로다. 이의 감독검사는 경찰 관리의 임무요.

제5 목욕탕과 이발소

목욕장은 많은 사람이 신체의 오물을 세척하는 곳이므로 목욕하는 사람 한 사람의 피부병과 기타 전염병 환자가 있을 때는 그 후에 오는 자는 그 병독(病毒)을 받음이 있으리로다. 이발소도 또한 많은 사람이 같은 기구에 의하여 이발을 하므로 그 한 사람의 독두병(禿頭病: 탈모로 대머리가 되는 병)같은 병과 전염병에 걸린 자가 그 병독을 받음이 있소. 이 두 장소는 전염병의 매개를 이루기 가장 쉬우니 이들 장소에는 임질의 독 또는 독두병독을 받아 몸을 상하는 자가 세간에 없지 않으나, 이들 장소에는 전염병 예방의 설비와 병독 소멸의 방법을 강구할 것이 필요로 아오.

민원식, 「위생요감」, 『황성신문』, 1906년 11월 24일.

제6 종두

내가 오랫동안 외국에 있었던 동안 한번이라도 천연두 유행을 만난 일이 없거니와 또 30세 이하의 사람에게 두흔(痘痕: 마맛자국)이 있는 자를 본 일도 없소. 이는 곧 그 국민위생 사상이 풍부하여 능히 그 예방에 주의하는 고로 병독(病毒)이 병식(屛息: 겁이 나서 소리를 내지 못하고 숨을 죽임)하여 유행하는 일이 없는 바로다. 그러나 우리나라 사람에 대하여 볼 때 30세 이하 젊은 사람에 이르러 열사람 중 반드시 한두 사람은 그 안면에 마맛자국이 있음을 보리로다. 이는 우리 국민에게 위생 사상이 결핍하여 그 예방법 되는 종두의 보급이 없음에 기인함이로다. 종두법의 천연두 예방에 큰 효과가 있는 것을 발견치 못한 이전에는 각국이 모두 이에 병이 유행하여 인명을 잃으며 혹은 그 타고난바 미모를 잃는 자가 극히 많으나, 종두법 발견으로부터 세계 각 문명국이 다투어 이 종두법을 채용하더니 오늘날에는 문명국에 천연두는 거의 그 흔적이 없어짐에 이르렀소. 그러나 우리나라에는 정부에서 그 실행력을 다하지 못함과 관계없이 국민이 부주의하여 이에 병독을 충분히 예방하지 못하고 해마다 그 피해를 입는 자가 있음은 가히 개탄하리로다. 종두는 1회 이를 놓은 때는 그 효력이 그 사람 일생에 미치지 못하고 년수(年數)를 경과한 때는 그 효력이 없어지므로 나이 어린 자는 물론이고, 나이 든 사람이라도 이를 놓지 않을 수 없으리로다. 그러나 세간(世間)에는 종두가 어린 아동에게 놓을 것이오, 나이 든 사람에는 그 필요가 없으므로 잘못 믿는 자가 있소. 천연두 병독은 노인과 어린 사람을 불문하고 적어도 기회가 있으면 바로 감염하는 고로 국민이 모두 종두를 놓아 병독에 예방을 주의함이 가함.

민원식, 「위생요감」, 『황성신문』, 1906년 11월 26일.

제4 매춘부

매춘부는 도덕상에 해물(海物)인데, 사회위생상 필요물이로다. 이를 도덕상으로 논하면 여자에게 가장 귀중한 절조(節操)를 금전으로써 희롱하며 음란한 일을 공공연히 행할 것으로 알아 그 인도(人道)에 반하며 풍속을 해침이 심하나, 그러나 만약 매춘부의 해를 두려워하여 이를 폐한 결과는 무엇이오. 대개 여자의 절조를 중하게 할 일과 남자에게 하등(下等)의 정욕을 규제할 일은 도덕에서 가르친 바나, 사회에 널리 인도에 과다(夥多: 보통을 훨씬 넘긴 정도로 많음)한 그 모두 도덕이 원만하여 사상이 견실(堅實)케 할 것은 불가능함이로다. 이미 인간 모두 완전케 할 일은 할 수 없고 그 정욕(情慾)의 약점에 올라타며 매음(賣淫)의 행위를 예방할 수 없고, 매춘부의 공공연한 행위를 폐하면 밀매(密賣)가 성행하여 화류병의 해독이 유행하여 남녀 모두 용모와 몸을 손상하는 자가 자주 생기게 되므로 매춘부를 사회위생에 필요물이라 말하는 까닭이오. 그러나 내가 필요물이라 말함은, 매춘부는 사회에 필요하여 가히 없지 못할 물로 말하는 의미가 아니오, 매춘부를 공식 허용하여 그 신체검사를 엄중히 해야 장건한 체격을 가진 자로써 그 업(業)을 힘쓰게 하여 소극적으로 화류병의 전파를 방지할 정책이라. 이는 사회정책상 부득이할 바인데 그 업이 도덕상 비천하여 이를 즐기는 일이 인도에 반한 행위가 되는 것은 물론이라. 고로 그 업을 하는 자가 사회위생상 필요물은 되려니와 명예 됨은 만무하고, 이를 희롱하는 자 또한 필요물을 희롱한다 하려니와 바른 일이라 말함은 불가하오. 그러나 사회위생상의 필요물을 없이하여 매춘부를 공인 허가하면 절화농류(折花弄柳)의 정욕을 억제함에 능하지 못한 자는 그 밀매춘(密賣春)하는 자에게 가지 않고, 마땅히 공허(公許) 매춘부에게 갈 것이로다. 무엇이오하면 공허 매춘부는 늘 그 신체검사를 시행하고, 그 화류병의 의심이 있는 자에게는 그 업에 종사하지 못하게 함으로써 유객(遊客: 술과 여자로 세월을 보내는 사람)이 그 병독을 받음이 없음. 그런데 만약 밀매춘을 하고, 공허를 받지 않고 검사를 하지 않은 자를 희롱하다가 불행하여 병독의 감염을 받아 용모와 몸을 손상함에 이르리로다. 내가 이에 말을 하는 까닭은 화류병의 해가 진실로 두려운 까닭이로다. 한번 화류병에 걸리면 단지 그 사람에 불행할 뿐 아니라 병독은 그 처자에 전염하며 자손에 유전하고 심하면 일가를 절멸(絕滅)함에 이르는 자가 세간에 그 사례가 없지 않으니 어찌 두렵지 않으리오. 내가 시찰하여 선진국에 해마다 징병을 하는 장정의 신체검사에는 불합격자 중 화류병에 걸려 몸을 상하는 자 심히 많음을 듣고 생각하니 우리나라에는 병원과 의사의 제도가 온전치 못하여 이에 병자수를 조사함이 능치 못하는 고로 확실히 알지 못하나, 그 병독을 받은 자가 심히 많으리로다. 화류병의 전염을 방지하는 필요로 매춘부를 공허한 이상은 그 밀매춘을 하는 자의 단속을 엄히 하지 않을 수 없으려니와 그러나 우리나라 상태를 보니 이에 단속을 엄하게 못하나 공허의 매춘부가 아니면서 유객을 유인하는 자와 같이 저기 관기(官妓)라 칭하는 무리는 가장 그 감독을 엄히 함을 필요로 하오. 또 요즘 일본사람의 주가(酒家), 음식 매점 등 국내도처에 개업(開業)하지 아님이 없으니 이들 집에는 모두 몇 명 묘령(妙齡)의 여자를 두고, 단지 음식의 주선만 할 뿐 아니라 온정(溫情)을 봉(捧)하는 자가 많음을 들으니 이들 부녀 가운데 두려워할만한 병독을 가진 자가 있어 우리나라 사람으로 그 해를 입은 자 또한 많으니 나는 간절히 일본 당국자가 단속을 엄히 할 것을 바람.

「논설」, 『만세보』, 1906년 7월 21일.

위생

요즘 더위가 극심하여 온도계가 화씨 87도에 달하였으니 음력으로 말하면 초복이 이미 지났고, 중복이 또 가니 날씨가 극히 뜨거울 기후이다.

기후가 극히 뜨거움을 당하여 사람 일이 가히 기후를 따라 위생상 필요함을 적의(適宜)할지니

만약 목마른 목구멍을 적시고자 하여 냉수를 너무 많이 마시고 얼음 조각을 함부로 먹으며 서늘한 틈을 타서 돌다리 위나 큰길가에서 밤새도록 노숙하여 안개와 이슬의 온기를 쐬며 생과(生瓜: 익지 않은 수박)·산행(酸杏: 맛이 신 살구) 등을 식욕대로 양을 채우고, 탁주를 마셔 크게 취하기도 하며 부패한 고기와 물괴를 먹고 더운 기운이 울증(鬱蒸: 찌는 듯한 더위)하고 먼지가 섞인 식료(食料) 물질을 배부리게 먹으니

위생이 무엇인지 모르는 노동자나 어린 아이나 여성의 습관이 더운 여름철에 먹고 자는 데 돌아보거나 꺼림이 없어 잠시 시원함을 취하며, 주리고 배부름을 조절하지 못하는 가난한 집안 생활에 방해와 이익을 가려서 취할 겨를이 없어 잠시 굶주림을 구제할 욕심으로 배를 채움에 지나지 않으니 일일이 금지할 수 없거니와

위생상 방해로 논하자면 당장에는 요행히 재해가 없다 하여도 토지에 습울(濕鬱)한 증기와 식료에 생랭(生冷)한 탄기(炭氣: 탄산가스)가 피부에 침투하며, 창자와 위(胃)에 잠복했다가 초가을 서늘할 때에 구토와 설사, 이질 등과 심하면 장티푸스와 콜레라 등 악질(惡疾)이 발생하여 생명의 방해와 위험을 가히 형언키 어려울 뿐만 아니라

불행히 악질에 걸려 사망에 저촉(抵觸)하려면 좋지 않은 냄새가 스며들어 악질이 더욱 퍼지는 폐해가 일어날 경우에는 위생상에 주의하던 사람도 유행의 기운을 피할 수 없으니

그 원인을 연구할진대 유행 악질은 위생상에 부주의하던 사람의 독균으로 전국 생명의

방해 위험을 양성(釀成: 빚어냄)이니 어찌 중대 관계가 아니라 하리오.

  위생의 폐해로 금지함은 경찰 관리의 책임 위에 있으니 군말이 필요 없거니와 인민에게 경고하는 말 한마디도 조고자(操觚者: 글 쓰는 일에 종사하는 사람)의 책임이므로 요즘 극심한 더위를 당하매 발광 대규(發狂大叫: 미친 듯이 날뛰며 크게 울부짖음)하는 세상 사람의 마음을 미루어서 위생의 필요를 서술하노라.

「논설」, 『만세보』, 1906년 8월 22일.

  청결방법

  청측(圊厠: 뒷간)의 제도가 소활(疎闊: 조잡함)하여 똥오줌을 살발(撒潑: 뿌림)함은 우리 한국의 문명하지 못한 나쁜 습관이라. 그 폐해의 최대 관계가 3조가 있기로 한마디 약술(略述)하노라.

  가옥을 건축함이 뒷간을 헌당(軒堂) 앞쪽에도 설치하고, 주방 격벽(隔壁: 벽을 사이에 둠)에도 설치하여 기거(起居: 일상생활을 함) 응접(應接: 손님 응대)과 음식 삶는 한 걸음 거리에 대소변의 실례하는 사태도 있거니와 더러운 냄새가 콧구멍을 찔러 탄산가스를 호흡하며, 똥오줌을 적은 비용으로 방출하고 모아 저장하는 기구가 갖춰져 있지 않으므로 도랑 안에 더러운 물질이 가득하고 도로 위에 더러운 액체가 흘러나와 더러운 모양과 악취가 길가는 사람의 속을 뒤집어 놓아 집집마다 접한 좁은 길에 비상한 곤란을 겪으니 이로 말미암아 사는 사람, 다니는 사람 모두 더러움 속에 일생을 지냄과 같으니 인민의 위생상 최대 관계가 하나요.

  비료로 쓰이는 물품은 제일 분전(糞田: 논밭에 거름을 주다)하는 필요물이라. 소위 비료상(거름장사)이 집마다 뒷간의 소■(小■) 중에 3분의 1을 ■출(■出)할 수 없는 물질을 고개(藁芥)에 ■하고 소망(疎網: 촘촘하지 않은 그물)에 가득 담아 사람이 지든지 말에 태우든지 액즙(液汁)은 도로 장거리에 줄줄 새며 악취는 민중의 얼굴을 찡그리게 하고 그 수합처(收合處)에 도달하매 물질이 태반 새버렸으니 비료의 경제상 최대 관계가 둘이요.

  청결은 사회의 문명에 크게 진보함이라. 세계 여러 나라에 뒷간의 청결하는 방법을 준비하며 또 혹 전염병이 유행할 때에 검역방법을 따로 설정하여 똥오줌의 더러움을 크게 주의하므로 우리 한국의 청결하지 못함을 웃음거리로 하는 진상(眞相)이 있으니 사회의 문명상 최대관계가 셋이라.

  우리 한국도 이 3대 관계를 우려하여 더러움 청결 방침을 연구할진대 우리의 사상에는 그 방법이 또한 3건이 있는지라.

그 하나는 국가에서 공동 청결을 크게 확장하여 경찰력으로 압제적 청결을 시행하든지 국고금으로 청결비를 예산하여 일신(一新) 개량하든지 할 건이요.

그 둘은 자본가에서 상업적으로 비료회사를 설치하여 가가호호에 똥통을 묻고 청결 인부를 고용하여 날마다 비료장(肥料場)으로 취합하여 상당한 가치를 거두고 농가(農家)에 매각할 건이요.

그 셋은 각 방곡(坊曲) 동리(洞里)에서 자치 단체적으로 약간 돈을 모아 구리마(駆利馬: 일본어 '구루마'의 가차(假借)로 보임. 수레)와 똥통과 인부를 준비하여 날마다 소제(掃除)한 건이니

이 세 건 중에 장산(長算)을 연구하여 한 건이라도 급급(汲汲: 온통 정신을 쏟아 딴생각이 없다)히 시행하여 인도상 마땅히 행할 필요를 주의할지어다.

그렇지 않으면 우리는 시■(豕■)의 더러움을 타매(唾罵: 아주 더럽게 생각하고 경멸히 여겨 욕함)하되 문명국 사람은 우리의 더러움을 타매할테니 충분히 사유하여 시■(豕■)의 더러움을 다행히 면할지어다.

「논설」, 『만세보』, 1906년 9월 7일.

음식점

음식은 사람의 생명이라. 유익한 부분을 먹으면 그 몸이 이익을 받고, 유해한 부분을 먹으면 그 몸이 해로움을 받나니 사람이 음식에 큰 주의가 없음이 크게 불가하도다.

대저 자양(滋養) 부분이 있는 물질은 각각 값이 비싸므로 생계가 곤란한 자는 능히 자양 부분을 늘 먹지 못할지라. 다만 삶음을 알맞게 하며 물질을 청결하게 할 따름이니라.

최근 경성(京城) 안에 내·외국 상등(上等) 요리점이 이따금 설립되었는데, 가옥도 통창(通暢: 막힘없이 시원함)하고 식료가 청결하나 이는 황금사회 호화자(豪華子)의 휴식하는 곳이라, 보통사람은 류■(流■) 문을 지날 따름이나 요리의 면목(面目)도 알지 못하는 자가 허다하도다.

그러므로 수많은 사람이 모여드는 곳도 탕반가(湯飯家: 장국밥집), 매주가(賣酒家: 술집), 선가(鮮家), 죽가(粥家: 죽집) 따위라.

그 식료를 제조하는 상태와 늘어놓은 장소를 볼진대 불결이 막심하니 모두 위생상 방해물이라.

낮게 꺼진 가옥이 길가 도랑에 가까이 있어 몇 개 나무판 위에 여러 먹을거리를 늘어놓았는데, 도랑에는 대·소변이 떠내려가니 술과 고기 향기가 똥오줌 냄새와 서로 섞임도 위생

에 해가 적지 않겠거늘 하물며 진진(陳陳)한 파리가 도랑에 미만(彌滿: 널리 퍼져 가득 차있음)하다가 홀연히 먹을거리에 옮겨 더러운 주둥이를 늘어뜨리고 날개를 흔드니 이 또한 위생 방해물이며 길가 먼지가 음식점으로 날려 들어가 먹을거리 위에 얹히니 의관(衣冠)의 먼지는 털 수 있으나 먹을거리의 티끌은 흔적을 알지 못할지라. 그 불결이 막심하도다.

또 경성 도로변에 거주하는 사람이 도랑의 물을 길어 길 위에 뿌리니 한때 ■진(■塵)은 되거니와 그 물이 곧 똥오줌물이라. 뜨거운 햇볕에 가볍고 맑은 물 기운만 증발하고 오물과 탄산가스는 진흙과 섞였다가 수레와 말이 달릴 때에 진흙이 다시 부셔져 먼지가 다시 일어나니 그 티끌은 곧 똥오줌 마른 것이라. 이것이 날려 먹을거리 위에 붙으니 이를 먹는 사람이 어찌 병이 없으리오.

그리하여 우리나라 큰 도시에 종종 전염병이 성행하여 인구 감소의 슬픔이 있으니 경무청(警務廳) 조사가 없으므로 사람들이 부지(不知) 속에 있을 따름이라.

아! 지극히 중한 것은 사람의 생명이라. 간접·직접을 물론하고 생명에 해되는 것은 마땅히 경무청에서 엄금하여 인민이 공동 이익을 입게 할 것이라 어찌 보고만 있으리오.

진실로 만약 경찰력으로 이에 미치지 못할진대 일반 인민이 이들 물건이 해됨을 안 후에는 마땅히 저와 같은 불결물을 사먹지 않음이 제일 상책(上策)이라. 어찌 돈을 써서 자기에게 해로운 물건을 사리오.

대저 음식점은 큰 도시에 필요한 것이니라. 이것이 없을 수 없으며 또 그 업에 종사하는 자가 적은 자본으로 능히 폭리를 얻음이 이에 지나친 자가 없으니 마땅히 가옥을 개량하여 음울(陰鬱) 증산(蒸散)의 기운이 없도록 하며 음식 늘어놓은 곳은 나무 장막에 유리창을 장식하며 길가 먼지가 불어들지 않는 곳은 사창(紗窓)을 장식하여 음식 위에 파리 떼가 모여들지 못하게 하며 또 외국인 상점에 파리잡는 약이 있으니 이로써 파리를 없을지니 고로 정결(精潔)은 하지 않을지언정 하지 못함이 아니라.

진실로 혹은 자본이 적어 가옥의 개량도 재력이 넉넉하지 않고 그릇의 준비도 재정이 부족하여 옛날의 제도로 인순(因循: 낡은 인습을 버리지 않고 그대로 따름) 구차(苟且: 살림이 몹시 가난함)하는 자는 당초부터 음식점을 열지 않는 것이 가하며 만일 개점(開店)하였더라도 일반 인민은 자기 위생을 생각하여 더러운 음식점으로는 가지 않음이 일신의 행운 될 뿐만 아니라 또한 수많은 국민에 막대한 행운이라 하노라.

「논설」, 『만세보』, 1906년 10월 24일.

자치청결의(自治淸潔議)

최근 각 방곡(坊曲) 경찰관리가 여염집의 더러운 물건이 쌓여있음을 각 그 호주로 하여금 문밖에 반출하게도 하며, 또 혹 도로를 파고 묻어 거리를 청정(淸淨)케도 하며 또 혹 도랑 위에 나무판을 덮어 똥오줌 등 더러운 물질을 보이지 않게 하니 이는 경찰관리의 청결상에 마땅히 행해야할 의무로 지도(指導)함이라. 우리가 찬성하는 바이거니와 여염에서 전하는 말을 들으니 인민의 충정(衷情: 마음에서 우러나는 참된 정)을 또한 연구할 것이 있도다.

본래 우리나라의 나쁜 습관이 똥오줌을 도로에 흘러넘치게 하고 더러운 것들을 길거리에 가득차게 하여 위생상 방해와 교통상 방해를 일일이 열거하기 어려운 사정과 상태가 있으므로 경찰행정의 주의함도 있으며 각 신문계의 경고함도 있으며 금년에 청결검사의 효과도 특별히 있었거니와

여항(閭巷: 여염) 사정을 말할진대 날마다 청소하는 티끌과 찌꺼기 등 쓰레기를 가정에서 내갈 때 특별 쓰레기장이 없어서 마을 안 빈 땅에 자연 기치(棄置: 그 상태 그대로 버려둠)하겠고, 경찰 관리의 지휘를 받아 길속에 묻어 둔다 하여도 다음날 또 그 다음날에 또 다시 이와 같으니 마을 내 거주민이 서로 금지하여도 야간이나 또 혹 부주의한 시간에는 쓰레기를 금지하기 어려움이 하나요. 또 혹 길속에 묻어 두든지 문밖으로 반출하든지 하여도 일제히 힘을 내서 마을 안을 청결하게하기 어려움이 둘이요.

도랑을 보이지 않게 묻으라고 단단히 타일러도 유력한 집은 한 번에 명령을 따름이 쉽되, 재역이 부족한 가난한 집은 즉시 판■(辦■)하기 어려운 사정이 있어 도랑을 보이지 않게 묻기 어려움이 셋이요.

도랑을 보이지 않게 묻어도 도랑을 깊게 파서 사석(沙石)과 쓰레기를 깨끗하게 하여 물길을 소통한 다음에 나무판으로 덮음이 가하거늘 가령 첫 번째 집과 세 번째 집은 이 방법에 따른다 해도 중간의 두 번째 집은 평지와 같이 쓰레기가 가득 찬 도랑을 장작이나 썩은 나무로 대충 덮는다면 그 방해가 도리어 이로움보다 심한 폐해가 없지 않음이 넷이요.

뒷간 구멍을 덮은 뒤에 비료상(거름장사)이 가져가는 것이 불편하므로 똥오줌이 가득 차서 악취가 온 집에 날아오르므로 집집마다 비료상을 청구하여 똥을 가져가도록 간절히 구걸하는 곤란이 다섯이요.

이는 우리나라 습관의 청결을 알지 못함이오, 민심이 가지런하지 못함이니 이는 경찰관리가 날마다 지휘하여도 마침내 좋은 효과를 보지 못하겠으니 각 그 방곡, 시가(市街), 여항의 자치 청결 제도를 반포하여 100호든지 50호든지 되는 동리의 거주민으로 일제히 힘을 내서 자치 청결을 시행하는 것이 경찰행정에 제일 필요함이요, 인민의 위생 청결의 제일 필요함

이니 법령을 엄중히 반포하여 법령이 불편하다는 인민은 감죄(勘罪: 죄인을 문초하여 처단함)하고, 복종하는 동리는 표창하면 경찰관리가 하나하나 힘써 지휘하는 일도 없을 것이요, 인민의 청결 의무에 난처한 사정도 없을 것이니 급급(汲汲: 온통 정신을 쏟아 딴생각이 없다)히 자치 청결의 제도를 반포함을 희망하노라.

「논설」, 『만세보』, 1906년 12월 11일.

목욕

목욕은 일신(一身)의 때를 세척하여 정결(精潔)케 함이니 사람이 이를 가히 폐하지 못할 바이라. 무릇 사람이 침매간(寢寐間: 잠자는 동안)에 신체 ■리(■理)로 땀을 분출하였다가 그 땀이 마르면 때를 이루나니 하루를 지나면 적은 때가 생기며 이틀을 지나면 때 위에 때를 더하며 열흘을 지나면 때와 땀이 부패하여 벌레가 생기나니 그 벌레는 곧 이〔虱〕이라. 아아! 살아있는 사람 신체에 이가 있으면 그 가려움은 고사하고, 그 더러움은 어찌 가히 형언하리오.

지금 세계의 문명을 부르짖는 나라에는 반드시 청결로써 선결 문제를 삼는 고로 인생 생활상에 관한 어떤 물건을 물론하고 정결을 주로 하지 않음이 없나니 하물며 사람의 몸에 바로 접한 더러운 물질을 어찌 염연(恬然: 편안)히 두고 있으리오. 그러므로 생활에 곤란이 없는 사람은 자기 집에 목욕실을 반드시 두며 이에 넉넉하지 않은 사람은 사소한 금전을 가지고 상업 목욕탕집으로 향하나니 이는 부귀와 빈천을 논하지 않고 그 육체를 깨끗하게 하고자 함이 하나니라.

우리나라에 목욕이라는 한문 글자도 있으며 목욕이라는 나라말도 있으니 반드시 목욕하는 전래 습관이 있음이 가하거늘 어찌하여 전국에 이 습관이 없느냐.

이제 우리나라에 거류하는 외국인이 곳곳에 욕탕을 설치하였으나 우리 한복(韓服)을 입은 사람이 가면 그 입욕(入浴)을 거절하니 저 상업 목욕탕집 주인이 우리 한국인의 금전을 거절함이 아니라 처음에 우리 한국인으로 외국인 목욕탕에 간 사람의 과실이 있는 까닭이니 그것은 무엇이오.

저 외국인의 입욕하는 사람은 몸을 벗고 탕에 들어갈 때 물통으로 탕물을 떠서 더러운 곳을 약간 먼저 씻은 다음에 들어가 3,5분 혹은 10여 분 사이에 온몸을 따뜻하게 하고 탕밖에 나가 때를 세척하니 그 탕 속의 물은 여간 2,30명의 목욕을 거쳐도 더러운 흔적이 크게 심하지 않으나, 우리 한국인 가운데 혹 이 방법을 알지 못하는 자가 오래 묵은 때를 탕 속에서 씻으니 한 사람의 세척을 겨우 거치면 탕물 위에 그 때가 엉켜 떠서 마치 회색의 실을

1,2푼 길이로 절단하여 탕물 위에 놓은 것과 똑같으니 많은 손님이 이를 꺼려하여 피하므로 탕 주인이 우리 한국인을 사절한다 함이 이상하지 않도다.

그러나 수십만 인구가 거주하는 수도에 우리 한국인의 목욕탕이 겨우 두세 곳이 있으니 이른바 독탕(獨湯: 혼자 따로 쓰는 목욕탕)이 깨끗하나 한사람 목욕 값이 새 화폐 10전이라. 그 가격이 높은 까닭에 상류 사회의 약간 명뿐이라. 그 신체를 정결케 하는 자가 무릇 몇 명인가.

저 가격이 높은 독탕도 없어서는 안 되겠거니와 한 탕에 여러 사람이 들어가는 가격 싼 탕집이 곳곳에 있은 뒤에야 대중의 이용이 있을지니 이렇게 하면 여러 탕옥 주인은 영업 이익을 볼 것이오, 대중은 목욕하는 습관이 생길 것이니 청결이니 위생이니 부르짖는 사람은 사람 신체의 때를 먼저 제거하고, 슬■을 차례로 갈아입는 것이 가한 줄로 먼저 부르짖을 지어다.

「시사평론」, 『대한매일신보』, 1908년 1월 8일.

한날은 백두산령이 동해용신을 청하여 모여서 한 가지 문제를 제출하되 귀 관하에 오예물(汚穢物)이 많이 쌓여 내 지방에 위생까지 방해됨이 불소(不少)하니 청결법을 신속히 실시하라 하였는데

　▲헛문서를 꾸며들고 남의 권리 늑탈하는 저 오예물
　▲두호(斗護)한다 칭탁(稱託)하고 온통으로 삼키려는 저 오예물
　▲남의 물건 욕심내어 경계 없이 탈취하는 저 오예물
　▲아래 웃통 벌거벗고 가즘 차고 왕래하는 저 오예물
　▲사촌끼리 혼인하고 형수하고 같이 사는 저 오예물
　▲양 소매는 팔랑팔랑 나무신은 딸각딸각 저 오예물
　▲권고이니 동의이니 운동비만 토식하는 저 오예물
　▲외면에는 좋은 체 하나 중심으로 함독(含毒)하는 저 오예물
　▲남자보면 손목잡고 억륵(抑勒)으로 매음하는 저 오예물
　▲문명하다 자칭하나 행사에는 야만되는 저 오예물
　▲동종 인류 압제하여 노예 같이 대접하는 저 오예물
　▲무죄 양민 얽어놓고 잡아다가 악형하는 저 오예물
　▲토지 가옥 전당잡고 별리(別利) 위에 별리 받는 저 오예물
　▲고용한다 칭탁하고 월급 여비 탐식하는 저 오예물

▲각 지방에 횡행하며 남의 부녀 겁간하는 저 오예물

▲상점 물품 자랑하고 억륵으로 방매(放賣)하는 저 오예물

▲인천항에 군함 대고 가득가득 실어다가 태평양 넓은 바다에 풍덩실 풍덩실

「시사평론」, 『대한매일신보』, 1908년 11월 8일.

▲월색(月色) 좋다 정 밤중에 남북촌을 돌아드니 몇몇 사람 모여 앉아 쓰레기와 똥통으로 살 수 없다 언론(言論)할 제 원망하며 탄식함을 차마 듣기 어려워라. 대강 기록하였으니 당국자들 들어보소.

▲한 사람이 하는 말이 위생(衛生) 위생 원수로다. 쓰레기와 똥통 모두 동리 앞에 쌓아두어 들며나며 저 악취에 오장육부 올라오니 위생할 수 정말 없네. 일인(日人)들은 이(利)가 되나 한인이야 무슨 죄인고.

▲또 한 사람 하는 말이 위생위생 원수로다. 쓰레기를 쌓더라도 그냥이나 두었으면 백배 치하 하겠지만 그중에다 불태기로 냄새 맡고 병이 되니 일인들은 이가 되나 한인이야 무슨 죄인고.

▲또 한 사람 하는 말이 위생위생 원수로다. 쌓더라도 무방하고 불태워도 예사로되 전날 만 냥 가던 집을 몇 천 냥에 팔려 해도 살 사람이 없고 보니 일인들은 이가 되나 한인이야 무슨 죄인고.

▲또 한 사람 하는 말이 위생위생 원수로다. 상봉(上奉) 하솔(下率) 이내 몸이 어물 낫과 술밥 팔아 근근(僅僅) 득생(得生) 지내더니 오예장(汚穢場)을 만든 후로 사람마다 피해가니 일인들을 이가 되나 한인이야 무슨 죄인고.

▲또 한 사람 하는 말이 위생위생 원수로다. 똥통 잘못 하였다고 일순사가 달려들어 우리 집에 여편네를 볼 치때려 놀랐는데 낙태까지 하였으니 일인들은 이가 되나 한인이야 무슨 죄인고.

▲또 한 사람 하는 말이 어리석다 자네들은 위생 실시한다 함이 한인 위생 믿었던가. 쓰레기로 먹고 보면 체증날까 염려되어 작말(作末)해서 먹으려고 소존성을 하였으니 일인위생이 아닌가.

▲또 한 사람 하는 말이 우리 분한 창자 속에 있던 똥이 나왔으니 독기인들 없을소냐. 약고 약은 일인들이 해가 될까 겁을 내어 오래도록 통에 넣었다 삭은 후에 가져가니 위생에는 졸업 했네.

▲또 한 사람 하는 말이 자네들은 걱정마소. 명년 사월 돌아와서 척식 사무 시작하고 일본

국의 농민들이 많이많이 건너오면 똥을 통에 눌 새 없이 번쩍번쩍 쳐갈 테니 그때 가서 위생하세.

「시사평론」, 『대한매일신보』, 1909년 4월 16일.

▲한국인의 곤란 정황(情況) 삼척동자 아는 바라. 더 말할 것 없거니와 위생법을 실시 후로 더욱 곤란 자심(滋甚)타는 여항(閭巷) 물론(物論) 들어본즉 이리가도 원망이요 저리가도 칭원이라. 민생 호원(呼冤) 이렇고야 무슨 일이 될 수 있나. 청이불문 할 수 없어 듣는 대로 말하노라.

▲못살겠네 못살겠네 나는 진정 못살겠네. 오예물(汚穢物:지저분하고 더러운 물건)을 다 제하고 신선공기 받는 것이 위생상에 필요인데 똥통 설시한 이후로 게딱지와 같은 집에 방문 열고 나서면은 똥통 부엌 한 데 붙어 음식기운 똥냄새가 바람결에 혼합하니 구역나서 못살겠네.

▲못살겠네 못살겠네 나는 진정 못살겠네. 의복 음식 요족하여 기한(飢寒) 없게 하는 것이 위생상에 필요인데 전재(錢財) 고갈 이 천지에 조석으로 절화(節貨)하여 부모처자 주린데도 구제방침 없건마는 위생비를 내라하고 불 볶듯이 독촉하니 정신없어 못살겠네.

▲못살겠네 못살겠네 나는 진정 못살겠네. 신체강건 하려니와 심지(心志) 활발 하는 것이 위생상에 필요인데 근근득생 우리더러 인정 없는 일 순사가 문 앞 쓸지 않았다고 구타하며 공갈한다. 군도(軍刀) 끄는 소리에도 몸서리가 절로 나니 경겁(驚怯)하여 못살겠네.

▲못살겠네 못살겠네 나는 진정 못살겠네. 남녀간에 짝을 지어 서로 살림하는 것이 위생상에 무해인데 유부녀의 매음함은 치지불문하면서도 과부되어 개가코저 한두 남자 선본 것을 매음녀로 잡아다가 병 있다고 검사하니 경위(涇渭) 없어 못살겠네.

▲가련하다 저 사람들 이 내 말을 들어보라. 개인이나 국가이나 자유권을 잃은 후에 압제 속박 받는 것은 면치 못할 바이어니와 행복이라 하는 것은 곤란 중에 나는 게니 쓸데없는 칭원(稱冤)말고 자강력을 약성하소. 자유권만 찾으면은 이런 곤란 없으리라.

제2호관 내 위생부 병균도 및 위생에 관한 통계표,『매일신보』, 1915년 10월 14일.[2]

<그림 8> 물산공진회 위생관 내부 사진

대공진회(27)

5. 제2호관

제11부 위생(1)

위생 경찰에 관한 각종의 모형 표본 등을 망라하였는데 그중 두묘(痘苗), 미친개, 묘(苗) 제조의 모형 및 사진, 불량 우물, 개량 우물의 모형, 한약, 보통약의 대조 등이 가관이라. 먼저 중앙 진열 선반에는 세균에 관한 각종 표본과 각종 전염병 환자 병원균의 표본을 진열하여 인체 안에 어떠한 병균이 침입하면 어떠한 질병이 발생하리라는 의미를 무언중에 설명하여 병균의 경과 및 질병의 변천하는 상태를 표시하였으니 이에 대한 식견이 없는 자라도 일견(一見)에 병균의 두려워할만한 실상을 알게 했고 그 이웃에는 부산 이출우(移出牛) 검역 모형이 있고 주위에는 소의 내장 모형 및 표본이 있되, 소의 내장은 조선인의 상식(常食)이라. 병균의 유무를 따지지 않고 남식(濫食)함을 경계한 뜻이 있으며, 불량 우물 및 개량 우물의 모형은 음료수가 위생상 큰 관계가 있음을 표시하여 불량 우물에는 우물의 주위에 거머

---

[2] 1915년에 열린 물산공진회에 관련된 기사이다.

리, 수충(水蟲) 등 병균을 포함한 것이 부착(附着)되고 개량 우물에는 청결에 겨를이 없어 음료수의 좋고 좋지 못함이 인체의 건강 여부에 관계됨이 지극히 중요하고 또 큰 실증을 거(擧)하였으니 불량 우물물을 마시는 것의 좋은 참고가 되겠고 그 다음은 전염병 계각도(系恪圖: 系絡圖의 오기로 보임)와 일본식 화장장과 전염병 예방 및 의료 기구와 수역(獸疫) 예방 및 위생 시험용 기구를 얼른 스쳐보고 두묘(痘苗) 제조 상황에 이르러서는 역시 사진 및 표본으로 표시하였는데 두묘 배부의 통계도에 의하면 인구 천명에 대한 종두자(種痘者) 수는 1910년의 95인이 1911년에는 190인, 1912년에는 212인이 되었다가 1914년에 다시 또 체감(遞減)하여 116명이 되었으니 이는 종두 보급의 결과라 할지오. 평균 1개년의 두창(痘瘡) 환자는 1,562인이라 하였으며 남쪽 벽의 진열대에는 각종 한약의 원재(原材) 및 제품을 진열하고 아래쪽의 진열대에는 각종 질병의 모형을 진열하여 이러한 종류의 병은 같은 결과를 생기게 함인지 질병 발생 최초에 속히 치료하지 않으면 불가하다는 의미의 감각을 일반 관람자의 뇌리에 새기게 하고 그 다음은 조선 내에서 생산하는 구아(救餓) 식물(食物) 표본과 조선인이 만든 매약(賣藥)과 음식용 기구와 재판(裁判) 화학 참고품과 조선 재래의 의서(醫書)와 흑사병 예방 소독에 종사하는 모형을 진열하였는데 흑수병은 전염이 신속한 것이므로 전신을 감싸고 소독에 종사함이 사람으로 하여금 전율할 바이오. 벽 사이에는 위생에 관한 통계조사표 및 의료기관의 통계표 등 각종 병균그림 수십매를 걸었는데 우리의 참고됨이 적지 않고 외면의 진열대에는 병든 가축의 환부(患部) 및 기생충 표본, 하돈(河豚: 복어) 및 독소류를 전시하였더라.

3. 잡지

유은생, 강병옥(柳隱生 康秉鈺), 「위생(기서: 寄書)」, 『태극학보』 제1호, 1906년 8월.

  사람이 세간에 살면 반드시 사회에 속하여 공동생활을 영위하는 것이니 동종(同種) 상구(相救)하며 동족(同族) 상뢰(相賴)하여 피아의 생활을 편리케 함이 필요하도다. 그러므로 만약 혹시 한 사람이라도 위생에 주의치 않은 결과로 질병에 걸리면, 국가에 대하여 어떠한 충성이 있고 동포에 대하여 어떠한 포부가 있을지라도 그 목적을 달성키 어렵고, 만약 병독이 전염되어 사회 전반에 미치면 그 영향을 예측할 수 없으니 이로 말미암아 보면, 개인이 위생의 방도를 지켜 각자의 신체를 건강히 함은 자기 일신의 다행뿐만 아니라 사회 공중에 대한 의무를 다함이니 그러므로 아래에 위생의 대략을 논술하노라.
  사람은 다른 동식물과 같은 유기체의 생물이니 유기체는 미묘한 생활 작용을 영위하는 것이라. 사람이 동식물 가운데에서 음식 될 만한 물질을 섭취하여 자기의 신체와 동화하는 것을 소화 작용이라 칭하고, 이 물질을 신체 각부에 수송함을 순환작용이라 칭하고, 이 물질과 산소가 화합(化合: 두 종류 이상의 물질이 결합하여 새로운 한 종류의 물질을 생성하는 화학 반응), 생열(生熱: 열을 발생함)하기 위하여 공기 중에서 산소를 흡취하고 체내의 탄소를 뱉어 내는 작용을 호흡 작용이라 칭하고, 신경의 감각을 대뇌에 전하여 신령스럽고 오묘한 사상을 발생시켜 냄을 정신 작용이라 칭하고, 이 물질의 일부분이 노폐하여 체외로 방출함을 배설 작용이라 칭하느니라. 소화 작용의 위생은〈34쪽〉자양분에 풍부한 먹을거리를 섭취함에 있나니 단백질, 지방, 함수 탄소, 염분, 수분 등이 많이 포함된 것은 소화하기 쉬운 훌륭한 식품이 될지라(미완)〈35쪽〉.

강병옥(康秉鈺), 「위생(전호속 前號續)(기서: 寄書)」, 『태극학보』 제2호, 1906년 9월.

  우유와 계란은 자양분이 많아 소화하기 쉬운 양호한 먹을거리이나 병든 소의 유즙과 부패한 계란은 병독이 있어 사람 몸에 전염될 우려가 있으니 결코 마시고 먹지 말 것이오. 일반 우유도 한 차례 끓여서 마시는 것이 좋고, 동물의 고기는 단백질이 많고 섬유가 유연하여 양호한 먹을거리가 되고, 소돼지 고기는 촌충(寸蟲)의 낭충(囊蟲: 촌충의 유생)이 간혹 있으니 볶거나 구워서 식료에 제공함이 좋고, 조개류는 단백질이 많으나 소화에 불량하고, 곡물의 주성분은 전분(澱粉)이오, 약간의 단백질을 함유하였다. 쌀은 함수 탄소가 가장 많으며,

그밖의 자양분도 적지 않고, 보리는 단백질이 견고한 세포막 속에 싸여 있으니 분말을 만들어 식품에 제공함이 좋고, 콩류는 단백질이 많으나 그 알맹이가 견고하니 두부를 만들어 식료에 제공함이 좋다.

물은 우리 생활에 필요 없지 않을 것이나 세균과 기생충의 알 등이 함유되어 병의 근원을 빚어내는 폐가 있으니 한 차례 끓여서 음료에 제공함이 좋고, 알콜(주정)성 음료는 위(胃)의 작용을 방해하고 정신을 흐리게 하는 성질이 있으니 음료에 적당치 않고, 차, 커피 등은 적당히 마시면 양호하나 그 양이 지나치면 소화 작용을 방해하고, 찬 얼음은 위의 따뜻한 열을 빼앗아 소화를 방해하며 치아를 상하게 하니 바로 마시는 것이 좋지 않다.

구리, 놋그릇, 청동, 납 등으로 제조한 식기는 독이 있고, 〈44쪽〉 색으로 물들인 그릇에도 유독 색소를 머금는 폐가 있으니 도기, 자기 등이 식기에 가장 적합하고, 하루 세 차례 먹는 때를 일정하게 하고, 간식을 금하며 포식을 경계할지라.

순환작용의 위생은 신선한 공기를 호흡하며, 자양분이 풍부한 식료를 섭취하여 순량한 혈액을 만들어 냄에 있다.

신체의 유연한 부분을 꽉 조이고 자리에 오래 앉아 움직이지 않으면 혈관의 통행을 막아 신체에 해를 미칠 것이니 항상 적당한 운동을 하여 팔다리를 활발케 함이 가하고, 한 몸의 혈액은 정량이 있는 것이라. 정신을 사용할 시에는 두뇌에 모이고 음식을 소화할 시에는 위에 모이며 신체를 운동할 시에는 근육에 모이나니 식후에 곧 신체를 운동하거나 정신을 과도하게 작용함은 불가하니라(미완)〈45쪽〉.

이자원, 「위생학강화」, 『신문계』 1권 제3호, 1913년 6월.

잉부(孕婦)의 산전 산후
경성조산원주 이자원

위생은 사람마다 어찌 잠시나 소홀히 할 것이리오마는 특히 잉태한 부인에 대하여는 평시보다 더욱 주의할 것이니 잉부의 신체건전과 태아의 발육 선량이 전혀 위생에 큰 관계가 있는지라 만일 주의하지 않으면 잉부가 병이 나거나, 태아가 성실치 못한 폐단이 생기기 쉬울뿐더러 심지어 산모와 태아의 두 생명이 위태한 지경에 이르는 일이 있은 즉 잉부는 위생에 특별히 주의하지 않으면 안 될 것이라. 그러므로 잉부의 산전산후에 섭양하는 법을 대강 말하건대 태중에는 제일 음식을 주의할지니 식물에는 자양분이 많고 소화하기 쉬워 신체에 영양을 잘 주는 것을 먹는 것이 가하고 겨자와 고추같이 극히 매운 것은 불가하며 또한 평생에 습관되지 않은 음식과 부패한 음식들을 먹는 것은 대단히 해가 될 것이오.

정신이 감동되게 하는 일은 비록 쾌락한 일이라도 해가 되니 부인의 성질은 원래 편협하여 감정을 잘 내는 중 임신 중에는 더욱 그런 성품이 속히 감동되어 정신을 격앙하게 하는 고로 극히 주의하여 분하고 노하며 근심하고 슬퍼하며 겁내고 무서워하며 혐의하고 미워하며 놀래며 시기하며 투기하는 등 정신이 불쾌하고 격동되게 하는 일을 주의하여 항상 〈71쪽〉 정신을 안정하고 평화하게 할 것이오. 만일 집안에 불협한 일이 있거든 잉부로 하여금 피접하게 할 것이며 혹 다른 사람의 난산한 말을 들어서 공겁하게 함이 불가하니 해산하기를 공구하는 부인에게는 아무쪼록 위로하여 안심하게 할 것이오. 잉부의 적당한 운동은 가장 필요한 것이니 보통의 집안일을 하고 일기가 좋은 때에는 청결한 곳에 가서 신선한 공기를 마시는 것이 좋되, 힘든 일과 원로에 여행함과 사람이 많이 모인 곳에 가는 것과 높은 층대에 오르내리는 것과 무거운 물건을 운동하는 것과 배나 차를 타고 멀리 가는 것은 대단히 해가 되는 중 6,7개월이 되어서는 더욱 위태하니 조심할 것이오.

항상 처소를 청결하게 하고 자주 목욕을 하여 신체를 정케 하며 의복을 너그럽게 입을 것이오. 복부를 덥게 하여 감기 들지 않도록 하며 유방(젖)은 아이 기르는 데 제일 필요한 것이니 상처가 나지 않게 하며 압박하지 말지오. 혹 젓꼭지가 나오지 않았거든 〈72쪽〉 자주 빨아 나오게 할지며, 임신 중에는 혹 소변 변색증이 생겨 만삭이 되면 점점 심한 재있으니 그런 경우에는 한하제를 복용하여 소량으로 사함도 무방하고 탕수를 많이 마시고 복부를 덥게 하여 오줌을 통하게 하는 이가 있으나 과히 심할 때에는 의사나 산파를 청하여 진찰함이 가하고, 임산 중에 하혈이 됨은 유산과 반산의 증세이니 이는 반드시 의사나 산파에게 진찰을 청할 것이오. 임신 중에는 항상 음부를 청결함이 가하니 특히 백대하병과 그 남자에게 임질병이 있는 동시에는 산아에게 위태한 통누안병이 생기는 일이 있으니 온수에 식염을 타서 자주 씻는 것이 가하고 순산 기미가 있거든 산파를 청하여 해산을 위탁하면 물론이거니와 그렇지 않으면 산전에 음부와 질내(膣內)를 세척할 것이오. 순산과 난산되는 것은 태아 위치의 선불선에 있나니 8,9삭이 되거든 산파를 청하여 진찰을 받고 태아의 위치가 불량하거든 산파의 수술을 받아 난산을 면할 것이며 해산방에 주의할 것은 공기유통을 적당하게 할지니 동절에는 화로가 있음으로 일층 공기유통은 잘할지나, 산모에게 직접으로 접촉하게 함은 불가하며 방을 너무 덥게 하여 산모가 땀을 많이 흘리게 함은 극해가 되며 방은 밝게 하고 전일과 같이 짚을 펴서 부정하게 하지 말고 유지를 깔아서 정하게 할 것이며 분만 시는 십분 기력이 패하므로 산전에 체력을 자양하게 하고 담백한 자양품을 먹고, 〈73쪽〉

■■통이 나서 산점이 있거든 속히 산실로 이거(移去)하며 관장을 행하여 대변을 배출하며 산파나 조산할 사람과 기타물품을 예비할지오. 분만 시에 의사나 산파에게 순산을 위탁함은 산모 산아의 질병을 예방함이 필요하고 아이 낳은 후 5분, 10분이면 후산이 되나 당시에 나오지 않는 일도 있으니 산파나 의사가 조산하지 않는 중에 후산이 되지 않거든 속히

청하여 구함이 가하거니와 자연히 나옴을 기다림은 대 불가하며 산후에 유즙이 처음은 분량이 적고 빛이 맑으나 버리지 말고 소아를 먹이면 태분을 많이 누게 하는 약이 되는 것이오. 만일 산모가 특히 중한 병이 있거든 결코 먹이지 말지며, 젖 먹이는 도수든 최초인 즉 소아가 찾는 대로 줄 것이나 3,4일 후는 2시간으로 내지 4시간마다 먹게 함이 마땅하고 밤에는 6,7시간 쉬게 함이 마땅하고 산후는 순산 난산을 물론하고 불태하게 하여 청결한 요에 누워서 신체를 안정하게 할지니 이때는 산모 신경이 과민함으로 방에서 난잡히 담소함과 비장한 담화를 금할지오. 신체에 피로가 심함으로 십분 쇠약에 합하나니 자양품을 먹여서 양생함이 가하나라.

산후의 위생도 산전과 대동하고 기거 동작함은 위태하니 신체가 쾌복해야 통상시와 같이 소복되기까지는 힘든 일을 폐하여 6주일 이상은 신체를 주의할지라. 상기한 외에도 부인의 임신 중 위생상 주의할 것이 비단 1,2에 그치지 아니하니 극히 주의할 것은 잉부의 위생이로다〈74쪽〉.

「가정학강화」,『신문계』제1권 제5호, 1913년 8월.

청결의 필요

대개 가정의 청결을 잘하지 않으면 위생이 완전히 되지 못하고 위생이 완전히 되지 못하면 인생의 질병과 사망이 날로 발생하여 완전한 생활을 얻지 못하리니 이 같을진대 우리의 완전한 생활을 하고 못하는 것이 어디 있느뇨. 그 원인을 궁구하여보면 당초에 청결을 잘하고 못함을 인하여 나중에는 이와 같이 큰 관계가 생겨나니 어찌 잠시일지라도 범연하리오. 지금 경성 안으로 말할진대 위생회에서 고용으로 집마다 뒷간 청결을 행하고 교번소의 순사는 때때로 순행하여 문전 청결을 시키나니 이는 한두 가지 모범적 청결이오. 이외에 허다한 청결이 많으니 가정 백집사에 청결이 합당하지 않은 곳이 없지만은 대강만 말하면 방을 걸레질하고 마루를 빗질함은 집에 청결이오. 티를 가리고 파리를 쫓는 것은 음식에 청결이오. 기와로 닦고 행주로 치는 것은 기명에 청결이니 집이나 음식이나 기명은 다 인조적 물건이라. 자동의 청결이 없고 다만 사람의 피동력으로 청결을 시키는 것은 곧 사람 자기를 위함이오, 물건을 위함이 아닌 것은 확실하나 만일 집을 청결하게 아니하면〈76쪽〉 반드시 좋지 못한 집이 되고, 음식을 청결하게 아니하면 버리는 음식이 되고 기명을 청결하게 아니하면 쓰지 못하는 그릇이 될 것이니 이는 다 값없는 물건이 아니라 금전을 모손하고 공력을 들인 것으로 아끼지 않고 버림은 청결하지 못한 것이 사람에게 해 됨이니 이로써 말할지라도 청결이 사람에게 필요한 줄을 반드시 알지라. 청결하지 못함은 미개한 시대에 게으름을 인함이거니와 지금 문명시대로 보면 10분이나 20분의 시간을 가지고 운동 겸 장난 겸으로도 쓸 것은 쓸고 치울 것은 치우면 가정이 썩 청결하여 관리가 명령하기 전과 남이 권고하기 전에 일신한 가정자치의 법을 강구하는 것이 가정 다스리는 데 큰 의무가 된지라. 남의 가정을 보고 우리 가정을 볼 것 같으면 낫고 못한 것이 판이하니 좋은 것은 본을 받고 좋지 못한 것은 경계하여 가면 이후의 청결은 지금의 청결보다 더 청결할 것은 정한 이치라. 그와 같은 결과를 알고야 누가 행하지 아니하리오. 그렇지만 전 시대에 자기 임의로 하던 일을 생각하고 오히려 괴롭게 안다든지 싫어하여 낮잠은 잘지언정 가내의 청결을 아니 하고 한가한 이야기를 할지언정 문전의 쇄소를 아니 하면 문명진보 상에 결점이 될 뿐 아니라 자신 상에 해됨이 적지 아니하리니 이를 깨닫고 앞으로 나아가는 우리는 어디까지 적은 힘을 아끼지 않고 짧은 시간을 이용하여 가정을 소쇄하면 마음도 이와 같이 상쾌하여 청심환이나 청쾌환 같은 양약을 오랫동안 먹는 것보다 필요하다 하노라〈77쪽〉.

소성, 「동경유학생생활」, 청춘 제2호, 1914년 11월.

목욕 가는 이야기

우리계로 말하면 8,9세 안 되더라도 맨발벗는 것을 무례한 일로 알아 아무리 5,6월 염천이로되 꼭꼭 버선을 신는 풍속이지만 이곳으로 말하면 젊은이는 그만두고 8,90된 노인이로되 1년중 8,9삭은 맨발로 지내는 버릇이라(이는 기후의 관계로 인함인 듯?). 우리도 이곳을 오는 날이면 의례히 발을 벗게 되므로 자연 발 같은 것은 매일 씨어야 하고 의복제도 잡아치그으면 바람이 건들건들하게 되었으므로 따라서 살빛도 쉬이 검게 되어 1주일에 적어도 두 번은 목욕을 하여야 하게 된 터이라〈114쪽〉.

수건과 비누를 집어 들고 '탕옥(湯屋)'집 문을 썩 들어서면 그 영조(營造)의 헌창(軒敞)한 것과 설비의 주도(周到)한 것은 과연 놀랍다. 2,30인이나 넉넉하리만큼 넓게 만든 욕조는 방수 시멘트로 튼튼히 되어있고 번듯하게 깔린 욕판(浴板)은 모두 다 돌이나 시멘트로 무늬를 맞춘 것이오. 여기 저기 배치한 수도관도 장치가 볼 만한데 머리 씻는 곳 같은 것도 전자(栓子)를 한번 틀면 산주폭(散珠瀑)이 좍좍 떨어지게 되었더라. 옷을 활활 벗고 좌우로서 '조선사람 조선사람 음음'하는 옆 사람들의 수군거림을 들으면서 빨간 몸이 서로 부비는 틈에를 들어가 끼우면 이 가운데도 볼만한 것이 많이 있다. 어떤 사람은 검복인가. 사람인가? 하리만큼 어룽어룽하게 몸에 자자(刺字, 이레스미)를 하였는데 눈 부릅뜨고 아웅하는 모양도 그렸고 고기꼬리 풀잎모양 여러 가지를 새겨서 처음 보는 우리 눈에는 대단히 이상하게 보이더라.

이 끝에 우스운 이야기를 잠깐 붙이려 하노라. 언제든가 이곳 갓 왔을 때에 어떤 친구하고 목욕을 가려할 때에 내가 그 친구에게 옷은 어떻게 입고 가느냐 물은즉 그 사람도 역시 처음 온 사람이므로 자세히 몰랐던지 대답하는 말이 '하가마(예식 혹 정식으로 입는 옷)를 입고 가는 것이 좋겠다하여 둘이 다 떡 빼어 입고 갔더니 다른 사람이 초대라고 우습게보았던지 옷을 벗어 광주리에 담아 반듯이 남 다 보는 곳에 놓고 들어갔더니 목욕을 다하고 나와 보니 빠르기도하고 용하기도하다. 이렇게 여러 사람이 다 보는 곳에서 어느덧 소매 속에 있는 돈주머니를 집어내었다. 우습기도하고 얄밉기도하여 돌아와 주인집 노파에게 이런 말을 하니 깨닥깨닥 웃어가며 하는 말이 "하가마를 입고 갔거든 그런 일이 왜 아니 있겠소"하여 얼마동안 같이 유(留)하는 친구들 사이에 한 좋은 웃음거리가 되었던 일도 있었다〈115쪽〉.

Ⅲ. 건강, 체육 담론

1. 교과서

학부 편집국 신간, 『신정심상소학』 권2, 건양원년(1896년).

제2과 운동이라

사람이 6,7세가 되면, 불가불 책을 읽으며, 글씨를 쓰며, 또 셈을 하는 방법을 배울 일이오이다. 이런 일은, 벼슬아치나 백성이나 장사꾼이나 다 꼭 필요한 것이오.

학교에서도 이런 일을 먼저 가르치나 그러나 몸이 건강하지 못하면 마음대로 공부를 못할 것이니 사람은 몸을 조심하여 음식이라도 삼가고 또 항상 게으르지 않게 활동하고 몸을 강하게 함이 꼭 필요한 일이올시다〈2쪽〉.

학부 편집국 신간, 『신정심상소학』 권3, 건양원년(1896년).

제30과 양생이라

사람은 신체가 건강한 만치 다행한 일이 없나이다. 몸이 건강한 사람은 일생을 즐기게 지내려니와 많은 병을 가지고 있는 사람은 항상 한 방안에 폐칩(閉蟄: 문을 닫고 틀어박혀 나오지 않음)하여 생업도 못하고 일세를 불행히 세월을 지내나이다.

사람이 태어났을 때에 대개 다 무병하나 양생법을 행하지 아니함으로써 여러 병이 나는 것이라. 그러나 나이가 어릴 때에 능히, 양생법을 행하여 몸을 건강하게 하여 장성한 후에 넉넉히 제 직업을 감당함이 제일 큰 관사 일이오이다. 양생법이란 것은 신체의 운동을 적당하게 하고 음식하기를 알맞게 하며 거처와 의복을 청결히 하는 것이오이다〈42쪽〉.

대한국민교육회, 『초등소학』 권2, 대한국민교육회 藏板, 광무10년(1906).

제4 체조

이 그림은 학교의 학도가 체조하는 것이니.

앞에 선 이는 교사요. 두 줄로 벌려 선 사람들은 학도올시다.

학도들은 교사의 구령대로 정제하게 가나이다.

학도는 글을 읽어서 지혜를 넓힐 뿐 아니라 또 체조를 하여 신체를 튼튼케 할 것이오〈4쪽〉.

<그림 9> 체조. 군대 제식훈련과 비슷하다.

대한국민교육회, 『초등소학』 권2, 대한국민교육회 장판(藏板), 광무10년(1906).

제19 운동

여기는 학도의 운동장이오.

학도들이 운동을 하는데 기취를 하나이다.

저편에 한 어른이 손 기를 들고 서서 학도들을 지휘하오.

이 학도들은 날랜 모양으로 땅에 꽂힌 기를 먼저 뽑으려고 달음박질하오.

또 저편에서 여학도들이 손을 서로 잡고 애국가를 부르나이다.

그 애국가는 참 듣기가 매우 좋소.

힘을 쓰세 우리학도
공부위해 힘을 쓰세
힘을 쓰세 우리학도
나라위해 힘을 쓰세〈28~29쪽〉.

<그림 10> 기취라는 운동. 깃발에 심상소학교라고 썼다.

대한국민교육회, 『초등소학』 권5, 대한국민교육회 장판(藏板), 광무10년(1906).

제5 주(酒)와 연초

술을 마셔 취하면 사람의 정신이 아득아득하며 행위가 단정치 못하여 미친 사람 같아지느니라.

연초는 독한 물건이라, 사람이 마시면 정신을 어지러트리느니라. 아이들은 더욱 먹지 말 것이니 해가 참 크니라〈5~6쪽〉.

신해영 편술, 『윤리학 교과서』 권1, 보성중학교 발행, 1906.

제2장 체육

제반 도덕은 자신에 기인함과 같이 자신을 닦는 길은 체육으로써 근기(根基)를 삼느니라.

충(忠)과 효(孝)는 인륜의 대도(大道)이나 신체가 건전치 않으면 이 본무(本務)를 행할 수 있으리오. 무릇 병역(兵役)은 국가에 대하여 신민(臣民)의 제1 의무이거늘 신체가 허약하여 복무를 감당하지 못하면 어찌 그 의무를 이행하며, 하물며 하루아침에 큰 일이 있은 때는 의용(義勇)의 뜻으로 국난에 나아감은 신민 일반의 대의(大義)이거늘 만일 신체가 건전치 못하여 치빙(馳騁: 여기저기 부산하게 돌아다님)을 감당하지 못하면 어찌 그 의무를 행할 수 있으리오. 부모에 대하여서도 또한 그러하니 취약한 사람은 비록 마음속의 뜻을 다하여도 효도하고 봉양하는 길이 능히 뜻대로 되지 않아 그 결과가 왕왕 패륜의 무리와 같나니 하물며 부모는 그 자식의 병을 걱정하여 그 뜻이 상함이리오.

다만 충효에서 그러할 뿐 아니라 무릇 모든 행위가 하나라도 신체의 건전함에 맞추지 않음이 없나니 고로 덕행을 닦으며 공의(公義)를 길러 인륜의 본무(本務)를 완전히 하고자 할진대 반드시 신체의 건강함을 유지하고 보전함이 옳으니라.

지육(智育)도 또한 체육에 맞추어 완전함을 기약할 만하니 건강한 정신은 건강한 신체에 머무른다 함이 실로 천고(千古)의 격언이라. 사람이 진실로 천치(天癡)와 전광(癲狂: 정신에 이상이 생긴 병증)이 아니면 배워서 알지 못할 지식이 없으며 익혀서 통달치 못할 업무가 없나니 그 주효(奏效)의 여부는 체력의 감당 여부에 따르는 바가 많은지라. 세상에 비범한 재주를 갖고, 유능한 기량을 품고도 신체의 잔약함으로 인하여 평범한 자리로 추락하여 탄식하는 자가 적지 않으니, 우리가 크게 경계할 바라. 저 학생들이 꽃다운 나이에 일찍 죽으며 중도에 학업을 폐지하는 자는 족히 거론할 바 아니니라.

우리의 한 몸은 다만 자기의 소유로 생각함이 옳지 않으니, 만일 무리를 떠나고 속세를 끊어 험한 산과 황야에 홀로 살 뜻을 품으면 말 것이거니와, 가족 속에서 자라나며 사회 간에 존재하며 국가 아래에 사는 이상, 임금에 대하여서는 신민이 되고, 부모에 대하여서는 자녀가 되며, 부부, 형제, 친구, 사제 간에 또한 특수한 본무가 각각 있는지라. 그러므로 우리는 가족, 사회, 국가에 대하여 반드시 신체의 건강함을 완전히 할 의무가 있으니 만약 자신의 건강 여부가 다른 것에 관여한 바가 아니라고 생각하는 자는 무도(無道)함이 심한 자라 이를지니라.

우리의 신체는, 어릴 때에는 부모에게 일임함이 옳은 바이나, 이미 장대하여 13,4세에 이른 때는 다른 여부를 기다리지 않고 스스로 명심함이 옳으니 지금 그 주요한 사항을 들자면 첫째 음식을 절약할 것, 둘째 신체와 의복을 청결히 할 것, 셋째 운동을 게을리 하지 않을 것, 넷째 침수(수면)에 한도가 있을 것, 다섯째 정신을 항상 청쾌하게 할 것 등이니라.

소장(少壯)한 때에 우리의 건강함을 가장 해치는 바는 음식 등을 절약하지 않는 것보다 심한 것이 없으니 본래 발육이 혈기왕성한 젊을 때에는 음식을 절제함이 노년과 같이 매우 세밀한 걱정은 필요하지 않으나, 폭음 과식에 이름은 깊이 삼갈 바이라. 식욕이 이미 가득한 후에 좋은 맛을 더욱 탐내는 것은 소년 사이에 늘 보는 바이니 이는 그 사람이 유해함을 능히 알면서 좋은 맛에 유혹된 바가 되어 음식을 절제하지 못한 폐에 스스로 이르는 바이라. 이들 일로부터 마침내 자기의 욕망을 절제하지 못하는 습관을 길들이면 그 해로움이 미치는 바가 어찌 신체의 건강을 해치는 데만 그칠 뿐이리오. 아주 작은 일 같으나 우리가 깊이 경계할 바이니라. 또 젊을 때에는 과자와 과일 등을 간간이 먹어 정해진 시간에 먹는 양을 줄임이 늘 많으니 이것도 또한 폐해의 관습이라. 의사 말을 들으면, 성장한 후에 위병으로 신음함은 이들 원인으로 생겨남이 늘 많다하니라. 음주와 흡연은 피해가 많고 이로움이 적으니 특히 음주는 조금만 취해도 갑자기 심신을 교란하여 자제력을 마침내 잃게 하므로 차라리 처음부터 마시지 않음만 같지 못하니라. 흡연 같은 것은 다만 관습상으로부터 즐기고 좋아하는 바이라. 그러므로 젊을 때에는 이들 관습을 엄밀하게 스스로 끊음이 옳으니라. 연초(담배)가 독과 해가 됨은 한 개비에 궐련에 함유된 독성으로써 20마리의 참새를 능히 살해한다 하는 박물학자의 한 마디 말로써 증명함이 족하니라. 그러나 최근에 여염집 어린 아이들이 다수 흡연하여 거침없이 습관이 됨은 사회 일반에 대하여 실로 몹시 애석한 바이니라.

일종의 관습은 다른 관습으로써 능히 제거할 수 있나니, 폭음 과식 등은 일종 관습에 다름 아니므로 그 욕망을 점차 절제함에 의해서 마침내 전체 교정할 수 있을지니라.

청결은 위생상에 가장 명심할 바이라. 청결의 본원(本源)은 각자의 신체에 있나니, 신체가 이미 청결하면 더럽게 물든 의복을 차마 몸에 감지 않을 것이며, 신체와 의복이 함께 청결하면 가옥과 정원도 또한 청결할지니, 이와 같은 사람이 무리로 거주하여 마을을 이루며 면(面)과 시(市)를 이루면 다만 개인의 건강을 비익(裨益: 보태어서 도움이 되게 함)하게 할 뿐 아니라 여러 종류의 전염병의 해독을 능히 면할지니라.

의복과 신체의 청결은 다만 육체의 건강을 지킴에 중요할 뿐 아니라 그 사람의 외관을 아름답게 하며 또 선량한 관습을 기름으로써 정신상에 비익함이 적지 않느니라. 불결한 사람은 지저분한 물건을 몸에 칠함과 같으므로 타인에게 대하여 예의를 스스로 잃은 자이나, 항상 청결함을 게으르지 않게 하는 사람은 평소에 질서가 있는 노동과 정밀한 주의에 길들여져 익힘이 됨으로써 부지불식간(不知不識間)에 조심성 많게 근면하여 모든 일을 실행하여 나가는 선량한 관습을 이룰 수 있나니, 무릇 바깥으로부터 마음을 바로잡고 제어함은 덕성(德性)을 기를 수 있는 신묘한 비결이니라.

운동은 위생상에 없어서는 안 될 바이니, 운동은 소화의 기능을 오로지 도우며 혈액의 순환을 잘 인도하고, 또 마음과 정신을 상쾌하게 하는 효력이 있느니라. 사람이 만일 하는 일 없이 한가하게 앉거나 누워있어 운동이 조금도 없을 때는, 심신이 불쾌하며 식욕이 줄어들고 혈색이 아울러 쇠하여 원기(元氣)가 점점 없어짐에 스스로 이르나니, 고로 항상 정신을 쓰고 시간을 항상 아끼는 사람은 가장 운동을 게을리 하지 않느니라. 운동에 소비하는 시간은 잠깐 보면 혹, 무익함과 같으나 부지런히 공부하는 사람에게 필요함이 노동하는 사람의 휴게함과 같으니라.

운동의 본뜻은 신체기능의 활동을 돕고 겸하여 학문에 힘쓰는 사람의 원기를 기름에 있느니라. 고로 그 한도를 초과하여 도리어 신체를 피로하게 함은 옳지 않으니 음식에 한도가 있음과 같이 운동에도 또한 제한이 있음을 항상 마음에 두고 생각함이 옳으니라. 그러나 청년인 학생이 때때로 공놀이와 보트 등의 과도한 경쟁으로 도리어 건전한 신체를 상하게 하여 고치기 어려운 병을 조성함은 곧 운동의 본뜻을 망각함이라 이를지니라.

하물며 운동은 우리의 정신을 상쾌히 함에 특히 효과가 있나니, 정신이 울적하여 앙앙불락(마음에 차지 않거나 야속하게 여겨 즐거워하지 않음)한 때는 사물에 접촉할 때마다 불쾌한 심서(心緖: 마음속에 품고 있는 생각이나 느낌)가 스스로 생겨나 떨쳐 일으킬 도리가 없나니, 이때에 즈음하여 무슨 일을 할 수 있으리오. 심지(心地: 마음의 본바탕)의 활발 여부는 얼마간 그 사람의 성격에 말미암는 바이나, 그 신체 기능의 조화를 결손함이 주요 원인이니 이때를 당하여 교외에 잠시 산책하는 것은 우리의 몸과 정신으로 하여금 특별한 지역에 쾌활하게 하며 혹은 업무에 즐겁게 나아감을 일으킴도 되느니라. 또 휴가 때를 당하여 경치 좋고 이름 난 산천에 두루 돌아다니며 보는 것은 정신을 수양함에 위대한 효력이 특히 있는 바이니라.

수면에 한도가 있음은 또한 신체의 건강을 지킴에 없어서는 안 될 바이니, 발육이 혈기왕성한 젊을 때에는 더욱 더 그러한 바이니라. 세속의 학생들이 면학에 과도한 열심으로 때때로 수면 시간을 줄여 심지어 밤을 새서 독서하는 자가 많으니 가장 깊게 삼갈 바이니라. 수면이 충분하지 못함으로 신체가 쇠약하여 마침내 매우 많은 병의 원인을 키우는 자가 세상에 그 예가 적지 않을 뿐 아니라 이러한 신체로 면학에 무리하게 종사하는 때는 그 이로움과 해로움, 얻는 것과 잃는 것이 어떠한가함은 경솔하게 판정하기 어려우니라. 수면이 부족한 때는 신체의 일반기능이 쇠약함으로써 정신이 또한 흐리멍덩 밝지 못하나니 이로써 종일토록 책상에 기대어 꼼짝하지 않고 똑바로 앉아 있으나 그 얻은바 결과는 수면을 충분히 한 후의 한나절 공부에 미치지 못할지니라. 그러나 수면을 과도히 함도 또한 심신을 게으르고 약하게 하는 해로움이 있음을 기억하는 게 옳으니라.

정신을 항상 상쾌하게 함도 또한 신체의 건강을 보전함에 없어서는 안 될 바이니라. 정신이 침울할 때는 진귀한 음식이 맛있지 않으며 혈색이 위조(萎凋: 쇠약하여 마름)하여 밤잠을 이루지 못하여 마침내 고치기 어려운 병을 기르나니, 이는 우리가 늘 보은 바이니라. 인생이 본래 기쁜 일만 있는 바가 아니나 반드시 정신을 상쾌하게 하여 작은 일이 뜻대로 되지 못함에 번민할 필요가 없고, 항상 심기(心氣)를 즐겁고 기쁘게 함에 힘쓸지니 이렇게 한 후에 비로소 활달하고 쓸모 있는 성격을 기를 수 있을지니라.

신체의 건강을 지키는 것은 가족·사회와 국가에 대한 우리의 의무가 되므로, 개인의 사사로운 정(情)과 사사로운 분노로 인하여 자살하는 등의 일은 죄악 중 가장 큰 바가 됨은 다시 말할 바가 아니거늘, 세속의 사람이 자살로써 모든 죄악을 없앰에 족한 것으로 생각하는 자가 혹 있나니, 이는 곧 가엾고 애처로운 정으로써 정의의 도리를 없애는 자이니라. 그러나 국가공공의 이익을 위함에는 한 몸을 희생하는 사상이 없지 못할지니, 이는 소위 뜻있는 선비와 어진 사람이 살신성인(殺身成仁)하는 바이니, 우리가 평생에 신체 건강을 유지하는 본무가 있음은 실로 이러한 사정을 만나 그 본무를 완전히 하고자함에 다름 아니니라. 만일 한 몸이 가난하고 고생스러움에 내몰리어 살아있는 것이 세상에 무익하므로 차라리 죽는 것만 같지 못하다고 생각하는 자가 있으니, 그 심사가 심히 가엾고 애처로운 바가 없음은 아니나 그 약한 의지와 경솔한 행동은 깊이 책망하지 않을 수 없을지라. 이러한 때를 당하여는 백절불굴(百折不屈)의 뜻을 굳게 지켜 곤란을 배제하고 행운을 만회함을 힘써 도모할지니 정신(精神)을 하나로 모으면 어떤 일이든 이루지 못하리오. 허술하게 지은 집에 칩거(蟄居)하여 헛되이 스스로 비탄(悲嘆)하는 것은 할 일 있는 남자가 취하는 바가 아니니라 〈7~24쪽〉.

휘문의숙 편찬, 『고등소학독본』 권2, 광무10년(1906).

제11과 운동과 유희

무릇 사람이 신체가 건강하지 않으면 심지(心志: 마음에 품은 의지)가 반드시 굳세지 아니하고, 심지가 굳세지 않으면 능히 사업을 수립하지 못하므로, 체조라 하는 것은 청년 학생으로 하여금 신체를 굳세고 강하게 하며 뜻과 기백을 견고히 하여 다른 날 사업을 해나가게 함이니, 학생의 가장 필요함이나 체조는 단 신체를 굳세고 강하게 함에 그칠 뿐이오. 반드시 운동과 유희를 같이 행하지 아니하면 정신을 활발하게 하며 의지를 유동(流動)하게 함에 유감이 없지 않은 까닭에 유희와 운동은 체육의 없어서는 안 될 것이라 이르나니, 지금 세계 여러 나라에 학생을 교육하는 것이 체육을 지육, 덕육과 그 무거움을 비함은 이 까닭이라. 그러나 유희와 운동은 반드시 시간이 있으니, 식후나 배고플 때나 혹 두뇌를 지나치게 사용할 때에는 극렬한 운동을 행함이 옳지 않으니, 대개 신체의 피곤함에 따라 새 힘이 모아 생기지 못하면 혈관을 파열하며 근육을 손상케 하고, 뼈를 부러뜨리는 일이 적지 않으니 학생은 마땅히 이를 주의하여 서서히 혈맥을 유통하게 한 후에 극렬한 유희를 행할지니라〈20~21쪽〉.

대한국민교육회, 『초등소학』 권7, 융희원년(1907).

제3 신체의 건강

동물은 항상 정지함이 불가하고 적당히 운동함이 가하니 우리는 동물의 하나이니라. 여러분은 기계를 보라. 이제 하나의 기계를 오래 사용치 아니하면 녹이 생기어 폐기하기에 이르나니 사람의 신체도 이와 같아 운동치 아니하면 병이 생기느니라. 이런 까닭에 위생에 주의하는 자는 항상 그 몸을 건강케 기 위하여 매일 운동을 하나니 그 방법은 하나가 아니니라.

하루에 몇 번씩 산수간(山水間)에 놀러 다니고 혹은 격구(擊毬)를 하며 말을 달리고 자전거를 타며 씨름(角觝) 혹 사격(砲放) 연습과 병식(兵式) 체조를 행하느니라.

이는 다 신체의 기혈(氣血)을 건강케 하는 것이라. 그러나 강약을 물론하고 그 기력(氣力)에 지나치는 운동을 행하면 이익이 없을 뿐 아니라 도리어 큰 해(害)가 생기느니라.

사람이 신체가 건강치 못하면 아무리 사업을 하고자 하나 할 수 없느니라.

옛말에 이르되 건전한 정신은 건전한 신체에 있다 하니 사람은 건전한 정신이 있어야 사람의 본분을 능히 다할지니, 건전한 정신을 얻고자 할진대 먼저 건전한 신체를 양성함이 가하니라.

이런 까닭으로 오늘날에 문명한 나라는 모두 신체의 양육을 주의하나니 저 학교에 광대한 운동장을 만들고 학도로 하여금 체조 및 경주(競走)를 하게 함은 오직 그 신체를 건강케 하고자 함이니라〈3~4쪽〉.

정인호,『최신 초등소학』2, 보성사 인쇄, 1908.

<그림 11> 걸음

제3 걸음步

학도 아이들이 많이 모여서 걷는 법을 익힐 때 국기를 든 자도 있고, 나팔을 부는 자도 있는데 진퇴와 지속(遲速: 더디고 빠름)이 일제(一齊)하외다. 동자군도 한번 싸운다하니 참 용(勇)하다〈3~4쪽〉.

제8 학도의 담력

이때는 긴 장마 중이라. 큰 시냇물은 쾅쾅 내려가는데 소학교에 다니는 아이들이 저렇게 높은 외나무다리를 건너간다.

저 아이 세 사람은 운동 틀에서 운동하던 버릇으로 담력 있게 잘도 건너간다. 저것을 보니 운동을 많이 하면 담력이 큰 줄을 알겠다〈13~14쪽〉.

<그림 12>
담력. 높은 외나무다리를 건너는 아이들.

제12 줄다리기

학교에서 운동회를 하니 구경을 갑시다. 가서보니 동쪽 마을 학교 학도들은 운동복을 입고 왔는데, 서쪽 마을 학교 학도들은 의복도 추레(허술하여 보잘것없고 궁상스럽다)하였소. 동서쪽으로 갈라서서 각기 세 번씩 줄을 다렸소. 서쪽 마을 학도들은 찢어지기 쉬운 명주옷과 더러워지기 쉬운 흰옷을 입은 까닭에 몸을 아끼고 힘을 쓰지 못하다가 두 번을 졌소. 동쪽 마을 학도들은 운동가를 부르면서 '좋다좋다' 합니다〈21~23쪽〉.

운동가
어허 우리 대한제국

이천만의 남녀동포
일천만은 남자되고
일천만은 여자로다
우리학도 학문 싹은
국가동량 되리로다
종일토록 행락타가
개선가로 호환(好還)한다
만세 만세 만만세야
대한제국 만만세야〈23~25쪽〉.

〈그림 13〉 줄다리기

정인호, 『최신 초등소학』 3, 1908.

제6 운동

오늘은 학도가 운동하는 날인 고로 남녀 학도가 운동장에 구름과 같이 모여 들어섰소. 지금은 학도들이 높이뛰기와 멀리뛰기를 끝내고 깃발 경주를 하는데 교사는 깃발을 들고 서서 지휘를 하나이다. 학도들은 저기 꽂힌 저 깃발을 먼저 뽑으려고 빠르게 살같이 달아난다.

먼저 깃발 뽑기에 일등상을 받은 학도는 장막으로 나오는데, 풍악소리에 학도의 생기가 절로 나오.

여학도들은 벌써 운동을 마치고, 갖은 상을 타가지고 서서 애국가를 부르니 과연 대한국의 문명 기상이올시다〈10~12쪽〉.

운동가
대한제국의 부강하기는
우리학도가 담당합니다.
공부할 때에 공부 잘하고
운동할 때 운동 잘하세.
허다한 사업을 감당하려면
신체 강건이 제일 복이오
일당백 하는 경쟁심으로
태극기 아래 유쾌 운동을
천세만세야 우리학도지
대한제국이 만만세로다〈13~14쪽〉.

〈그림 14〉
〈그림 10〉과 모티프는 같지만
얼굴, 의복, 깃발, 배경 등이 다르다.

정인호, 『최신 초등소학』 4, 우문관 인쇄, 1908.

<그림 15> 체조

제3 학도의 체조

　어린 동자로서 학교에 입학하는 직업이 사람의 직업 중에 제일 큰 직업이올시다. 소학교에 직업을 이룬 후에야 천만가지 일을 차례로 할 터이올시다.

　학도의 몸을 건장케 하기 위하여 교사가 체조를 가르치나이다〈5~6쪽〉.

학부편찬, 『보통학교 학도용 국어독본』 권1, 1907년 발행, 1909년 4판.

<그림 16> 운동

제17과
나아가 운동하자.
너는 목마를 타라.
나는 그네 뛰마.
오너라 줄다리기 하자.
마주서서 공친다〈18~19쪽〉.

안종화 역술, 『초등 윤리학 교과서』, 광학서포, 1907년 발행, 1908년 재판.

제1장 수기(修己)

교제하는 도(道)를 다하고자 할진대 수기(修己)함을 반드시 먼저 할지라. 수기의 세 가지 요소가 있으니 강강(康强: 건강하고 굳셈)을 지키며, 도덕을 기르며 지능을 다함이 이것이라.

강강하되 도덕이 없으면 난폭하고 사납고, 강강하되 지능이 없으면 어리석고, 도덕과 지능이 있으되 강강하지 못하면 여의고 약하며 쓸모가 없어 하늘이 준 나이대로 다하지 못하느니라.

난폭하고 사나움과 어리석음도 불가하며 여의고 약함도 더욱 불가하니 건강하고 굳셈과 도덕과 지능의 세 가지를 갖추어야 완전한 인격을 비로소 얻을 수 있느니라.

제1절 보강강(保康强)

(1)은 청결을 귀히 여김이니, 인생의 없어서는 안 될 것은 음식과 거처와 의복이라. 음식으로써 기르며 거처로써 편안하며 의복으로써 지키는 것이 모두 생명을 위하는 바이라. 그러므로 세 가지를 더럽게 할 수 없으니 만일 더럽게 하면 삶을 지키지 못하고 생명을 도리어 해함이니 고로 음식의 단맛과 거처의 사치와 의복의 화려하고 아름다움을 반드시 구하기 불가하고 오직 마땅히 그 청결을 구할 따름이니라.

(2)는 제도를 지킴이니, 기거(起居: 먹고 자고하는 따위의 일상)에서 항상(恒常)이 있고, 음식에서 절제가 있음은 옛사람의 밝은 가르침이라.

항상이 없고, 절제가 없음은 가장 몸을 해롭게 함이니 불가불(不可不) 때를 정하며 양을 정하여 스스로 지킬지라. 늦게 자리에서 일어나는 것은 마땅하지 않아 어두워지면 쉬고 아침에 일어나되 8시로 셈하며, 많이 먹음은 마땅하지 않아 주림이 80%에 이르거든 먹고, 배부름이 70%에 이르거든 그치되 먹는 때를 정하여 그 때가 아니면 반드시 헛되이 먹지 말지니 이는 재물을 아낄 뿐 아니라 섭생(攝生)하는 길이라.

(3)은 기욕(嗜慾: 좋아하고 즐기려는 욕심)을 경계할지니, 공자 가라사대 기욕이 많으면 어찌 굳셈을 얻으리오 하시니, 기욕이 족히 몸과 마음에 누가 되거니와 담배와 술이 더욱 심하니, 유럽의 격물가(格物家: 사물의 이치를 깊이 파고들어 따지는 사람)에서 새로써 담배의 독을 시험하매 궐련 한 개비에 새 스무 마리를 죽이니 그 독을 가히 알 수 있소. 술을 많이 마시는 사람은 연약하고 성내기가 쉬우며, 또 여러 가지 병이 있나니 나이 어린 사람은 흡연하고 음주하면 그 자라는 신체 기능을 소모하고 갉아먹나니 마땅히 가장 경계하고 삼갈지니라.

(4)는 조련을 부지런히 함이니, 동서 각국의 사람은 모두 매일 조련에 종사하고 그 밖에도

격검(擊劍: 무기를 가진 적을 물리치거나 자기 몸을 보호하기 위하여 법도 있게 장검을 씀)과 치마(馳馬: 말을 타고 달림)와 축국(蹴踘: 축구)과 각저(角觝: 씨름)와 습사(習射: 활쏘기를 익힘)와 격창(擊槍: 창으로 찌르기)과 유영 경도(遊泳競渡: 수영 경기)의 각종을 연습하여 놀이 삼고 즐거움 삼는 고로 그 인종이 강하여 나라가 역시 강하거늘, 약소국의 소년들은 이들 체육을 알지 못하므로 눈이 흐리멍덩하여 졸린 듯하며 등이 구부정한 자가 어느 것이나 다 이것이라. 홍범 육극(洪範六極: 4서 3경 중 하나인 『서경』의 「홍범」편에서 말하는 여섯 가지 흉한 것)에서 그 하나가 약(弱)이라 하니 나라가 약하면 망하고, 사람이 약하면 죽음이라. 사람이 약하면 또 죽거든 나라가 장차 어찌 의지하리요. 청년 여러분들아 그 선(善)을 스스로 아끼고 사랑하소〈1~6쪽〉.

휘문의숙 편집부 편찬, 『중등 수신교과서』 권1, 휘문관, 1908.

제10과 운동

신체의 건강을 유지함은 음식을 정도에 맞게 함이 제일 필요하거니와 또 적절한 운동으로써 신체 각부를 발달케 함도 충분히 더욱 필요하니라.

학교에서 하는 여러 체조는 근육과 골격의 관계를 연구하여 규정한 것이므로 신체 발달상에 가장 효과가 있고 기타 각종의 유기(遊技)도 또 건강에 유익하니 항상 정도에 맞는 유기와 운동으로써 정신을 상쾌케 하며 기력을 왕성케 할지니라.

운동에 대하여 청년이 주의할 것은 첫 번째로 규칙을 어기지 말 것이니 매일 일정한 시간을 지켜 행함이 필요하니라.

평생에 앉아서 먹고, 움직이지 않는 자는 신체에 비상한 해를 기를지오. 또 혹시 때때로 급격 과도한 운동을 행함도 마침내 위험에 빠질지니 가히 깊이 경계할 바이어니와, 그 다음은 또 장시간의 운동에 빠져 심신을 피곤케 함도 역시 건강을 보전함에 심한 해로움이 도리어 있느니라.

운동의 종류가 각각 달라서 그 사람들이 즐겨 좋아함이 일정할 수 없으나 제일은 많은 사람이 협력하는 유희가 특히 취미와 보탬이 많으니라. 운동장은 학생의 원기를 기르는 곳이라. 비록 유희하는 때라도 나이 든 사람과 어린 사람이 서로 도와 다른 사람의 편익을 해치지 말며 예의를 반드시 지킬지니 그리하면 교실에서 배운 바 좋은 교훈을 운동장에서 볼 수 있을지니라〈10~11쪽〉.

휘문의숙 편집부 편찬, 『중등 수신교과서』 권3, 휘문관, 1908.

제6과 건강에 관한 본무(속)

건강을 보전하는 길은 적당히 신체를 보호함에 있으니, 음식의 욕심을 조절하며 청결을 지키며 욕망을 제한하여 체력의 소모를 방어하는 등이 그 주요 되는 것이라. 대개 음식 기타의 신체 욕구는 생리상 필요한 것이나 그 욕심을 방자하게 하면 반드시 신체의 기능을 해쳐 질병을 조성하나니 만약 불결한 의복, 주거 등이 신체에 유해함은 다시 말하지 않으려니와 혹 한때의 욕망을 따르며 업무의 흥미에 빠져 신체를 과도히 사용함도 또한 건강의 방해가 되므로 젊고 성했을 때에 과격한 일에 종사한 사람이 반드시 소약하고 늙는 것이 일찍 옴은 우리가 여러 차례 목격한 바니라.

우리는 신체를 보호하고 위생을 잘 지키는 동시에 신체를 단련할 일에 힘써야 하니 무릇 신체를 보호함도 그 정도에 지나치면 도리어 그 저항력을 잃어 혹 질병에 걸리기 쉽고 또 우리가 사람됨의 직분을 이행함에 당하여는 때로 자기의 신체를 돌아보지 못할 경우도 있는 지라. 고로 평소 건강에 해가 되지 않을만한 정도를 헤아려 단련의 공(功)을 쌓고 외계 변화에 저항하는 힘을 기를지니라〈8~9쪽〉.

휘문의숙 편집부 편찬, 『고등 소학수신서』, 휘문관, 1908.

제104과 운동

운동은 위생 상에 빠지지 못할 것이니 운동은 소화기능을 오로지 도우며 혈액의 순환을 잘 이끌고 또 심신(心神)을 상쾌케 하는 효력이 있으니 사람이 만약 편하게 지내어 운동이 조금도 없으면 마음과 몸이 불쾌하고 식욕이 갑자기 줄며 혈색이 스스로 쇠(衰)하고 원기가 잠소(潛銷: 가라앉고 쇠함)함에 스스로 이르는 고로 정신을 항상 힘쓰고 시간을 항상 아끼는 사람은 특히 운동을 게을리 하지 말지니라. 운동의 소비하는 시간은 잠깐 보면 혹 무익함과 같으나 면학하는 사람에게 필요함은 노동하는 사람의 휴게함과 같으니라.

운동의 본뜻은 사람의 근골을 활동하고 원기를 기르게 함에 있으나 그러나 그 한도를 초과하여 신체를 피로함은 가장 불가하니라〈76쪽〉.

현채, 『신찬초등소학』 2, 보성사 인쇄, 1909년 발행, 1913년 재판.

<그림 17> 담배

제11과 담배 먹는 아해(兒孩)

봉길이란 아이가 담배를 먹다가 연기가 목구멍에 들어가 기침하고 콧물 눈물이 나서 견딜 수 없는지라. 그 어머니가 보고 경계하여 가로대 담배란 것은 독이 있어 사람에게 해로우니 다시 먹지 말라하니, 봉길이가 그 후부터 영구히 먹지 아니하였소⟨11~12쪽⟩.

박정동 저, 『초등수신』, 동문사 발행, 융희3년(1909).

제18 운동

운동은 혈기를 유통하여 신체를 장건(壯健)하게 함에 제일 긴요한 일이다. 대저 사람의 한 몸은 이목구비와 팔다리, 백체(百體)의 각종 기계로 조직됨이니 기계는 자주 운전해야 병이 없다. 이런 까닭에 동서양 현철(賢哲)의 말이 하나의 입에서 나온 것과 같이 그 혈맥을 기른다 하니라⟨12~13쪽⟩.

노병희, 『녀자 소학 수신서』, 박문서관, 1909.

제2과 존절(撙節: 알맞게 절제함)

이 세상 물정(物情: 형편, 인심)대로 괴로운 것과 즐거운 것을 살필지니, 쌀 한 낟과 물 한 방울이 비록 적으나 마땅히 아껴 쓰고, 자고 깨는 것을 정한 시간대로 하라. 자고 먹는 것이 그 때를 어기면 일에 해가 많을뿐더러 위생에도 해가되느니라. 술과 담배는 맛도 보지 말라. 술과 담배를 즐기면 위생에 해로울뿐더러 형용이 추해지며 골이 상하고 어지러우며 정신이 덜리며 일에 해가 적지 않느니라. 골패(骨牌: 노름의 일종)나 투전(鬪牋: 노름의 일종)이나 장기나 바둑이나 무슨 노름이든지 배우지 말라. 남자도 부질없거든 하물며 여자리오⟨2~3쪽⟩.

제32과 운동

운동이라 하는 것은 몸을 놀리는 것이니, 사람이 만일 가만히 앉아있거나 누워있거나 하면, 마음과 몸이 쾌활하지 못하며 입맛이 없어지고 피가 쇠(衰)하고 기운이 없어 쉽게 죽나니, 정신을 많이 얻고 시간을 아끼는 사람은 특별히 운동을 게을리 하지 않나니, 운동에 허비하는 시간을 잠깐 보면 유익함이 없을 듯하나, 공부하는 학도에게 요긴함은 모군꾼(募軍軍: 공사판 따위에서 삯을 받고 품을 파는 사람)이 종일토록 일하다가 쉬는 것과 같으니라. 그런 즉 운동의 본뜻은 사람의 힘줄과 뼈를 활동하게 하고 기운을 기르게 함이니, 그러나 지나치게 하여 몸을 피곤하게 함은 결단코 옳지 않느니라〈49~50쪽〉.

<그림 18> 운동

2. 신문

「논설」, 『황성신문』, 1899년 6월 27일.

　무릇 양생(養生)이란 것은 인민의 질병과 고통을 없애게 하는 큰 길이니, 나라에서 당연히 행할 일이라. 이제 그 양생하는 규칙의 대개를 논하건대, 첫 번째는 지체(肢體)를 운동함이니 사람은 동물이라. 만일 그 몸을 게을리 가져 늘 운동하는 습성이 없으면 그 마음이 자연 게을러서 기혈(氣血)이 순환하는 법도를 잃고, 근육과 뼈가 연약한 지경에 이르러 질병이 날로 침공할지니 지체를 운동함은 각 그 한 몸을 기르는 길이오. 두 번째는 침식(寢食)과 의복을 신중히 선택함이니, 일찍 자고 늦게 잠과 일찍 일어나고 늦게 일어남이 모두 사람의 기력에 극히 해되는 것이오. 또 자리가 많이 따뜻하든지 많이 추움도 불리한 중에 협소한 방에 2,3인이 동침하는 것이 더욱 불리하니 사람이 토해내는 더러운 기운이 방안에 충만하여 깨끗한 공기가 혼잡하면 사람의 호흡을 막아 병을 만들기 쉽고, 식료(食料) 음료(飮料)로 삶아 익히는 법에 이르도록 그 적당함을 반드시 삼갈뿐더러 또한 가늘게 씹어 그 소화성을 적당하게 하면 일정한 시간으로 그 기한의 이르고 늦음을 어기지 말지오. 의복은 사계절의 춥고 더움이 다르니 가죽옷과 베옷을 교대로 입는 것이 자연스러운 상도(常道)이나 여름철이라도 홑옷을 입으면 사람 몸의 보생(保生)하는 열기가 발설되는 것이 아주 심하니 그 실상은 좋지 않다 하려니와 제일은 정결함은 취할지니, 만일 의복이 땀으로 더러우면 보기도 극히 추할뿐더러 그 울습(鬱濕)한 나쁜 기운으로 사람 몸에 큰 해가 있을 것이오. 세 번째는 집과 도로를 정결(精潔)히 할지니 대개 사람의 질병은 그 기혈(氣血)을 잃음에 따라 나오는 것이 많으나 또 더러운 기운을 접촉함에 따라 생긴 것도 적지 않고, 또 전염하는 병에 괴질과 돌림병은 오로지 더러운 물질의 독기로 비롯하나니, 고로 유럽 각국에 더러운 공기를 없애는 길은 집의 거처와 도로의 청소를 청결히 하여 인가에는 목욕실을 두고 자주 몸을 씻으며, 도로에는 양 옆에 나무를 빽빽이 심고, 길 위에는 더러운 물건 하나도 버리지 못할 뿐더러 도시에는 모든 집 변소는 땅속 숨은 터널로 수십리씩 통하여 바닷물 들고 나는 때에 세척하게 하고, 시골에는 변소 문을 밀폐하고 대소변을 큰 구덩이에 감춰 두어 그 기운이 새어나오지 못하게 하나니, 우리 대한에는 본래도 양생하는 방도에 전혀 어둡거니와 이제 큰 가뭄을 당하여 독기에 침해가 없지 않을 뿐더러 의복 음식 거처가 하나도 위생에 이름 붙일 것이 없고, 또 길가에 더러운 물질이 퇴적하여 썩은 냄새가 숨이 막히게 하는 중에 인가의 변소를 길가로 내어 똥오줌이 쌓인바 악취가 코를 찔러 오가는 사람이 그 공기를 모두 마시니 질병에 걸리기 아주 쉬울지라. 이제 제반 양생의 방도는 갑자기 행하기 어려우나 길 위에 버린 쓰레기와 변소의 출구는 금하지 않으려면 말 것이거니와 금하려면 어찌 그 방법이 없으리오. 근일에 한성 판윤과 경무사가 아침저녁으로 바뀌는데, 매양 신임하는 날에는 화려한 문자로 길거리 벽에 게시함이 길 닦고 변소 치우는 일이 아닌 것이 없는 제반 위생의 방법이로되, 실시함은 아직 보지 못하니 이는 일찍이 전 수령들이 도임 초이면 소 술 소나무 세 가지를 금하는 명령을 의례히 발령하나 필경은 그 실시함을 보지 못하나니, 이제 위생하는 직임을 맡은 관인들이 종이 한 장 쓸모없는 글로써 인민의 눈만 가리고자 하나, 인민 중에도 눈이 밝은 자는 종이 위 쓸모없는 글에 속지 않으리니 어찌 개탄하지 않으리오. 오직 원컨대 오늘을 당한 한성부 경무청 관인들은 문구(文具)를 다시 숭상치 말고 실사구시(實事求是)하여 변소 길과 길 위를 깨끗이 하여 인민의 위생을 극히 보전할지어다.

「논설-덕육과 지육과 체육 중에 체육이 최긴(最緊)함」, 『대한매일신보』, 1908년 2월 11일.

무릇 사람이 덕과 지혜와 신체 세 가지에 한 가지라도 버리면 사람이라 하기 어렵고, 나라가 그 한 가지라도 폐하면 나라이라 일컫기 어려운 고로 이것을 교육상에 세 가지 요긴한 것이라 이르는 바이라.

그런즉 이 세 가지 교육 중에 어느 것을 두고 어느 것을 버리며 어느 것을 중히 하고 어느 것을 경홀(輕忽)히 하리오만은 공자께서 말씀하신바 먹을 것을 넉넉히 함과 군사를 넉넉히 함과 믿음 세 가지가 있어서 나라가 성립될 터이나 부득이 하여 이 세 가지 중에 그 한 가지만 두려 하면 군사와 먹을 것을 버린다 하신 말씀과 같이 이 세 가지 교육 중에 만일 부득이한 일이 있을진대 차라리 덕과 지혜를 버리고 체육을 취할지로다.

대개 사람은 세계상에 제일 활동하는 물건으로 생존경쟁에 종사하는 자인즉 그 신체가 강장하여야 사업의 진취를 가히 도모할지로다. 대개 우리가 세상에 난 후에는 보고 듣는 것을 폐치 못할 것인즉 부득불 이목(耳目)이 총명함을 구할 것이오. 행하고 동(動)하는 것을 막을 수 없은즉 부득불 수족(手足)이 민활하기를 구할 것이거늘 어떤 사람은 덕과 지혜 두 가지 교육만 중히 여기고 신체 교육에는 범연히 보나니 이것이 크게 그릇 본 것이 아닌가. 신체의 힘이 잔피(孱疲)하면 덕과 지혜도 능히 진취하기를 바랄 수 없나니 생각하여 보라. 십년 병들어 누운 사람이 비록 다빈씨의 명철한 생각이 있을지라도 무슨 새 이치를 발명치 못할 것이오. 아리순토스씨의 도학을 품었을지라도 무슨 교육을 베풀기 어려울지니 인생의 제일 긴요한 것이 오직 이 신체 교육에 있거늘 가석(可惜)하다. 한국 사람을 보면 청년들도 혹 얼굴이 반쯤 누르고 파리하며 몸은 거반(居半) 잔약하여 닷새에 한 번씩 고통을 하여 적이 요부(饒富)한 집 자제들은 육미탕, 팔미환(八味丸)이며 이진탕(二陳湯)과 보중익기탕(補

中益氣湯) 등으로 신명을 부지하여 가니 체력이 이같은 국민이 되고야 무슨 도로 경쟁하는 마당에 참예(參預)하리오. 그런즉 이 병들고 잔약한 것은 근본 대한국 사람의 천질(天疾)인가. 그렇지 아니라. 이 나라 안에 어린 아이들을 보면 개개(個個) 민첩하여 외국 사람에게 뒤지지 않을 듯하다가 15,6세 되면 한번 퇴보가 되고 20세, 30세 되면 더 퇴보가 되어 거연(遽然)히 맹분(孟賁: 중국 춘추시대 위나라의 장사 이름)과 오확(烏獲: 중국 전국시대 진나라의 장사 이름)의 자품(資品)은 전연(全然)히 변하고 맹교와 가도 같이 칩고 파리한 병이 많으니 그 원인을 궁구하면 다 말할 수 없으나 가장 큰 원인은 자래(自來) 한국에서 체육을 경홀히 여긴 연고이라. 학자 사회에서는 그 몸을 책상 밑에 속박하고 하등 사회에서는 일체 위생을 알지 못하며 또 일반 여자들은 안방에 깊이 가두어 한 걸음도 문 밖에 자유로 나가지 못하니 이러하고 체력의 강장함을 구하면 이는 뒷걸음 하면서 앞으로 나아가려 함과 다름이 없도다.

　오호라 유럽 바람과 일본 비가 머리를 치는 이 시대를 당하여 오히려 편히 앉아서 통하지 않고 스스로 하는 말이 선왕(先王)의 옷을 입고 선왕의 행실을 행한다 하여 산음 도사가 만들어낸 망건으로 머리를 동이고 넓은 옷 긴 소매에 늘어진 걸음으로 거만함을 부리는 저 사람들이여. 문밖에 도적이 와서 엿보니 조상의 전래하던 청전 구물(舊物)을 무슨 계책으로 보전하려는가.

　목하에 이천만 중 한국 사람이 돌연히 한번 뛰어 개개히 문명한 나라에 건강한 민족으로 변하기는 이치 밖이라 바랄 수가 없거니와 우선 위생하는 신체교육에 관계되는 서책이나 몇 권씩 사두고 조석으로 보고 읽었으면.

「시사평론」, 『대한매일신보』, 1909년 7월 24일.

　소년남자가
　(일) 무쇠골격 돌 근육 소년 남자야 / 애국의 정신을 분발하여라 / 다다랐네 다다랐네 우리나라의 소년의 활동시대 다다랐네 (후렴) 만인 대적 연습하여 후일전공 세우세 절세영웅 대사업이 우리 목적 아닌가.
　(이) 신체를 발육하는 동시에 / 경쟁심 주의력 양성하려고 / 공기 좋고 구역 넓은 연기장으로 활발발 나는 듯이 나아가네.
　(삼) 충렬사의 운 피 순환 잘되고 / 독립군의 팔다리 민활하도다 / 벽력(霹靂)과 부월(斧鉞) 당전하여도 우리는 조금도 두려움없네.
　(사) 돌리고 빼어 쥐는 백륜 적기는 / 신속함이 흑운심처 번갯불 같고 / 보내고 받아 차는

수구축국은 분함이 백일청천 소낙비로다.
  (오) 해전과 육전의 모든 유희를 / 차례로 흥미 있게 승부 결하니 / 개선문 뚜렷이 얼리는 곳에 승전고 울려라 둥둥둥
  한인야구단 용창가

3. 잡지

회원 유동작(柳東作), 「학교위생의 필요」, 『서우』 제1호, 1906년 12월.

아동 신체 발육의 최대 요소는 말이 필요 없이 알 바는 곧 음식물이 이것이라. 대개 음식물에는 분량과 성질의 정의가 필요하니 어른이 굶주리지 않고, 쇠퇴하지 않으며 건강을 유지함에는 적당한 먹을거리를 상당하게 채용(採用)함과 같이 발육이 빠른 소아에게도 한층 이 일이 필요한지라. 이 둘의 요건이 적당하면 음식물은 근육, 골격, 혈액 등으로 변하여 신체 성분을 구성하여 소아의 성장을 빠른 힘으로 영양하는지라.

그러나 인생이 단지 음식물 만에 의하여 생활을 알 수 있는 것이 아니오. 이 세상에 생존하여 건강을 유지함에는 다른 3요소가 필요함이라. 이 요소는〈24쪽〉여러 생활물의 생존 및 발육에도 불가결할 것이니 공기, 광선, 온도가 이것이라.

이 3요소의 효력이 없어지면 인체에 일어나는 영향이 적지 않으니 이제 간단한 일례를 들자면 식물(植物)이 햇빛을 받지 않는 곳에 충분히 발육을 할 수 없고, 몹시 추운 겨울철에 발육을 정지하거나 혹은 시들어 죽으며, 등잔불도 불량한 공기 속에서 사그라들지 않을 수 없으니 이 이치로써 생각해보면 낮고 습하며 불결하여 광선이 충분하지 못한 곳에 주거하는 빈민 아동의 사망수가 부자의 아동보다 많음은 누구라도 쉽게 상상하여 알만한 것이며 또 빈자의 자녀가 동상에 많이 걸림도 그 부모가 충분한 덮을 거리를 제공하지 못하여 말미암은 것이라.

아동이 학교에 머무르는 것은 하루 중 몇 푼에 불과한 대여섯 시간이라. 이를 단시간이라 하여 위생을 무시하는 영향(경향의 오기로 보임)이 없지 않으며, 혹은 없는 것으로 생각하는 사람도 있으니 이는 큰 오류라. 학교가 늘 위에서 언급한 3요소에 주의하여 그 균형을 적절하게 하면 저습 불결한 가옥에 거주하여 늘 그 해를 받는 소아의 선량한 간호인이 될 것이며 또 3요소의 부적당함으로 인해 손해 받은 것을 교정함이 될지라. 그러므로 앞서 제기할 문제는, 학교는 교실 내의 공기, 광선 및 온도의 여하에 주의할지라〈25쪽〉.

유근(柳瑾) 역술(譯述), 「교육학원리(속: 續)」, 『대한자강회월보』 제9호, 1907년 3월.

(1) 사람 몸과 다른 동물의 비교

○사람 몸과 다른 동물의 비교는 그 가장 다른 것이 셋 있으니 제1은 사람 몸이 몇 년 육양(育養)을 기다릴지오. 제2는 사람 몸의 구조가 더욱 세밀 치밀하여 최고등의 유기체가 됨이오. 제3은 사람 몸의 발달과 지식의 발달이 동시에 함께 진전된 것이 이것이라.

제1은 사람 몸이 몇 년 육양을 기다림은, 세상에 태어날 때로부터 3,4세에 이르러 음식과 기거를 부모로부터 떨어질 수 없으니 다른 동물이 나면서 스스로 생활(많으면 불과 반년)하는 것과 같지 않은지라. 그러므로 가정교육은 결코 적게 할 수 없을 것이오. 학교에 들어간 후에는 비록 성장한 아동이긴 하나 오히려 체간(體幹-몸의 중축을 이루는 부분)이 발달하지 못할지니 따라서 체육에 주의함이 마땅하니라.

제2는 사람 몸의 구조가 더욱 세밀 치밀하니, 그중 가장 주요한 부분이 만일 파괴되면 생명을 잃게 될지오. 특히 이뿐 아니라 또 일부에 병이 있으면 전체가 연약하나니, 하등 동물에 이르러는 그렇지 않아 근골(筋骨)이 이미 끊어져도 오히려 능히 날고 꿈틀거려 생활을 자영하고 또 조금 고등한 것이라도 또한 사람이 통증을 느껴 전체가 깜짝 놀라는 것과 같지 않으니 이런 까닭에 사람 몸의 건강 여부는 다 체육으로 추뉴(樞紐-중심과 관건)을 삼을지니 체육이 어찌 급하지 아니하리오.

제3은 사람 몸의 구조는 이미 다른 동물에 비교하여 세밀 치밀함이 된지라. 그중에 가장 세밀 치밀한 것은 뇌만큼 같지 않으니, 뇌의 발달은 항상 지식의 발달과 더불어 동시 병진하나니 이 또한 사람 몸이 다른 동물과 같지 않음이 있는 것이라. 다른 동물의 뇌는 이미 사람의 정밀함만큼 같지 않으며 또 사람의 진화함만큼 같지 않아 그 체간의 교육이 지식과 더불어 관계가 조금도 없되 사람은 이와 달라 체육이 더욱 좋으면 뇌력이 더욱 커서〈18쪽〉 마치 초목의 본체와 더불어 꽃과 같으니 만약 그 근본을 기르지 않아 풍상(風霜)과 우로(雨露)로 인해 나부껴 흩날리게 되면 비록 아주 기이하고 예쁜 꽃의 바탕이 있을지라도 사람으로 하여금 웃게 하는 예쁜 자태가 마침내 없게 됨은 또한 반드시 있게 되는 기세이니라.

사람 몸과 다른 동물의 비교가 이렇게 세 가지 다름이 있으니 이는 육화(育化)를 하루도 소홀할 수 없는 까닭이건마는 특히 그 생리의 작용이 과연 어떤 상태임을 알지 못하는도다 (이하 다음호)〈19쪽〉.

유근(柳瑾) 역술(譯述), 「교육학원리」, 『대한자강회월보』 제10호, 1907년 4월.

육화편(속)

(2) 생리작용의 통례

○ 사람의 생리작용은 3계통으로 나눌 수 있으니, 하나는 장양계통이라. 신진대사가 자연 유행하여 신체를 장양하는 것이니 호흡 소화, 혈액 순환, 배설이 이것이오. 둘은 운동 및 지각계통이라. 즉 후세에 종족을 전하는 조직이니, 색욕(色慾)이 이것이라. 이는 생리작용의 통례이니 이제 교육상에 마땅히 주의할 사정 및 방법을 특히 열거함이 아래와 같으니

(1) 유희, 체조, 수공(手工)으로써 장양계통과 운동계통을 활발케 하여 강건 발달하여 정신을 진작케 함에 힘쓰는 것이오.

(2) 학교위생으로써 지각계통의 뇌력을 발달하되, 그 지덕(智德) 진보에 유해한 것을 곧 제거하야 깨끗하게 할지오.

(3) 교육적 병리학과 정욕적 교육학으로써 생식계통의 일종의 불온한 감정을 억제하되, 그 오래 묵은 병이 있는 자를 치료할지니라.

3. 유희, 체조, 수공의 가치

사람의 체간이 때때로 운동하지 않으면 충분하게 발육할〈13쪽〉 수 없으니 운동의 방법은 비록 유희를 으뜸으로 하나, 유희는 겨우 아동에게 하게 하여 교육을 즐겁게 함이니 만약 신체조직의 이치에 비추어 심성 훈련의 목적을 달성하고자 하면 체조는 오히려 그만 둘지니라.

유희의 본뜻은 처음에 오직 그 자연의 운동을 맡김이니, 생리상으로 보면 내부 생리의 세력이 가히 외부에 팽창하고, 심리상으로 보면 아동 기호의 취향이 가히 외부에 흘러 드러날지라. 그러므로 유희의 교육에 마땅히 유의할 바는 제1은 모험과 두려워하지 않음이오. 제2는 그 전체의 운동을 이끔이오. 제3은 간섭 혹은 꺾일 수 없음이오. 제4는 그 개성(즉 개인의 성)과 기호의 취향을 살펴 좋으면 조장하고 나쁘면 지도하여 길을 고치게 함이라.

체조는 곧 유희의 뜻으로 일정한 정식(程式: 법식)을 삼음은 그 체간을 건장케 하며, 질서를 중히 하며, 명령을 따라 그 굳게 견딤과 엄숙한 성질을 배양케 하는 까닭이라. 체조의 목적이 이와 같으니 그 어렵고 쉬움이 반드시 연령과 더불어 비례됨을 또한 알 수 있을지니라.

수공은 그 목적이 유희만큼 같지 않으니, 체조는 체간을 발달하는 데 손과 눈을 단련하며 수학사상을 가르쳐 이끌어줌으로써 실용 여지를 삼음이라. 그러므로 또한 체육의 일부가 되느니 반드시 학교 과정 중에 편입할지니라〈14쪽〉.

4. 학교위생

학교위생은 유희, 체조, 수공의 체간을 강장케 하는 것과 그 뜻이 조금 다르니, 대개 오로지 학교의 위치가 적당함으로 그 강건을 보전하는 것은, 교지의 선택과 교사 강당의 구조와 채광법과 공기 찾는 법과 책상, 의자, 서적, 흑판의 적당 여부와 학교 의무실의 설치와 같음이 이것이라.

교지는 사방이 한가하고 우아하여, 북적북적 복잡하고 시끄러운 모습이 없으며 지질이 건조하고 샘물이 순결하고 공기 청정한 것을 택할지오. 교사와 강당은 그 방향과 형상과 폭 등이 모두 생도의 건강을 보전케 세울 것이오. 채광법은 광면(광선의 오기로 보임)을 쏘아 넣는 원리에 따라 근시안의 걱정이 없게 할지오. 채기법은 늘 탄산을 밖에 방출하고 새로운 공기를 거둬들이게 할지오. 책상과 의자는 반드시 생도의 연령과 몸집에 딱 맞게 할지오. 서적은 종이 질이 좋고 글자 모양이 큰 것으로써 가장 좋은 것을 삼을지오. 흑판은 검은 옻으로 칠하여 그 글자가 밝고 커서 생도로 하여금 한눈에 요연케 할지오. 학교 의무실은 때때로 생도의 기운과 몸을 검사하여 학교의 병이 근시안과 곱사등이 등을 예방할지니라.

이외는 학교 주위에 수목을 심어서 그 청결함을 보전케 하고, 미려한 화원을 설치하여 한편으로는 학교를 꾸미며 또 한편으로는 생도의 꽃을 감상하는 흥미를 일으키게 하고, 또 완전한 유희장을 설치하여 생도의 운동을 이끌고, 혹 아동의 몸과 마음이 발육할 정도를 보아 과목을 증감함이 또한 학교위생의 일이니라〈15쪽〉.

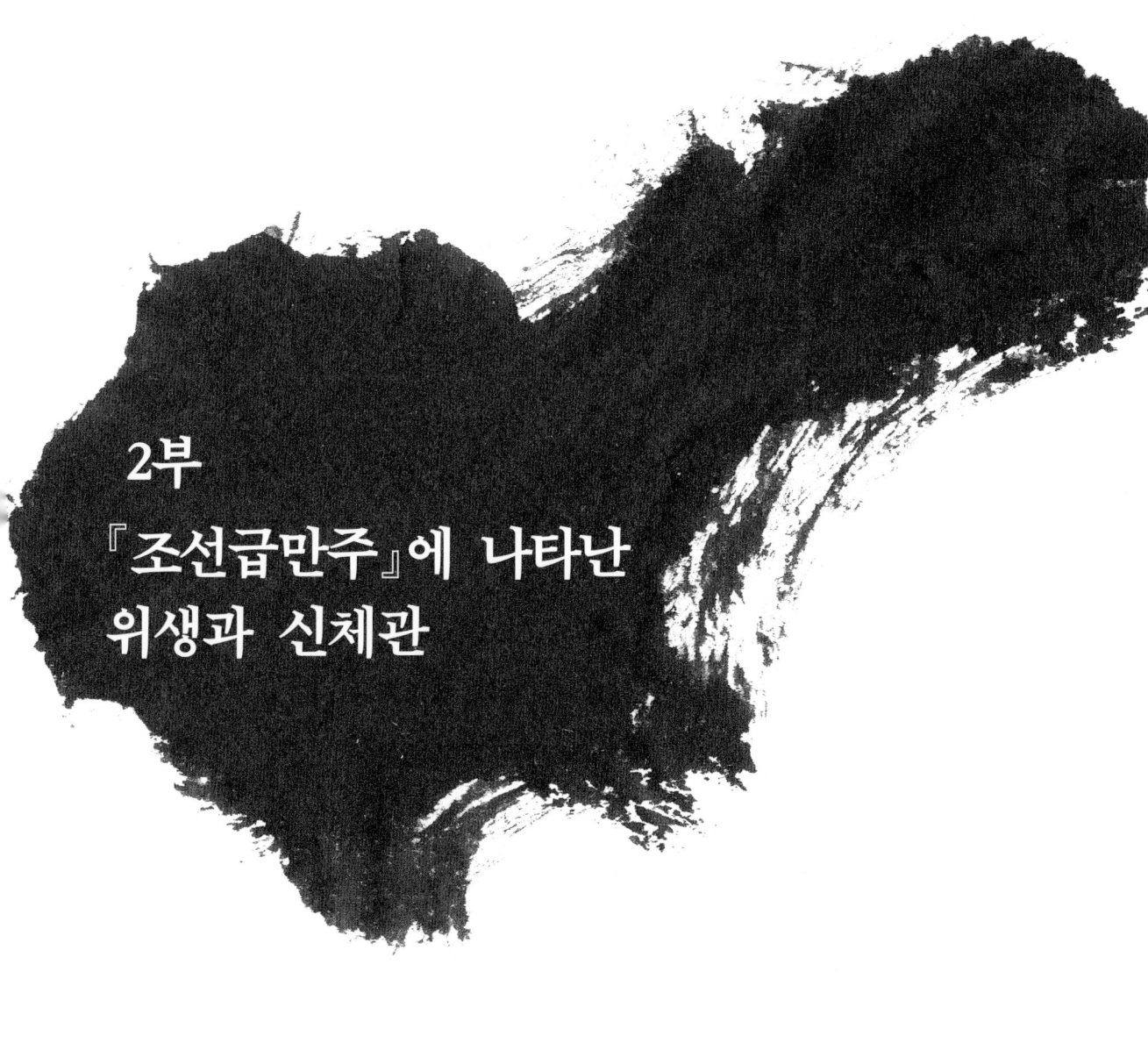

2부
『조선급만주』에 나타난 위생과 신체관

모의관담(某醫官談), 「대한의원, 조선 의술의 개척」, 『조선』(제26호), 1910년 4월.

원래 조선의 의약법도 과거의 일본과 같이 첫째로 한법(漢法)에 기초를 둔 초근목피(草根木皮)를 사용하고 있다. 또한, 조선인의 위생 사상은 거의 전무라고 해도 결코 과장이라 할 수 없다. 지금은 마두산(馬頭山)에 그나마 설비가 완성되어 커다란 대한병원이 있다. 이것에 의해 조선인은 처음으로 신진 의료의 혜택을 받았을 뿐만 아니라, 한편으로는 부속학교에서 한인 의사의 양성이 날로 늘어가고 있다. 이처럼 조선 의료계는 일본인의 손으로 개척의 추세를 보이고 있으며, 새로운 광명을 인정받고 있다.

……(중략)……

대한정책(對韓政策)과 의술

요컨대 지금보다 45년 전에 조선 의료계의 개척은 위와 같이 인고(因苦)와 분투(奮鬪)의 역사이다. 그리고 지금은 겨우 개척의 한걸음을 끝냈다고 할 수 있다. 현재에 이르러 우리의 생각은 교통(交通), 교육, 그리고 식산공업(殖産工業)도 조선의 지도(朝鮮指導)를 위해서 필요하다. 그러나 의술을 보급하여 인생 최고의 고통에 해당하는 병고를 쉽게 구제해 주는 것도 또한 대한정책상(對韓政策上) 소홀히 할 수 없는 문제이다. 대한의원을 시작으로 그 분야의 당국자, 그 밖에 일반 의사면허소지자, 당사자가 고심한 당초의 개척 정신을 명심하고 일본 의술의 보급 목적을 몰각(沒却)하지 말라. 더욱이 월급도둑, 병든 범죄자 수용소라는 비난을 받지 않도록 주의해야 한다〈53~55쪽〉.

야마네 마사쓰구(山根正次: 통감부 위생고문)의 담화, 「학교 위생에 대하여」, 『조선』(제29호), 1910년 7월.

거안단구(巨顔短軀)하신 야마네 마사쓰구씨가 경성 교육계가 개최한 강연의 단상에서 학교 위생에 관하여 설명하였기에 그 개요를 다음에 기술한다.

……(중략)……

위생 방면은 설비도 불완전하며, 단속(取締)도 제대로 되지 않아서, 아주 불안한 점이 많이 있다. 특히 학교 위생에 대해서는 무엇보다 불완전한 점이 많이 눈에 띈다. 지금 그런 산적한 문제점을 기술하면 다음과 같다.

1. 운동장 설비의 불완전

……(중략)……

조선 각지의 일본 소학교에서는 운동장이 우천에 대한 설비도 없고, 몹시 더운 날을 대비한 설비도 없다. 먼저 우천이 되었든 무더위가 되었든 설비 정도는 해놓았으면 한다.

  2. 전염병의 예방법에 대한 주의가 부족하다.

  학교에서 제일 두려워해야 하는 것은 전염병의 전파이다. 조선과 같이 전염병이 많은 곳에서는 무엇보다 이 점을 주의해야 하고 그에 상당한 준비를 해야 한다. 특히 트라코마(눈병)는 소학교 아동에게 가장 발생하기 쉽고 전염성이 높은 병이기 때문에 이에 대해서는 충분히 주의하길 바란다〈49~50쪽〉.

일개 기자, 「대한의원의 간호사(看護婦)」, 『조선』(제29호), 1910년 7월.

  간호사의 친절과 불친절이란 증상의 경과에 큰 영향을 미친다.

  육체에 병환이 있다면, 심신은 자연스럽게 비수우민(悲愁憂悶)의 깊은 곳으로 빠져드는 것은 누구나가 그러할 것이다. 의사의 수술과 투약은 병든 부위를 완치하기 위한 것이기 때문에 무엇보다 중요한 환자의 정신 상태는 오로지 간호 임무를 담당한 간호사의 간호가 아니고서는 이루어질 수 없다.

  ……(중략)……

  아래에 대한의원의 간호사의 생활 상태를 기술하도록 하겠다.

  간호사의 계급과 종류

  궁궐에 학이 춤추는 것을 한눈에 볼 수 있는 마두산에 우뚝 솟아 있는 광대한 벽돌의 건물은 말할 것도 없이 잘 알려진 대한병원. 이 벽돌 건물 속에는 밤낮없이 상처난 사람, 병든 사람의 검푸른 얼굴, 고통스러운 신음을 스스로 천직으로 여기고 정성을 다해 수고하고 있는 묘령의 부인이 약 60여 명 정도 있다.

  병동은 총 몇 개가 있는가?

  ……

  간호부 월급 조사

  ……

  간호부 기숙사에 대하여

  ……

  근무시간과 담당

......

외출은 일출에서 일몰까지

......

기숙사의 오락

......

다양한 '꽃들'의 경치

......

무엇이 제일 힘든가라고 하면

……〈87~90쪽〉.

「여름 질병과 경성의 의료계(醫門)」, 『조선』(제42호), 1911년 8월.

일 년 가운데 여름은 각종 질병이 가장 발생하기 쉬운 시기이다. 염제위(炎帝威)가 왕성하게 되면, 병마는 이것을 틈타 함부로 날 뛴다(跳梁). 편지에서도 자주 사용되는 "기체후 일향 만강하시옵고(御自愛專一に奉祈候)"는 이 시기에 매우 통렬하게 느낄 수 있으며, 음식물을 조심하고, 위생을 중시하라고 말할 때 자신의 몸이 소중한 자는 일부러 건강에 주의하지 않을 까닭이 없다.

……(중략)……

앞서 말한 대한의원. 즉, 지금의 총독부 의원은 설비는 도쿄의 큰 병원에 비해 손색이 없을 정도로 정돈되어 있고, 의사도 정선(精選)되어 있으니 뭐니 뭐니 해도 조선 제일이다. 하지만, 관립(官立)의 폐해로서 의원이 공부하지 않는 것은 애석한 일이다. 후지타(藤田)원장 모리야스(森安) 박사의 부하에 대한 독려를 기대한다〈88쪽〉.

모리야스 렌키치(森安連吉: 의학박사), 「건강과 질병」, 『조선』(제44호), 1911년 10월.

건강이란 무엇인가를 말하자면. 모든 조직과 장기가 일치 조화하고, 천적에게 그 기능을 완전하게 발휘하며 조절하는 것이다. 일단 이들 장기의 지속성에 장해를 일으키고, 기능 변조를 불러오게 된다면, 스스로 인체의 위화를 발생시켜 종래에는 질병을 구성하기에 이른다. 하지만 일시적인 장애라면 바로 균형을 잡아서 회복하겠지만 더욱이 생리적 범위를 벗어나지 않는 정도는 일반적으로 질병이라고 칭할 정도는 아니다〈15쪽〉.

가와노 마모루(河野衛: 의학사), 「소아의 위생- 겨울철 위생을 중심으로」, 『조선급만주』(제47호), 1912년 1월.

초여름부터 초가을에 걸쳐 소아의 질병으로 가장 많은 것은 먼저 소화기 - 위장병입니다. 따라서 이러한 소화기 질병이 원인으로 생명을 잃는 아이도 상당히 많습니다. 그래서 가을부터 겨울, 초봄까지 소아가 가장 많이 걸리는 병을 살펴보면 호흡기 - 코, 인후, 후두, 기관지 및 폐병입니다. 그렇게 폐렴이 걸리게 되면 그것이 원인으로 종종 생명을 잃게 되는 경우가 적지 않습니다. 그리고 이 호흡기병은 기후나 계절이 변화하는 시기에 많이 나타나기 때문에 건조한 공기 혹은 진애(塵埃)가 많은 공기 또는 갑자기 강한 바람, 한난(寒暖)이 변화하는 시기에 호흡기도(呼吸気道)의 변화나 자극을 받을 경우 생기는 것이 많습니다. 본디 개인의 소질(素質)이라고 하기도 하며, 호흡기의 움직임이 특별히 약해서 쉽게 질병에 걸리는 소아도 있습니다. 혹은 신체의 영양이 좋지 않아서 피부의 색이 창백하고, 여위어서 약한 신체의 소아는 폐렴 등에 걸리면 종종 생명을 잃게 되는 경우가 많습니다〈38쪽〉.

모리야스(森安: 박사, 총독부의원 부원장), 「위생 잡화(계속)」, 『조선급만주』(제52호), 1912년 6월.

수도(水道)의 완비 여부는 공중 위생상 전염병 등의 발생 또는 만연과 매우 직접적인 관계성을 가지고 있다는 점은 누구라도 수긍할 수 있을 것이다.

그렇지만 다른 방면에서 생각해보면 단순히 수도만 완성된다고 해서 위생상 결코 만족할 수 있는 것은 아니다. 수도와 함께 떼려야 뗄 수 없는 하수 배출법이 적절하게 시행되지 않는다면 위생 설비의 완성(完全)이라 할 수 없다. 이는 흡사 적에게 대비하기 위해 오로지 한쪽에만 힘을 집중하여 멋대로 방어를 엄중히 한 후 반대로 다른 방면에서는 털끝만큼도 주의하지 않는 것과 같다.

자유롭게 개방해두고 태연하게 되돌아보지 않는다면 어떻게 선택할 수 있을까? 적은 결코 항상 전방에서 오는 것이 아니다. 무엇이 약점인지 알게 된다면 권토중래의 자세로 곳곳에서 습격하고, 마음대로 파괴를 꾀하며, 참상이 일어나면 모처럼의 방어도 헛수고가 된다. 폭넓게 사고하면 수도가 필요한 만큼, 하수도의 필요성 역시 우리가 떠들 필요가 없다〈44쪽〉.

모리야스(森安: 박사), 「위생 잡화(계속)」, 『조선급만주』(제52호), 1912년 6월.

나는 전에 상수도만큼 하수도가 사람의 건강을 유지하는 데서 얼마나 필요한 일인지 기술하였다. 조금 덧붙여 이야기 하고 싶은 것은 음식물에 관한 부분이다. 공중위생상 음식물의 단속을 느슨하게 하고, 개인위생에서 주의를 게을리 하면 직접 또는 간접적으로 사람의 건강을 해치고, 생명을 위험에 빠뜨릴 수 있다. 이보다 더 중요한 것은 없다. 이 의미가 어떤 뜻인가 하면, 우리가 오늘날 급성 전염병이라 부르는 것 중 콜레라(虎列拉), 장티푸스, 파라티푸스, 적리 등과 같이 때때로 대유행을 초래하고, 창궐하는 것 중에서 많은 수는 음식물이 그 매개가 된다. 왜냐하면, 먼저 병독 침투의 첫 시작은 소화기 계통이며, 구강은 그 출입문이 되기 때문이다〈33쪽〉.

후지타 쓰구아키라(藤田嗣章: 총독부 의원장), 「조선의 위생기관」, 『조선급만주』(제53호), 1912년 6월.

식민지에서 필수 불가결한 것이 많은데 그 가운데에서도 특히 필요한 것이 의료기관과 제자교육 기관일 것이다. 세계에서 식민으로 가장 성공한 사람인 영국인은 동양에서 영사(領事)와 23개의 가족 집단이 있는 곳에는 반드시 1명의 의사와 1명의 목사를 항상 그 안에 포함한다. 육신과 정신(心)를 보호하는 기관을 완비하여 그 모범으로 삼고, 그 밖에 규모가 큰 집단이 있는 식민지에서는 완비된 병원과 커다란 교회당, 완비된 교육기관은 그 지역의 미관을 장식하게 되고, 모두가 볼 수 있는 장소에 두었다.

만리이경(萬里異境)의 땅으로 향하여, 유유화락(悠悠和樂)하는 사이에 새로운 삶(生涯)을 시작하려는 사람을 위해 몸이 병들고 신앙에 굶주리는 일이 있어서는 그 목적을 달성하기 어렵다는 것은 누구라도 수긍할 수 있을 것이다.

총독 정치를 시작하면서 중앙의원으로서 총감부 시대부터 경영한 대한의원을 총독부의원으로서 경성에 두며, 지방의원으로서 조선 13도에 자혜의원을 설치하기에 앞서 의료기관의 단초를 제공할 것이다〈21쪽〉.

나카노 아리미쓰(中野有光: 경무총감부 위생과장), 「조선의 전염병 구분(一斑)」, 『조선급만주』(제60호), 1912년 10월.

최근 조선의 콜레라로 인한 내습은 1881년(明治14), 1909년(明治42), 1910년(明治43)과 올해에 일어났으며, 1908년(明治41)과 작년에 운 좋게 1명의 환자가 발생하였다. 그 가운데에서도 가장 유행이 극심한 시기는 1909년으로 경성에서 하루에 105명의 환자가 발생하였으며, 더욱이 사체 검안 결과 발견된 것도 비교적 다수를 차지하고 있는 점은 얼마나 그 참상이 극심하였는지를 상상할 수 있다.

1910년에는 최초 황해도 방면의 몽금포에서 발생하여 점차 해안선을 따라서 송화군(松禾郡) 풍천(豊川)부터 진남포(鎭南浦) 방향으로 전염되었으며, 마지막으로 대동강에 이르러서 그 좌우 연안과 지류의 연안 일대에서 유행하였다.

당국은 콜레라의 박멸에 큰 노력을 하였기 때문에 유행 구역은 확대되지 않고 끝났다. 단지, 한 명이 평양에서 경성 남부까지 와서 발병하여 사망하였는데 이것도 전혀 전염되지 않고 종료되었다.

올해 들어 초여름에 이미 대만에서 진성 콜레라가 발생하였고 그 비말(飛沫)은 류큐(오키나와)로 건너가게 되었다. 병세는 간단하지 않다. 조선에서는 이를 사전에 준비한 바 있다. 항시 그 성쇠를 관망하고 있는데 다행히 심각한 사태에 이르지 않았다.

동시에 상하이에 비슷한 콜레라가 발생하여 매일 약 20명씩 발병 환자를 탐지되어 곧바로 경계 태세를 엄중히 하였고, 상하이 방면을 경유하는 선박에 대해서는 검역을 권장하고 예방에 노력하였다. 또한 같은 계통을 가진 콜레라는 나가사키(長崎), 다롄(大連), 모지(門司), 와카마쓰(若松), 미이케(三池) 등에 발생하여, 모두 진성이라 판정되었다. 이러한 상황에서 조선은 가장 위험한 상태로 변화하였으며, 언제 내습을 당할지 가늠할 수 없게 되었다.

각지의 검역은 한층 더 권장되었고, 더욱이 부산, 인천 등에서는 유독 지역 경유의 여행객, 선원에 대해서는 대변 검사를 실시하였다. 그 밖에 모든 예방 방법을 강구하고 절대 방지를 기하였다. 9월 10일 황해도에 콜레라 발생의 보고가 있었으며, 총감부에서는 다카하시(高橋) 군의정(軍医正), 가와모토(河本) 경부(警部)와 순사를 파견하여 모든 방역 방안을 강구하였다. 또한 병원균(病源) 검색에 종사하여 유사 콜레라로 판정하였다. 계통은 현재 조사 중이지만 와카마츠에 관계가 있는 것으로 보인다. 다만 병세는 매우 완만하여 초기 발병 이후 15명에게 발병하였는데 앞으로 발생 환자는 많지 않을 것으로 파악되었다〈16~17쪽〉.

야부생(やぶ生), 「경성의사 순회 기록(1)」, 『조선급만주』(제72호), 1913년 7월.

경성의 일본인 의료 기관은 40여 곳이 있다. 수적으로 부족함은 없다. 그러나 열악한 상황에서 개업한 것이 많아서 기량은 둘째 치고 의료 기관으로서 설비가 정돈된 곳은 얼마 되지 않는다. 무슨 무슨 병원이라고 큰 간판을 달고, 모두 다 원장이라고 하지만 의사 한 명의 원장인 곳이 많다. 경성에서는 뭐니 뭐니 해도 총독부 의원이다. 창립 비용에 백만 원 가깝게 투자하였으며, 연간 20만 원 이내의 보조금을 받는 관영 병원이기 때문에 일본 내지에서도 보기 드문 대규모의 설비를 갖추고 있다. 그러나 이에 대해서는 별도로 다루기로 하고 여기에서는 이른바 독립 자영업의 마을 의사만을 소개하기로 한다. 병이 많은 여름철이기 때문에 의사의 소개도 쓸모가 없지는 않을 것이다〈77~81쪽〉.

鈴木外科医院 스즈키 외과의원	旭町2丁目 아사히마치 2가
安東病院 안동병원	旭町1丁目 아사히마치 1가
佐藤花柳病医院 사도화류병의원	本町1丁目裏 혼마치 1가 뒤
中村耳鼻咽喉科病院 나카무라 이비인후과병원	本町1丁目支那領事館前 혼마치 1가 지나영사관 앞
和田外科医院 와다 외과의원	本町1丁目浦 혼마치 1가 뒤
飯塚歯科医院 이이즈카 치과병원	前同町 위의 마을과 동일함(혼마치)
石川医院 이시카와 의원	本町1丁目 혼마치 1가
十全病院 주젠 병원	旭町3丁目 아사히마치 3가
賛化 病院 산카 병원	本町4丁目 혼마치 4가
池田病院 이케다 병원	旭町4丁目 아사히마치 4가

일 기자(—記者), 「총독부 의원 순방」, 『조선급만주』(제73호), 1913년 8월.

지난 달 하순 비가 내릴 듯 말 듯 한 아침에 한적한 전철을 타고 총독부 의원인 후지타 군의총감을 방문하였다. 총독부 의원의 연혁에서 현황까지의 개요를 들은 후 다음으로 하세가와 용도과(用度課) 주사에게 부탁하여 병원을 한 바퀴 순회하였다. 번잡함을 피하고자 제목을 항목으로 만들어 순서대로 소개하도록 하겠다.

총독부 병원의 연혁과 현황

경성에 대한의원이 만들어진 것은 메이지 40년의 일이다. 이것이 현재 총독부 의원이다. 당시 육군 군의총감 사토 스스무(佐藤進)씨가 고 이토 히로부미 통감의 명령으로 경성 동북의 마두산 높은 곳에 3만여 평의 대지를 계획하고 공사비와 설비에 오십삼만 엔(円)을 투자하여, 본관, 병실, 부속 시설을 합쳐서 2천 평에 달하는 규모의 병원을 건설하였다.

그런데 메이지 42년 원장이 경질되었고, 육군 군의총감 기쿠치 조사부로(菊池常三郎)씨가 취임하였지만 얼마 지나지 않아 사임하였다. 메이지 43년 8월에는 한일병합이 성립되어 총독부가 설치되었다. 이에 새로운 정치(新政)의 공포와 함께 오랫동안 조선의 개발에 전력을 기울여 온 현임 육군 군의총감 후지타 쓰구아키라(藤田嗣章)씨가 원장이 되어 정성껏 병원의 쇄신을 추진하였기에 일반인의 신뢰는 더욱더 두터워졌고, 병원의 업무는 날로 번망(繁忙)하게 되었다. 소위 모범적인 병원도 결국에는 설비의 불완전함과 규모의 협소함을 느끼게 되었다.

이에 더욱 커다란 수술실, X레이실, 집무실, 전기수치량요양실(電気水治雨療養室), 이화학실(理化学室), 현미경실, 임상강의실, 환자용 병실 등 총계 15동을 증축하고 병원 안팎의 두 곳에 회춘원(囘春園)이라는 환자들이 산책할 수 있는 장소를 만들었다. 또한 종래의 내과, 외과, 산부인(과), 안(과), 이비인후(과), 소아(과)의 여섯 개의 과(科) 이외에 새롭게 피부병과 정신병의 두 개과를 설치하였을 뿐만 아니라 입원비를 절감하고 식비와 구별하여 일용품 판매소, 이발소 등을 두고, 여러 방면의 설비를 정비(整頓)하여, 지금은 거의 나무랄 데가 없다〈74~75쪽〉.

야마네 마사쓰구(山根正次: 조선총독부 촉탁 의사), 「현재 조선의 위생관념」, 『조선급만주』 (제74호), 1913년 9월.

나는 조선의 위생에 대하여 아주 많은 희망을 가지고 있다. 하지만 이는 바라기만 해서는 쉽게 이루어지는 것은 아니다. 이를 수행하기 위해서는 의견이 일치하고 희망을 함께 할 수 있는 여러 사람이 호흡을 맞추어 부르짖어야 한다. 나는 항상 반복해서 말하고 있는 내용이 있다. 만약 조선에서 예부터 훌륭한 정치가 행해져서 위생기관이 정비되어 있었다면 그 인구는 매우 증가해 있을 것이 틀림없다. 그러나 3백여 년의 폭정은 결국 개인의 위생 사상까지도 파괴하였다. 그 결과 현재의 상태에 이르게 되었다. 옛날 일본과 조선은 인구의 측면에서 그다지 차이가 나지 않았다는 것은 역사에 비춰 볼 때 확실히 알 수 있는 부분이다.

그런데 일본의 인구가 현재 6천여 만에 이르게 된 이유는 첫째는 위생기관의 발달일 것이다. 특히 천연두(痘瘡) 때문에 목숨을 잃게 되는 인명을 종두(種痘)를 통하여 미연에 방지한 성과는 실로 대단한 것이라 할 수 있다. 그렇지만 조선에서 몇 십 년 동안 극심히 창궐한 천연두가 인명을 마음대로 유린했던 비극은 필시 말로 다 표현하지 못할 지경이었을 것이다. 그러나 다행스럽게도 총독부 정치가 이루어짐에 따라 두묘(痘苗) 제조장이 설치되었고 종두 면허원(免許員)이 양성되었다. 그리고 차츰 이러한 것들이 발전하면서 두려워하던 역병(惡疫)은 차차 수그러들게 되었다. 이를 옛날의 참해(慘害)한 시대와 비교해 본다면 지금은 대부분이 박멸된 것 같이 보인다. 더욱이 이것에 대하여 일반 조선인의 처지에서 본다면 현재는 앞 다투어 종두를 접종받고, 심하게는 몇 번씩을 맞는 사람까지 나타나고 있다. 이것은 실로 축하할 만한 일이다. 또한, 각지의 헌병이나 경찰의 단속은 물론 민간 위생조합 등의 정비는 일반(인)에게 청결 사상을 촉진하여 도랑(溝渠)의 개설과 변소의 설치가 이루어지기까지 하였다. 이러한 측면은 향후 계속 진전될 것이며, 당국도 의사법과 전염병 예방법을 감독하고 그 실시를 준비 중이다〈20쪽〉.

M생(M生), 「식민지에 나타난 간호부의 한 단면(一班), 경성 간호사 업무의 상태」, 『조선급만주』(제75호), 1913년 10월.

의(醫)가 인술(仁術)이라면 간호사는 그야말로 인술(仁術)의 보조자여야만 한다. 이처럼 그들의 직무는 그들이 착용하는 옷의 하얀색이 나타내는 것과 같이 실로 순결무구(純潔無垢)한 것임에 틀림없다. 또한 인술의 보조자로서 직책을 다하는 데서 부족함이 있어서는 안 될 것이다〈88쪽〉. 병원부와 간호부 회원〈89쪽〉. 간호부회의 조직〈90쪽〉. 경성의 외근 간호부〈92쪽〉. 간호부의 수입〈93쪽〉. 간호부가 바라본 간호부〈93쪽〉.

모리야스 렌키치(森安連吉:총독부의원 부원장), 「위생에 대한 소감」, 『조선급만주』(제78호), 1914년 1월.

　동서고금을 막론하고 식민지 경영을 위해서 본국으로부터 지속적으로 많은 수의 사람이 밀려왔다. 하지만, 이러한 사람들에게 가장 필요한 것은 그 땅이 한대이든지 냉대이든지 그 땅에 익숙해지는 데 있다. 아니 토지에 익숙해지기까지는 신체에 대하여 한층 더 주의해야 한다. 대부분 이주해서 반 년 또는 일 년 정도의 사이에 병에 걸리기 쉽다. 이것은 그 토지의 풍토와 기후에 익숙해지지 않았다는 점과 한편으로는 의식주가 이에 따라 적응해야만 하는데 이것에 대한 주의가 부족하기 때문이다. 다시 말하자면 풍토에 맞는 옷을 맞추어 입지 못하는 기간에는 자연히 신체의 상태가 차이가 나기 때문이다. 차츰 그 토지에 익숙해지면 신체도 토지에 적합하게 되어 자연히 병도 걸리는 일도 적어질 것으로 생각한다. 따라서 이주한 지 얼마 되지 않는 사람 등은 많이 주의해야만 한다〈71쪽〉.

후지타 쓰구아키라(藤田嗣章: 육군 군의 총감, 조선총독부 의원장),
　「세계 식민지의 개발과 위생 및 구료기관」, 『조선급만주』(제81호), 1914년 4월.

　오늘날 지방의 각 병원에서는 일본의 새로운 의학 진단을 알아보고 치료에 필요한 X광선 혹은 라듐 등 그 밖의 최신식 설비를 필요한 곳 마다 정비하고 있고 그와 함께 종래의 경찰 의사를 새롭게 공공 의사로 만들었으며, 또한 그 수를 확대하여 2백 수십여 명을 두기로 하였다.
　이것에 더하여 교통의 발달은 각지의 거리를 단축시켰으며, 왕래를 빈번하게 만들었다. 따라서 우리 조선의 의료기관은 1, 2년이 지나기도 전에 종래의 면모에서 일변하였고 일반인들에게 분명 커다란 안심을 주게 될 것이다.
　그러나 이와 같은 지방에 이주하려는 내지인은 도회지에 살고 있거나 또는 전화로 의사의 진찰을 받거나, 멀지 않는 병원에 가는 것처럼 생각하고 있는데 또한 적지 않은 차이가 있어서 여전히 부족함을 느낄 수밖에 없다. 따라서 조선으로 건너온 사람은 앞서 서술한 영국인과 같은 생각과 준비를 해서 이주하는 것이 중요하다〈26쪽〉.

야마네 마사쓰구(山根正次), 「전쟁과 위생」, 『조선급만주』(제86호), 1914년 9월.

　시국은 점점 발전하여 결국 동양에 이르렀으며, 현재 전 세계는 대동란의 시기가 되었다.

무엇보다 기쁜 일이며 인생을 현재의 다이쇼에 태어난 우리는 실로 이 행복함을 감사하지 않으면 안 된다. 이것은 차지하고 전무후무한 대동란에 대하여 자신의 입장에서 제일 먼저 떠오르는 것은 전쟁과 위생이다〈28쪽〉.

……(중략)……

따라서 지금까지 전쟁터에서 유행병의 발생에 대하여 듣지 못한 일은 정말 경하할만한 일이다. 그렇다고 하더라도, 계절이 계절이니만큼 언제 어떠한 경우에 발생하지 않는다고는 할 수 없다. 그러나 일본은 시국의 진전 여하에 따라서 즉시 군을 움직이지 않으면 안 되기 때문에 단지 병사뿐만 아니라, 일반 국민은 이러할 때 특히 위생에 주의하여 두려워해야 할 여러 종류의 전염병을 미연에 방지하지 않으면 안 된다. 특히 일본이 어디까지 출병할지 명확히 말할 수 없지만 문명국을 향하여 멀리 진군한다고 생각하기보다 먼저 위생 불량의 땅으로 향한다는 것을 헤아려야 한다. 따라서 모처럼 훈련된 용맹한 군대를 이끌면서 군대가 전염병 때문에 죽임을 당하게 된다면, 이른바 다년간의 공이 한 번의 실수로 허사가 됨과 같다. 이는 국가에 있어서 매우 중요한 일이기 때문에 위아래 일반이 모두 전념하여 위생을 중시하고 국내의 모든 곳에서 병균의 근절을 노력하지 않으면 안 된다〈29쪽〉.

히말라야산인(ヒマラヤ山人),「총독부 의원의 인물」,『조선급만주』(제86호), 1914년 9월.

총독부의원은 이른바 대한병원의 개칭(改稱)으로 고(故)이토 히로부미(伊藤公)의 총독부 시절 사토 박사의 감독 하에 30만 엔이라는 거액을 투자하여 설립되었다. 해마다 10여만 엔의 보조를 받아 경영되는 모범적인 관립 병원으로서 이를 모국에서 원하는 것도 그 설비의 완전함과 커다란 규모면에서 이에 견줄 것이 없는 대병원이다. 이 병원의 원장으로서 메이지 42년 이후 5년간 경영을 맡은 군의 총감 후지타 쓰구아키라(藤田嗣章)는 이번에 원장 직을 사퇴하고 의학박사로서 육군 군의감 하가 에이지로(芳賀栄次郞) 제1사단 군의부장의 뒤를 계승하였다. 그것을 계기로 이들 두 명의 신구 인물을 평가하고 그와 함께 그들이 감독 하에 있는 각 의관을 평가하였다〈79쪽〉.

수원자혜의원(水原慈惠醫院) 제용(齊勇),「조선의 특수한 질병」,『조선급만주』(제87호), 1914년 10월.

기후, 풍토, 습관이 다른 조선에서는 내지에 비해 특수한 지방병이나 의학상 의의가 있는 질병이 많다. 즉, 내지의 여러 병원에서는 그다지 중시되지 않는 병도 조선에서는 경시할 수 없는 질환을 의미하는 경우가 적지 않다. 그러나 이러한 질병 가운데 말라리아에 대한 해독제와 같은 특효약 혹은 특수한 치료법이 있는 것들은 별로 두려워할 것이 못 된다. 하지만 불완전한 치료법만으로 만족해야 하는 질병이 적지 않다.

따라서 이러한 질병에 대한 특수한 연구의 필요성에 대하여 먼저 일반의 참고와 함께 의사의 기억을 일신하고자 한다.

첫째, 폐디스토마가 조선의 주요 지방병이라는 점은 말할 필요가 없다〈63쪽〉.

둘째, 아메바 이질(アメーバ赤痢)이다. 이른바 조선 적리라는 것 가운데 아메바 적리가 상당수 포함되어 있다고 생각한다〈64쪽〉.

이마무라 토모(今村鞆: 경시청), 「조선 부녀자의 출산과 미신」, 『조선급만주』(제87호), 1914년 10월.

부인의 월경이 멈추고, 임신이 확정되면 일가는 기뻐하며, 축하하고 안산의 날을 기다린다. 그 동안에 상류사회에서는 임신 기간 중 태교를 하고, 임산부를 안정시키며, 노동을 피하고, 먹을 것에 주의하며 육류 반찬의 뼈를 먹지 않았다.

일반에서도 온돌의 연기가 통하는 통로를 수리하는 일에 손대는 것을 매우 삼간다. 혹여 억지로 이것을 행한다고 하면, 언청이(兎脣)를 낳게 된다는 속설까지 전해내려 온다.

양반들은 친구의 처가 임신한 사실을 알게 된다면, 남편에게 한턱을 내기도 한다. 대여섯 명이 만나서 술과 음식을 그 남편을 초대하여 미리 축하를 한다. 산후 여아일 경우 그 비용을 모두 친구가 부담하고, 남아의 경우에는 남편이 부담할 뿐만 아니라 그와 함께 친구를 초대하여 연회를 베푸는 풍속이 있는 지역도 있다.

상류사회는 초산에 한하여 5~6개월부터 친가로 돌아가 출산을 하지만 중류층 이하는 남편 집 안채의 내방을 산실로 하고 출입문을 닫고 칩거한다. 비교적 조산(助産)의 경험이 있는 노파가 있는데 이를 산구안(産救安)이라 칭한다. 분만할 때는 이 여성을 고용하고 부른 뒤 대기시킨다. 산실에는 볏짚이나 멍석을 깔아 둔다.

마침내 때가 되어 진통이 시작되면 임산부는 반좌반와(半座半臥)의 자세를 유지하고 양손을 앞으로 짚고 머리를 아래로 숙이고 둔부를 발바닥보다 약간 들어 올리고, 다리를 벌리고 진통을 참으려 노력한다. 노파는 뒤쪽에서 임부의 복부를 감싸 안고 넘어지는 것을 방지하며, 안정시키고 힘을 빼게 한다. 태아가 장차 태어나면 가위 또는 당목(糖木, 수수나무의 한 종류)의 껍질을 이용하여 탯줄을 절단하고 태반이 자연스럽게 나올 때를 기다린다〈72~73쪽〉.

철화생(鐵火生), 「경성의 의사와 환자」, 『조선급만주』(제88호), 1914년 11월.

　피차 생을 현세에서 살아가는 이상 불시에 내습하는 병마에게서 벗어나기란 절대로 불가능하다. 지금까지 우리가 경험한 것에 의하면 금전옥루(金殿玉楼)에 진수성찬의 음식을 섭취하며, 비단으로 만든 좋은 옷으로 한서(寒暑)를 중화하는데 노력한다고 하더라도 죽음에서 벗어날 수는 없다. 생물의 힘은 위대한 병마의 손을 뿌리치기에는 너무나도 연약하다. 더구나 세계의 문화보다 뒤떨어진 조선 땅에서 살아가는 우리의 생활은 더욱 많은 압박을 느끼지 않을 수 없다. 그렇다. 근래 정치 지도자의 노력으로 조선의 위생 상태가 현저하게 진화했다고는 하지만 아직 우리 고국의 위생에 비하면 적지 않은 차이가 있다는 것을 부정할 수는 없다.

　단지 그뿐만이 아니라, 우리들 가운데 대부분은 풍토의 변화로부터 어느 정도의 이상(異常)을 생리적으로 받고 있기 때문에 하루아침에 병마에게 습격당하고 새벽녘에는 그 타격 역시 다소 격렬하게 되는 상황을 피할 수 없는 경향이 있다.

　이에 대한 정확한 숫자상의 통계는 나의 재량 밖의 일이기 때문에 이 문제는 스스로 덮어두겠다. 그렇기 때문에 우리는 늘 더욱더 위생에 주의(留意)를 게을리 해서는 안 된다고 우리 신참들은 요령을 피울 것도 없이 이 정도의 일은 이미 다 알고 있어야 한다. 많은 내지인은 이러한 주의가 부족하여 약을 달고 살 뿐만 아니라 까딱하면 직무에 힘쓰는 의사 제군(諸君)의 강한 권유를 받아서 적지 않은 입원 치료비를 빈약한 돈지갑에서 털어내지 않으면 안 되는 처지가 되어 헉헉거리는 비참함을 보고 보게 될 것이다〈92쪽〉.

후루시로 겐지(古城憲治: 의학박사), 「인생과 질병」, 『조선급만주』(제89호), 1914년 12월.

　인생이 불과 50년이라는 것은 어쩌면 나니와부시(浪花節)의 어조만은 아닐 것이다. 인생은 실로 짧은 것이다. 또한, 이 짧은 인생을 더욱더 단축하는 것이 질병이라 할 수 있다. 혹은 대업이 좌절되거나 대의가 중단된 후 허무하게 불귀(不歸)의 객이 되어 천세에 남긴 원한이 날마다 우리의 귀에 끊임없이 소리친다. 이는 비단 개인의 불행일 뿐만 아니라 실로 국가적인 큰 손실을 의미한다. 따라서 우리는 세상에 있는 자들의 활약 여부를 따지지 말고 진정으로 하늘로부터 부여받은 생명을 완수해야 한다. 그 기간 중 각자의 크고 작은 포부를 실현하고자 하는 자는 모름지기 일상의 위생에 주의를 기울이고 우리의 인생에 커다란 적인 질병에 걸리지 않도록 해야 할 것이다〈42쪽〉.

모리야스 렌키치(森安連吉: 총독부 의원 부원장 의학 박사), 「전염병이란 무엇인가?」,
　『조선급만주』(제91호), 1915년 2월.

　전염병이란 한 종류의 병적미생체(病的黴生體) 즉, 세균이 인간 또는 동물의 체내에 침투하여 증식하게 되고 또 여러 종류의 독소를 만들어 내는 것이다. 이러한 활동의 결과로 일정의 질병을 일으키는 것을 전염병이라 한다. 그러나 인간 혹은 동물은 이미 체내에는 항상 무수한 세균을 보유하고 있는데 이를 전염병이라 하지는 않는다.
　왜냐하면 세균의 대부분은 무해한 부패(就腐) 균류이기 때문이며, 외부를 통해서 접촉되는 관강(管腔)에 붙어있고, 현격한 발육력과 독소가 분비되기 때문에 질병을 일으킬 수 없기 때문이다.
　그뿐만 아니라 요즈음에 이르러 명확해진 사실은 종종 병적미생체가 건전한 인간과 동물의 점막, 특히 소화 또는 호흡기 관강(管腔)에서 특별한 작용을 발휘하지 않고 존재하는 것을 발견할 수 있었다. 보기를 들어 디프테리아(diphtheria)균이 종종 인간의 후두 또는 비강에 나타난다든가, 파상풍균이 말의 장 속에 있으면서 결코 질병을 일으키지 않는 것이 그러한 예이다. 따라서 미생체가 체내에 유입된 뒤 진정한 질병으로 배양되기 위해서는 필요한 조건이 있어야만 한다. 여기에는 여러 가지가 있는데 그 하나의 조건으로는 그 사람의 당시의 신체의 상태, 감염될법한 미생체의 생물학적 성질에 의한 것이다. 그 밖에 신체 자연의 방어 장치는 병독의 침입에 큰 영향을 받는다〈51쪽〉.

세토 기요시(瀬戸潔: 의학사), 「의학적으로 본 조선과 만주」, 『조선급만주』(제96호), 1915년 7월.

　만주와 조선 지방을 여행하며 얻은 견문록(管見記)으로서 부족한 점도 적지 않다고 생각하지만 두세 개의 인상을 기록하고 독자 여러분의 지도받고자 한다.
　일반인에게는 반개한 지방에 관한 것인 관계로 특수한 풍속, 습관이 있기 때문에 모처럼 일본이 호의로써 세운 조선 각 도의 자혜의원(慈惠醫院)이나 만철(満鐵)의 병원에는 상당수의 전문의가 있는 것에 대하여 조선인이나 지나인이 고마움만을 느낀다고는 할 수 없다.
　……(중략)……
　그러나 한편 그들의 대다수의 치료를 바라는 토착민 의사와는 이야기가 통하지 않는다.
　도대체 지나인은 어쩌다가 문자를 조금은 알고 있는 사람은 한법(漢法)의 의서도 읽기 때문에 병에 걸리면 의사와 논의를 하며 때에 따라서는 의사가 수긍하는 일도 있다고 한다. 의사라고 지칭하는 사람 중에는 문자를 읽지 못하는 자가 있기 때문에 이러한 일이 드문 일은 아니리라 생각한다. 일본 육군의 간호병과를 졸업한 정도의 인간이 약국업이라고 칭하며 실제로는 의술을 행하였다. 게다가 지나인들 사이에는 크게 소문난 경우가 적지 않다. 따라서 그들의 수준을 짐작할 수 있다〈45쪽〉.

하라 치카오(原親雄: 경무총독부기사), 「조선의 지방병과 전염병」, 『조선급만주』(제98호), 1915년 9월.

경기도의 지방병으로 특히 말라리아가 많이 분포하고 있다. 특히 경성 부근이 제일 심각하며, 말라리아는 모기의 한 종인 학질모기(Anopheles)가 매개체이다. 종래에는 디스토마에 대해서는 주의했지만 디스토마는 대만과 비교할 때, 그 수가 적다고 생각하여 당국자도 그다지 말라리아에 대해서는 주의를 기울이지 않았는데 이번 실제 조사 결과 사실은 이와는 달리 아주 많이 분포하는 것을 발견하게 되었다. 나는 이번 경기도 장단군(長湍郡)에서 강화도를 시찰하면서 말라리아가 매우 성행한다는 점에 매우 놀라게 되었다〈48쪽〉.

구보 다케시(久保武: 총독부 의원의관 의학박사), 「모발의 인류학」, 『조선급만주』(제103호), 1916년 2월.

제 1 두발
1. 두발의 소밀(疎密 - 두발의 수)

모발의 많고 적음은 민족에 따라서 현격한 차이가 있다. 일반적으로 백색인종은 모발이 많고, 흑색인종은 가장 적으며, 황색인종은 마치 두 인종의 중간 정도에 위치한다(단, 아이누족, 토다족(toda), 태즈메이니아족(Tasmania), 호주(濠州) 토착민(土人) 등은 예외로 한다.)

랑케(ランケ)씨에 따르면 전체의 생모(生毛)는 몽고(蒙古)종이 제일 약하며, 유럽 남부(南歐) 인종이 제일 강하다고 한다. 하지만 반대로 몽고 인종은 강한 두발을 소유하고 있다고 한다〈75~76쪽〉.

아다치 다이스케(安達大壽計: 경성 전수학교 교사), 「총독부 의원의 병상에 일가 4인이 동시에 병상에 눕다」, 『조선급만주』(제103호), 1916년 2월.

입원 전의 비극

공진회가 개최되기 얼마 전에 조선으로 간 아버지가 조선에서 계속 체류하게 되자 11월 8일부터 발열이 시작되어 병상에 눕게 되었다. 매일 의사에게 진찰을 받고 요양을 게을리 하지 않았지만 병세가 몹시 불규칙적이어서 진단이 아주 지체(遲延)되었고 마침내 장티푸스(腸窒扶斯)라는 병명을 알기까지는 십 수 일이 경과하였다.

그래서 당시의 아버지는 연로(老軀)하셨으며 상당히 쇠약해진 상태였다. 또한, 작년에 걸린 각기(大脚気) 때문에 심장의 고동이 매우 약해져 있었다. 아버지가 갑작스럽게 중증이 되어 더 이상 신체를 움직이게 되면 수명을 앞당기는 것으로 생각되었으며 그것은 자식 된 도리로서 할 수 없는 일이었다.

경찰로부터 입원에 대한 유예 허가를 받아내어 간호사를 고용하고 방 하나를 빌려 일시적으로 자택 치료를 결정하고, 가족 모두는 예방용 혈청 주사를 접종받았다. 그 뒤 아버지의 병세는 일진일퇴하였으며 가족 모두가 전전긍긍하게 되었다. 그렇게 처지에 곤란을 겪고 있을 때 제일은행 경성지점에서 근무하는 동생에게 갑작스럽게 발열이 나타나게 되었다.

그 즉시 의사에게 진찰을 받았으며, 아직 장티푸스라고 단정하기는 어렵지만 열이 높아지고 고통을 호소하였기 때문에 총독부 의원에 입원하게 하였고, 아버지는 조금은 차도가 있었기 때문에 다음날 순화병원(順化病院)에 입원하게 되었다〈107쪽〉.

구보 다케시(久保武: 총독부 의원의관 의학박사), 「모발의 인류학(2)」, 『조선급만주』(제104호), 1916년 3월.

제1 두발

1. 두발의 밀소(疎密 - 두발의 수)

필자가 조선인에 대하여 통계적으로 조사한 재료(材料)는 매우 적기 때문에 아키모토(秋元) 씨가 일본 부인에 대하여 검사한 것과 같이 조사 종별을 표기하여 여기에서는 논의할 수 없지만 그와 같은 조사 사업은 인종 문제를 떠나서라도 인류 일반에 대하여 우리가 주의를 기울여야 하는 일이다.

그야말로 인종의 보통의 생모(生毛)의 발육과 일반적인 신체의 관계란 밀접하게 연관(連合)이 있으며, 따라서 체질이 강건한 사람은 허약한 사람보다 모발이 농밀한 사람이 많다. 또한 영양 상태가 좋은 사람은 영양 상태가 좋지 못한 사람보다 모발이 조밀한 것을 추측하기란 어렵지 않다〈63쪽〉.

후루시로 겐지(古城憲治: 찬화병원((贊化病院) 원장 의학박사), 「실험유전학에서 탄생한 인종 개량론」, 『조선급만주』(제105호), 1916년 4월.

인종 개량론이라는 것이 최근 세상에 선전되면서 동서양의 학자들이 매우 흥미롭게 연구하게 되었다. 문명이 진보함에 따라 여러 방면의 개량이나 개선이라는 것이 주창되고 있으며, 실제로도 실행되고 있다.

그것이 생물학에서도 동식물의 종류를 개량하고 그 종족(種族)을 더욱 양종(良種)으로 만들며 후계자의 장점을 얻기에 이르렀다.

이러한 것을 진보시켜 인간의 영역에 적용하게 되면 인류의 종족도 개량하여 외형적으로는 체격, 용모, 건강. 내면적으로는 정신, 기질 등을 개선하고 그것을 기획할 수 있다고 보는 것이 인종개량론이다.

세간에서는 이것을 오해하여 인종개량론이란 인간을 개인적으로 개량하고 개선하는 것처럼 생각하고 있고, 신문 잡지에서도 기사가 실려 있으며, 독자 중에서도 그러한 잘못된 해석을 하는 사람이 적지 않은 것 같다. 하지만 인종개량론이 설명하고 있는 것은 인간 개개인에게 나타나고 있는 개량이 아니며, 인종을 개량하여 그 종족에 속하는 후계자에게는 자연스럽게 개량된 종이 태어나게 하는 것이 그 목적이다〈46쪽〉.

구보 다케시(久保武: 총독부 의원의관 의학박사), 「모발의 인류학(3)」, 『조선급만주』(제105호), 1916년 4월.

2. 두발의 길이 및 중량

일반적으로 장모의 길이는 5cm 내지 1.5m이고, 장모의 모발 길이는 2.7 내지 3.8mm라고 한다.

두발은 인모 가운데 가장 길게 자라며, 그 길이는 1.5m 이상에 이른다고 하며, 서양인은 평균 0.4 또는 0.6m 사이라고 한다.

두발의 길이는 민족에 따라 여러 차이가 있다. 황색인종은 백색인종을 능가하지만 그 외 신체 부위의 체모는 비슷한 것 같다.

백색인종의 부녀자의 모발은 길이는 남자를 초과하여 길이 75cm에 달하지만, 그 외에 신체 부위의 생모는 보통 남자가 우월하다.

황색인종의 두발은 남녀(단발이 아닌 경우) 대부분이 같은 길이이지만 남자는 수염, 음모, 겨드랑이털 등은 백색인종과 비하면 희박하다.

적색인종은 거의 황색인종과 유사한 정도라고 할 수 있다.

흑색인종은 모발이 남녀가 함께 짧고 그 외의 모종은 전혀 없다고 한다〈57쪽〉.

구보 다케시(久保武: 총독부 의원의관 의학박사), 「모발의 인류학(4)」, 『조선급만주』(제106호), 1916년 5월.

3. 두발의 방향

두발의 늘어선 상태를 보면 일반적으로 피부의 표면에 직립해 있는 것이 없고 대부분 일정한 방향으로 자라난다. 즉 항상 약간 기울어져 있다. 그 원인은 이미 발생 초기부터 모발 원기(原基)가 항상 기울어진 상태로 피부의 심층에 있기 때문이다(단 직모근이 수축할 때는 모발이 기립한다고 한다).

지금 시험 삼아 생모의 피부를 채집하고 이를 종단하여 검사해 보면 장대한 털의 경우 모근깊이 피하 결체 조직(結締織)의 심층에 도달해 있지만, 짧은 솜털의 경우 진피 내에 한정되어 있다. 그런데 털 대부분이 피부를 비스듬히 뚫고 올라와 있는 것을 볼 수 있다. 따라서 모간(毛幹)의 방향도 또한 항상 비스듬한 방향으로 나오게 된다〈46쪽〉.

구보 다케시(久保武: 총독부 의원의관 의학박사), 「모발의 인류학(5)」, 『조선급만주』(제107호), 1916년 6월.

제1 두발

(3) 두발의 방향 및 선와(旋渦, 가마)

예컨대 우리의 두발은 기계적이고 온열의 자극에 대한 보호기관으로서 기능을 주로 담당하고 있다. 다음으로 다소 장식적인 의미가 있으며, 촉각을 담당하는 기관으로서의 기능은 거의 인정하기 어렵다. 그리고 이상의 기능을 모두 수행하기 위해서(즉 두발을 두피에 따라 배열하기 위해서) 특별히 가마를 발생시킨다는 것을 알 수 있다〈73쪽〉.

미야다테 데이이치(宮館貞一: 혼마치(本町) 서장), 「매춘부에 관한 연구, 화류(花柳)병 환자」, 『조선급만주』(제108호), 1916년 7월.

고용주(雇主)를 처분하라

원래 사창(私娼)이든 공창(公娼)이든 매춘부에 관한 문제는 사회문제로서 아주 신중한 태도로 연구해야만 하는 큰 문제로 가볍게 논의할 수 없는 문제이다.

외국에서도 일본 내지에서도 당국자를 비롯하여 교육가, 종교가, 사회 개량가 등이 가장 고민하는 분야의 문제이다.

……(중략)……

이렇게 보면 해외 혹은 식민지의 장정(壯丁)에게 화류병 환자가 비교적 많음에도 불구하고 조선은 내지와 비교해도 낮은 수준에 있는 것은 좋은 일이며, 식민지로서는 풍기도 의외로 양호한 부분이 있다고도 할 수 있다. 그러나 결코 방심해서는 안 된다. 현재 이번 연도는 작년보다 조선의 장정도 화류병 환자 수가 증가하고 있다. 우리는 종교가, 교육가는 물론 선배 전문가도 이 문제에 대해서 신중하게 연구하기를 바란다〈87~88쪽〉.

구보 다케시(久保武: 총독부 의원의관 의학박사), 「모발의 인류학(6)」, 『조선급만주』(제108호), 1916년 7월.

제1 두발

4. 두발의 색

필자의 일본인, 조선인, 지나인에 대한 모발 검사 결과에 의하면 색소가 모발의 주질(主質)인 피질층에 존재한다는 점에 대해서는 논의할 필요가 없다. 단지 후타무라(二村) 씨와 같이 수질(髓質)에서 색소가 전혀 존재하지 않는다는 주장에 대해서는 부정하지 않을 수 없다. 어쩌면 수질은 종종 결손되기도 하고 게다가 모발의 횡단면의 검사에 있어서 종종 색소가 확인할 수 있는 경우도 있다. 더욱이 필자는 가끔 모발의 절단면에서 명확히 흑갈색의 색소를 함유하는 수질(髓質)을 발견한다.

즉, 필자의 경우 적어도 일본인, 조선인, 지나인의 모발에서는 피질의 외수질(外髓質)에서도 색소를 가지고 있다는 점을 주장하고자 한다〈56쪽〉.

구보 다케시(久保武: 총독부 의원의관 의학박사), 「모발의 인류학(6)」, 『조선급만주』(제112호), 1916년 10월.

5. 두발의 성상(性狀)

두발의 성상(性狀)은 각 인종에 따라 여러 가지 상의한 점이 있다. 따라서 그 분류 방법 또한 학자마다 여러 방법이 있으며 일정하지 않다.

이미 린네씨는 두발의 성상으로 인종의 분류에 대하여 중요한 한 가지 조건을 만들었다. 즉 유럽인은 금발로 분속상(分束狀) 두발(사구상모(絲毬狀毛))을 가지고 있으며 아세아인 및 인도인은 검은색으로서 조경평직(粗勁平直 거칠고, 두껍고, 평평하고 곧은)의 두발(갈색 또는 황색의 피부)를 가지고 있으며 아프리카인(흑인 노예)은 검은색, 양모상(羊毛狀) 두발을 가지고 있다고 한다.

이상 열거한 모발의 형태와 종류는 특정 민족의 전유물이라고는 할 수 없다. 인종을 통해서 동일하게 목격할 수 있는 것으로 한민족이라 하더라도 또한 여러 가지 혼효가 있다는 점을 피할 수는 없다. 그렇다고 하더라도 강한 선곡상(旋曲狀)을 나타내는 인종은 흑인 및 네그리토인(Negrito)으로 한정할 수 있다. 또한, 백색인종은 모든 두발의 형태와 종류의 변태가 많으며, 황색인종은 많은 수가 평평하고 곧은 두발을 가지고 있는 것이 보통이다.

조선 및 지나인도 일본인과 같이 보통의 평직모로서 축모(縮毛)도 존재하지만 그와 같은 경우는 매우 희소한 편에 속한다. 더욱이 필자는 이들 세 민족 사이에 직모 및 축모(혹시 매우 희소하다면)가 어떠한 빈도로 나타나는지 알고자 하였는데 전술한 것과 같은 검사성적(成績)을 얻었다〈50~52쪽〉.

구보 다케시(久保武: 경성의학전문학교교수 의학박사), 「모발의 인류학(7)」, 『조선급만주』(제114호), 1916년 12월.

(7) 두발의 횡단면

모발의 두께와 형태를 정확하게 알기위해서는 그 횡단면에 대해 검토해야 한다. 종래 학자의 모발의 두께를 기록한 대부분은 횡단면을 검토하지 않았으며 모발을 그대로 거울에 비추어 단순히 폭과 지름을 계측한 정도에 그치고 있는 것 같다. 나는 여러 종류의 모발에 대해서 횡단면을 만들어 그것의 최대 둘레 및 반지름을 측정하고 나아가 이 두 가지 수치를 통해 모발의 대략의 개수를 계산한다. 모발의 대략의 개수란 횡단면의 반지름에 100을 곱하고 지름으로 나누면 된다.

하가 에이지로(芳賀榮次郎: 총독부 의원 원장, 의학박사), 『조선급만주』(제115호), 1917년 1월.

필자는 일본 국민의 체격을 역사적으로 조사한 바가 있다. 옛날의 사람은 갑옷과 투구를 몸에 착용하고 전장을 누볐던 것으로 보아 그 체력의 강장(强壯)함은 물론 신체도 지금보다는 상당히 컸을 것이라고 누구나가 상상하고 있을 것이다.

그러나 야마토 다케루노미코토(日本武尊)나, 아베노사다토(安部貞任), 그밖에 역사에 기록되어 있는 위대한 체격의 인물은 논외로 하고, 가까운 도쿠가와 시대의 갑옷(甲冑)을 수집하여 연구한 결과 현재의 군인과 비교해서 특별히 크지도 않았던 것 같다.

또한, 그 당시의 무사가 이와 같은 무기를 모조리 몸에 갖추는 것은 오늘날의 관병식(觀兵式)과 같은 의식(儀式)이나 특정 예식 등이 있을 때이며, 그것도 요직의 인물 중 말을 타는 사람의 일이었다.

오늘날의 보병에 해당하는 병졸 등은 앞뒤 몸통에 정강이 보호대와 견갑 정도를 착용할 뿐이었다. 약간의 차이는 있지만 창을 들거나, 가깝게는 총포를 휴대하였다. 또한, 도시락도 허리에 차고 있었다. 그러나 그 무장의 중량은 6, 7관(貫目) 정도로 오늘날과 비교해서 아직은 가벼운 정도였다.

오늘날의 일본 보병의 부담량은 8관 정도 이다. 러일전쟁의 시기에는 10관 정도의 물건을 몸에 착용하였다. 지금은 상당히 요구사항이 많아서 옛날처럼 가벼운 차림을 할 수 없다. 총의 탄환도 수가 많은 편이며 이른바 벤케이(辨慶)의 일곱 개의 도구 이상이다.

그래서 일본 보병의 평균 신장은 5척 3촌(약 160cm)을 조금 넘는 수준으로 평균 체중은 15관(약 56kg)을 약간 넘기 때문에 8관 정도도 무리일 것이다.

더구나 10관이나 되는 물건을 짊어지고 행군하고 전투도 수행했기 때문에 체력 역시 옛날보다 떨어지지 않았다고 생각한다〈70쪽〉.

구보 다케시(久保武: 의학박사), 「인종해부학으로 본 조선인」,
『조선급만주』(제115호), 1917년 1월.

조사 재료에 관하여

필자가 지금까지 연구 재료로 사용한 시체의 총 수는 조선인 남성의 시체 40구, 여성 6구 그중 남성의 시체 18구, 여성의 시체 1구는 대한병원 시절에 연구한 것이다. 우리의 연구재료의 대다수는 병사자였기 때문에 병리학적으로 해부하였으며, 단지 아주 적은 수의 사형자의 시신만 완전한 연구를 할 수 있을 정도였다. 그중에 특히 전신의 각 기관에 대해 확실히 계측, 측량을 모두 할 수 있었던 것은 한 명이었다. (사형자 연령 41세) 즉 이 보고서에서 제일 중요한 자료가 되었다.

그 외에 피부와 근육은 대부분 완전했기 때문에 필자는 재료의 적정량을 한해서 매회 열심히 그 일부 또는 전부를 조사하였다〈74쪽〉.

구보 다케시(久保武: 경성의학전문학교교수 의학박사), 「모발의 인류학(8)」, 『조선급만주』(제116호), 1917년 2월.

이상 전술한 것을 보면 종래의 여러 학자가 많은 민족을 조사한 바에 따르면 종종 일치하지 않는 점도 있다. 또한, 브루네루베이(ブルネルベイ)씨의 주장과 같이 현저한 구별을 증명하기 어렵다. 따라서 단순히 모발의 횡단면에 대한 형태만을 가지고 인종 분류의 절대 표징이라고 할 수는 없다.

그렇지만 어느 특정의 형태나 종류가 어느 특정 민족에서 다수를 점하고 있다는 사실은 의심할 여지가 없다. 그러나 오늘날까지 여러 학자가 인정한 결과에 의하면 평직인 모발의 횡단면의 형태는 정원형에 가깝고 선곡상모(旋曲狀毛)의 경우는 타원형을 나타낸다. 파상모(波狀毛)는 그 중간 형태라고 할 수 있다.

필자는 지나인, 조선인, 일본인의 두발의 횡단면에 대하여 그 길이와 장경(長徑, 타원형의 긴 쪽 지름), 단경(短徑, 타원형의 짧은 쪽 지름)을 측정하고 더불어 털의 비율을 산출하였다.

세 민족 사이에 어떠한 차이가 있는지를 알아보기 위해서 소수의 재료에 대해서 연구하여 흥미 있는 결과를 얻었다. 현재 왼쪽에 그것을 기재해 두고자 한다〈55쪽〉.

구보 다케시(久保武: 의학박사), 「인종 해부학으로부터 본 조선인(2)」, 『조선급만주』(제117호), 1917년 3월.

조선인의 근육 중량

필자는 본지의 신년호에서 필자가 조선인의 인종해부학적 연구, 특히 조선인의 연부(軟部, 근육, 내장, 혈관, 신경 등)에 대한 검사 사항 중 근육 중량에 관한 결과 일부를 게재하였다. 먼저, 몸체의 등 부위 근육(배근)에 대하여 조선인의 배근의 심층근에 대한 발육이 왕성하다는 것을 발견하였다. 즉 이 민족의 인종적 특징의 한 가지를 주장한 셈이다.

다음으로 몸통의 복부 근육으로 두근(頭筋)에 대하여 조금 기록해 두었는데 그 후 더욱 검사하여 결과를 추가하였다. 특히 동물과의 비교해부학상 하나, 둘의 결과를 참고하였으며 더욱이 새롭게 두근에서 경근(頸筋), 흉근 및 복근에 대하여 순서대로 비교론을 펼치겠다〈58쪽〉.

유키 겐도(結城玄道), 「민족의 발전과 질병」, 『조선급만주』(제119호), 1917년 5월.

동서고금을 막론하고 민족의 발전을 위해서 오래된 습관에 순응하던 풍토를 떠나서 다른 풍습과 이제까지 적응하지 못한 이경에서 분투하는 일은 일상적이다. 더욱이 문화의 발전 정도를 보면, 발전 정도가 높은 민족으로부터 낮은 민족으로 진행되는 것이 일반적인 규칙과 같다. 따라서 이경에서의 개척은 단순히 물질뿐만 아니라, 크게 사람의 지혜(人知)에 대한 개발과 동화에 힘써야만 한다.

이러한 시기에 우리가 제일 먼저 중요하다고 느낄 수 있는 것은 활동의 근본 요소인 생명의 보증과 보건에 있다. 개척해야 할 지역이 항시 건강하다 할 수 없으며, 오히려 대부분의 경우에 그러지 못한 경우를 보아야 한다.

예를 멀리서 찾지 않더라도 가까운 대만을 보거나 조선을 보자. 또 요동의 한 쪽을 보자. 결코 내지의 자연 기후와 비교할 때 좋은 환경이라고 할 수 없으며, 질병의 종류도 적다고 할 수 없다. 식민지에서 계발지도의 책임이 있는 자는 누구나 이 점을 중요시하며, 위생 행정에 열심히 노력하는 것도 결코 이유 없는 일이 아닐 것이다.

대만에서 말라리아 박멸에 대한 노력과 공적과 같이 크게 인정할 수 있는 것이 있다. 우리의 관동도독부(関東都督府) 관내에서도 이미 수년 전 지방병조사회를 설립하였으며, 열심히 노력하고 독려하는 곳이 있다는 것은 진정으로 적당한 시기에 이루어졌다고 할 수 있다.

국민의 선각자가 되고, 솔선하는 자가 되고, 식민지에서 활동하는 자들은 개인적으로도 이점을 많이 유의하여 적절히 일에 임해야 한다〈27쪽〉.

천래생(天来生), 「조선총독부 의원 팔면관(八面觀)」, 『조선급만주』(제122호), 1917년 8월.

교엔(御苑)행 전차를 타고 한껏 멋을 낸 부인 손님들의 대부분이 동물원이나 식물원에서 유희를 즐기는 사람이 아니고 이들은 교엔의 맞은편에 있는 조선총독부 의원의 문전에서 하차하여, 한 사람 한 사람 힘없는 발걸음을 옮겨 돌로 만든 문으로 들어가는 것을 보고 있자니 안타까운 일이다.

이 병원은 조선 제일의 관립 병원으로 병실 22동, 건평 1,720여 평의 건축물로 백 명에 가까운 의관과 그 외의 직원이 있으며 입원환자는 항상 3백을 헤아린다. 외래환자는 1일 평균

2백 수십 명에 달하는 조선의 의료기관으로서는 대표적인 것이다〈88쪽〉.

모리야스 렌키치(의학박사), 「건강으로 본 조선과 만주-처음 1,2년이 가장 중요하다-」,
　『조선급만주』(제124호), 1917년 10월.

　나는 만주에 대해서 논할 자격이 없지만 조선에 대해서도 단번에 건강한 땅이라든가 건강하지 않은 땅이라든가를 단언할 수는 없다.
　그 토지가 건강에 적합한가 아닌가는 문제는 그 사람의 체질이 그 토지의 기후 풍토와 조화할 수 있는가 없는가, 그 사람이 그 토지의 기후 풍토에 익숙한가 익숙하지 않은가라는 문제에 따라서 결정되기 때문에 그 기후 풍토만을 가지고 판단할 수는 없다. 건강이라는 것이 인간의 신체로 설명하는 것인 이상 인간을 떠나서 기후 풍토만을 가지고 옳고 그름을 판단할 수 없는 것은 당연한 이치이다.
　우리가 만주와 조선을 건강한 토지라고 할지 건강하지 않은 토지라고 할지 판단하는 것은 즉 만주와 조선이 과연 일본인이 생활하기에 건강에 적합한지 적합하지 않은지를 말하는 것이다.
　조선인에게 조선은 결코 건강하지 않은 땅이라 할 수 없다. 만주인에게 만주는 결코 살아가는데 견딜 수 없는 토지는 아니다. 그러나 조선과 만주는 대체로 일본인에게는 추위와 더위 모두 너무나 혹독하다. 그것은 기후가 온화한 일본에서 오랫동안 삶을 영위하였기 때문에 이러한 추위나 더위는 익숙하지 않기 때문이다.
　이러한 점에서 보면 조선과 만주는 일본인에게 동일하며, 그다지 살기 좋은 토지는 아니다. 그렇지만 이러한 더위나 추위도 남양이라든지 시베리아(西此利亞)에 비하면 일본인에게는 아주 편안한 장소이다.
　이것은 비교론적인 설명이지만 이러한 의미에서 일본보다는 다소 괴롭지만 일본인의 주거지로서 견디기 어려울 정도의 장소는 아니다〈28쪽〉.

구보 다케시(久保武: 의학박사), 「체격으로 본 조선인과 지나인」,
　『조선급만주』(제124호), 1917년 10월.

　필자가 처음 다룬 체격에 관한 연구에는 조선인은 지나인보다도 일본인에 가깝다는 것이었지만 최근 들어 일본인보다 오히려 지나인에 가까운 인종이라는 것을 알게 되었다.
　그것은 지난해에 필자가 연구한 사람은 주로 경기도 사람으로 각 도(道)에서 체격이 가장 작은 부류에 속한다는 것을 알게 됨과 동시에 최근 각 도의 사람을 광범위하게 조사한 결과 조선인은 전반적으로 오히려 일본인보다 지나인에 가까운 체격을 가지고 있는 인종이라고 바꾸지 않으면 안 된다.

원래 조선의 원주민 중에서도 특수한 인종의 사람이 있을 테지만 오늘날의 조선인에 대해서 필자는 특히 북방 민족과 서방의 한민족의 영향이 매우 컸을 것이라고 믿고 있다.

환언하자면 체격으로 볼 때 조선인은 일본인보다도 지나인에 가깝다고 할 수 있다. (조선인을 각 도별로 신장, 체중을 측정한 결과에 대해서는 올해 조선의학총회에서 발표하였으며 동회 잡지 90호 초록을 참조하기 바란다〈29~30쪽〉.

에구치 다타로쿠(江口忠六: 만철병원연구소),「만주에서 생활하는 일본인의 위생상태」, 『조선급만주』(제124호), 1917년 10월.

1. 출산과 사망

……(전략)……

지금 이것을 일본과 우리 식민지인 조선과 대만의 최근의 사실과 비교하면 좌측의 표와 같으며 출산율은 그 밖의 3국보다 앞서고 있고 사망률은 대만에 뒤지지만 내지 및 조선에 비해서는 우위에 있다. 그 때문에 만약 인구 증식률은 위생상태를 점쳐서 알 만한 하나의 지침이 된다고 한다면 만주는 우리 영토에 비해서 양호한 위생상태라는 것을 방해하는 것 같다. 단지 각 식민지에는 생산력을 왕성하게 할 만한 장년의 사람들이 많고 또 스스로 강건하다고 믿는 사람 중에서 이주자가 많을 것이라는 것, 그리고 생명의 위험이 많은 노년층이 적은 것을 염두에 두어야 한다〈47쪽〉.

AY생(AY生),「의사(의원) 방문기」,『조선급만주』(제124호), 1917년 10월.

조선은행 앞 경성 우체국 앞 광장의 대낮 가로등 아래에서 갈만한 곳에 대하여 잠시 생각한다. 뒤를 돌아보면 아사히마치(旭町) 1정목(丁目)의 입구에 고바야시 센쥬(小林千壽) 선생님이 계신다. 오른쪽으로 가게 되면 지나 영사관 정문 근처에 영사관과 마주 보고 있는 외과 의원 와다 닥터와 이이쓰카(飯塚) 치과 의원이 있다. 그런 것을 생각하면서 기자는 하세가와 마치(長谷川町) 방향으로 걸어가고 있었다.

그 쪽에는

안동 병원(安東病院)
경성 부인병원(京城婦人病院)
고바야시 병원(小林病院)
와다 외과 병원(和田外科病院)
이이쓰카 치과병원(飯塚歯科病院)
나카무라 이비인후병원(中村耳鼻咽喉病院)
사사키 위장병원(佐々木胃腸病院)
고조 산카병원(古城賛化病院)
무라카미 병원(村上病院)
카나이 안과병원(金井眼科医院)
니노미야 부인병원(二宮婦人病院)
사카이 부인병원(酒井婦人病院)
스기모토 이비인후과의원(杉本耳鼻咽喉医院)
그 외는 다음 호에〈110~113쪽〉.

야마자키 스스무(山崎生),「전염병 유행에 즈음해서 -파리와 조선인을 주의하자-」, 『조선급만주』(제124호), 1917년 10월.

전염병과 파리는 아주 밀접한 관계가 있다.
산카병원(賛化病院)의 고조(古城)박사에 따르면 내지인의 단속만으로는 불가능하다. 오히려 조선인 측의 단속이 충분히 행해지지 않는다면 내지인만 바둥거리며 단속한다고 해도 소용이 없다. 저항력이 강한 그들은 붉은 변을 보면서도 인력거를 끄는가 하면 지게도 짊어지고 돌아다닌다. 이런 사람들에게 채소나 과일을 사서 먹기 때문에 이보다 위험할 수 없다.
내지와는 달리 이곳 우물물에는 병균은 없으므로 이곳의 병의 계통이라 할 만한 것은 그들의 대변 등에서 기인한 것은 아닐까?
어떠한 이유에서인지 매년, 특히 적리는 참외가 거리에 나올 무렵부터 시작되고 그와 함께 사라진다고 했는데 올해는 아직 종식되지 않은 것 같다. 이러한 시기에 개인위생은 어쩔 수 없으니 날것을 섭취하지 않는 것이다.
그리고 이것 경찰과의 문제이지만, 단속을 해서 조기 발견이 중요한 것은 당연한 일이며,

여기에 더해서 환자 측이 조기에 신고하게 된다면 한층 더 효과적으로 성과를 올릴 수 있을 것이다. 그러기 위해서는 환자의 집안 주변의 사정을 고려하지 않으면 안 된다. "5일간 왕래를 차단하는 것이 유리하다"는 조항이 있으므로 초기 발병자의 경우는 그 정도로 하지 말고 조기 신고를 권하는 편이 좋지 않은가.

　　이것을 종합하여 연구해 보면 전염성이 강한 파리와 저항력이 강해서 실로 성가신 조선인에 대한 주의, 그리고 발생한 경우 조기 신고를 통해 해결해야 한다.

　　전염성이 강한 파리에 대해서는 모든 내지에도 똑같이 여러 가지 연구 결과가 알려져 있지만, 조선인에 대해서는 여기서 조사하지 않으면 안 된다〈115~116쪽〉.

천래생(天来生), 「조선사회의 여러 양상」, 『조선급만주』(제127호), 1918년 1월.

　　산파와 산후부대물처리자(胞衣屋)

　　우선 출산 이야기부터 시작하겠다. 조선에서 태어나는 아이는 매년 내지인이 1만 명 전후이고, 조선인은 55,6만 명이다. 내지인은 내지보다 출산율(生産率)이 감소하고 있지만, 조선인의 출산율은 내지인과 그다지 차이가 없다.

　　특히 병합 뒤에는 위생 상태도 좋아졌으며 생활수준도 향상되었기 때문에 굉장히 많이 출산하고 있다. 태어난 아이들도 잘 자라나고 있다. 내지인의 경우 약 1할의 사산이 존재하지만 조선인의 사산은 1000분의 6정도밖에 없다.

　　그런데 그렇게 태어난 아이를 보살피는 산파는 비교적 많은 편이다. 내지인 산파는 전국에 600명 정도가 있다. 그 가운데 4~50명 중의 반은 총독부 의원, 반은 자혜의원에서 일하고 있다. 나머지 5백 수십여 명의 산파는 모두 시내에서 일하고 있다.

　　최근 들어 조선인 산파도 나타나고 있지만, 아직 충분하지 않다. 이러한 산파 중에는 한지(限地)개업이라 하여 조선에서만 일 할 수 있는 면허를 가지고 있는 자도 있다. 이것은 조선에서 시험을 보고 면허를 발급한 것으로 내지인은 7,80명 조선인은 1,2명 정도이다. 나머지는 내지에서 왔지만, 총독부 의원이나 자혜의원에서 양성된 사람들이다.

　　이러한 양상이기 때문에 조선인 산파는 매우 부족하지만, 내지인의 경우 조선인의 가정에도 들어가기도 하지만 일이 없어서 남아돌고 있다. 하지만 그것도 시골에서는 그렇지도 않다. 경성 등에서는 100명이 넘는 산파가 있어서 평판이 좋은 일류 산파의 경우 한 달에 2,3백 엔의 수입이 있는 사람도 있지만, 개업한 지 얼마 안 된 사람은 한 달에 한 명 정도 산아를 받으면 성적이 좋은 편이며, 월 2,3십 엔을 버는 것도 아주 힘들다.

　　출산에 함께 참여하는 산후부대물처리자(胞衣屋)는 어느 정도 있는지를 살펴보면 얼마 되지 않지만, 그렇기는 해도 조선 전체에서 24곳으로 경성에 10곳 정도, 다른 주요 도시에 12곳 정도가 있다.

  장의사(葬儀屋)〈133쪽〉
  점술가(賣卜者)〈134쪽〉
  안마(按摩)와 침구(鍼灸)〈135쪽〉
  여성미용사(女髮結)와 이발소〈135쪽〉
  예기(藝妓)와 작부(酌婦) 및 창기(娼妓)〈136쪽〉
  중개알선업자(口入屋)와 식모(女中)의 기질(気質)〈136쪽〉
  노동자〈137쪽〉

「의료계의 웃긴 이야기」, 『조선급만주』(제129호), 1918년 3월.

  고집불통에 제멋대로인 사람이 이케다 스에오(池田季雄), 선생은 목욕탕 속에 들어가 있으면서 신문을 가져오게 하거나 스토브 주변에 소변을 보는 등 장난이 심한 사람이다. 잘 알려진 애첩매춘부는 지금 에이라쿠쵸(永楽町)에서 사미센을 가르치고 있다는 이야기다.
  혼마치 1정목의 '미요시노'라는 좁쌀떡집을 겸업하는 사사키(佐々木)위장병원장은 좁쌀떡집이 본업인 의사보다도 인기가 있어서 아주 번창하였다. 부인은 바쁜 듯이 매일 떡집에 나가서 일하고 있다. 누에가 나열된 것처럼 딱 정리된 옆모습은 보기 좋지는 않지만 떡이 달아서 수지가 맞다는 평판이다〈44쪽〉.

칠초생(七草生), 「총동부 의원의 간호부 평판기록, 경성의 하카마(袴) 여성 ― 속편(2)」,
  『조선급만주』(제132호), 1918년 6월.

  총독부 의원 간호부
  이번 달은 총독부 의원의 간호부 제군(諸裙)을 찾아가는 이야기이다. 그리고 게다가 동원(同院)에 있는 한 간호부가 직접 쓴 편지를 실기로 했기 때문에 한층 흥미로울 것으로 생각한다. 다음의 글이 그것인데 약간은 수정한 부분도 있다〈96쪽〉.

구사노 히바리(草野ひばり), 「경성의 여자 의사 조사」, 『조선급만주』(제132호), 1918년 6월.

경성에는 현재 5명의 여자 의사가 있다. 그 가운데 개업한 의사는 겨우 3명에 지나지 않는다. 내지인과 조선인을 합해서 인구 24만 명이라고도 하고 30만 명이라고도 하는 경성에서 여자 의사가 3명 또는 5명이라는 것은 너무나 적다. 수가 적기 때문에 재미있는 이야기도 곧바로 듣게 된다. 하지만 이점은 사양하고 문제가 없는 부분을 아주 간단히 서술해 보도록 하겠다.

여기서 말하는 3명의 여자 의사는 도가와(戸川)의원의 도가와 킨코(きん子), 가와사키 다이쇼(川崎大正) 의원의 가와사키 도모코(とも子), 나카무라(中村) 치과의원의 나카무라 야스코(やす子)이다.

이 밖에도 도가와씨의 여동생인 도가와 쓰네코(つね子)씨와 아라이 아사코(荒井あさ子)씨를 포함하면 총 5명의 여자 의사가 있는 셈이다. 이 두 사람은 아직 개업하지 않은 상태이다. 도가와씨는 총독부 의원에 남편을 두고 있으며, 아라이씨는 남편을 둔 가정이 있는 사람이다. 이 사람은 4,5년 전에 개업 시험에 합격하였다. 후쿠시마(福島)의 사람으로 벌써 40 내외의 중년의 여성이다. 이번에는 주로 전자의 3명의 여자 의사에 관하여 서술하도록 하겠다〈101쪽〉.

구보 다케시(久保武: 의학박사), 「체질적으로 본 조선인-인류학적 특징에 대하여-」, 『조선급만주』(제143호), 1919년 5월.

시국에 맞추어 조선인 연구 가운데 하나의 자료로서 이미 구보박사의 발표된 공적 중 아주 기본적인 개요를 아래에 기술하도록 하겠다.

조선인의 골격을 내지인의 골격과 비교하면 비교적 크고 중량도 약간 무겁지만, 근육 계통을 검토해 보면 이것과 정반대로 내지인보다 아주 뒤떨어져 있다.

내지인의 근육은 중량이 아주 크고, 단순히 조선인과 비교해서 우수할 뿐만 아니라, 유럽인(歐州人)과 비교하여도 우수한 수준이다.

그러나 골격과 근육을 합쳐서 운동기전체(運動器全體)의 중량에 있어서도 일본인은 조선인 및 유럽인보다 좋은 성적을 나타내고 있다. 하지만 피부 및 피하지방 조직의 전체 양은 조선인보다도 일본인이 적다. 말하자면 내지인의 체질은 근육의 면에서 조선인보다 우수하며 조선인은 피부, 특히 지방과 골격에 있어서 일본인보다 우수하다〈28쪽〉.

구보 다케시(久保武: 의학박사), 「인종 해부학의 관점에서 본 조선인의 머리와 뇌에 관한 연구」, 『조선급만주』(제145호), 1919년 7월.

대개 한 나라의 인종이나 한 지방에 서식하는 민족의 인종적 특징을 명확히 하고자 한다면 인류학상 여러 종류의 방면을 조사하고 연구하는 것은 각기 특수한 가치가 있다는 것은 논할 필요가 없다. 그중에서도 무엇보다 가장 가치가 있는 것은 체질상의 연구를 기초로 한 결과이다.

그러나 같은 신체에 관한 연구에서도 그것이 생체인지 시체인지에 대한 구분 없이 가장 흥미롭고 가치가 있는 것은 아마도 두부(頭部) 뇌수(腦髓)에 관한 연구이다.

필자는 메이지 40년경부터 조선인의 체질 인종학적 연구를 해왔는데 당시에는 주로 조선인 생체에 대한 외형에 관한 연구였다. 그 다음으로 다이쇼 4년 8월에 총독부의원에서 해부학 교실이 특설된 후 지금까지 시체 92구(남성 81명, 여성 11명)에 대하여 얻을 수 있는 만큼의 측정 자료 및 관찰을 수행하였다.

지금 이 글에서는 특히 두뇌에 한하여 연구한 결과를 서술하고자 한다.

……(중략)……

이 점은 매우 특이한 현상이라고 생각해서 조사를 수행한 결과 조선인의 머리는 둘레는 작지만, 용적은 크다는 것은 조선인의 머리 형태가 단두형(短頭形), 원형이라는 점과 길이도 길기 때문이라는 것을 알 수 있었다⟨47~48쪽⟩.

일기자, 「총독부의원의 정신병실을 살펴보다」, 『조선급만주』(제145호), 1919년 7월.

내지인과 조선인 정신병자는 조선에 상당수 존재하지만, 총독부의원에 환자가 20명밖에 없는 것은 병실의 수용능력이 부족하고 설비가 불완전하므로 중류층 이상의 환자는 입원하지 않기 때문이라고 한다. 총독부의원이 정신병자의 수용을 이렇게 경시하는 것은 어떠한 이유일까?

필자에게는 조금 이해가 가지 않는다. 부연하자면 의학계에서는 정신병자를 무슨 무슨 광(狂)이라 부르지 않고 무슨 무슨 병이라고 부르고 있다⟨89쪽⟩.

고바야시 하루지로(小林晴治郎: 총독부의원, 이학박사), 『조선급만주』(제147호), 1919년 9월.

조선의 지방병이라 할 수 있는 것은 간디스토마, 말라리아, 아메바 적리 등이 있다.

1. 간디스토마

언제부터 이 병이 생겨났는지는 명확하지 않다. 하지만, 조선인들이 토병(土病)이라고 지칭하는 병들의 대부분은 간디스토마의 경우이기 때문에 아주 옛날부터 존재했다고 생각할 수 있다. 그런데 이 병의 범위는 대부분의 조선 전도에서 나타나고 있다고 한다. 물론 발생 구역은 일정한 범위에서 제한적이지만, 대체로 각 도의 여러 지역에서는 지방병으로 아주 많이 발병하고 있으며, 약간의 환자는 어디에나 있다.

2. 말라리아

3. 아메바 적리(赤痢)⟨67~69쪽⟩.

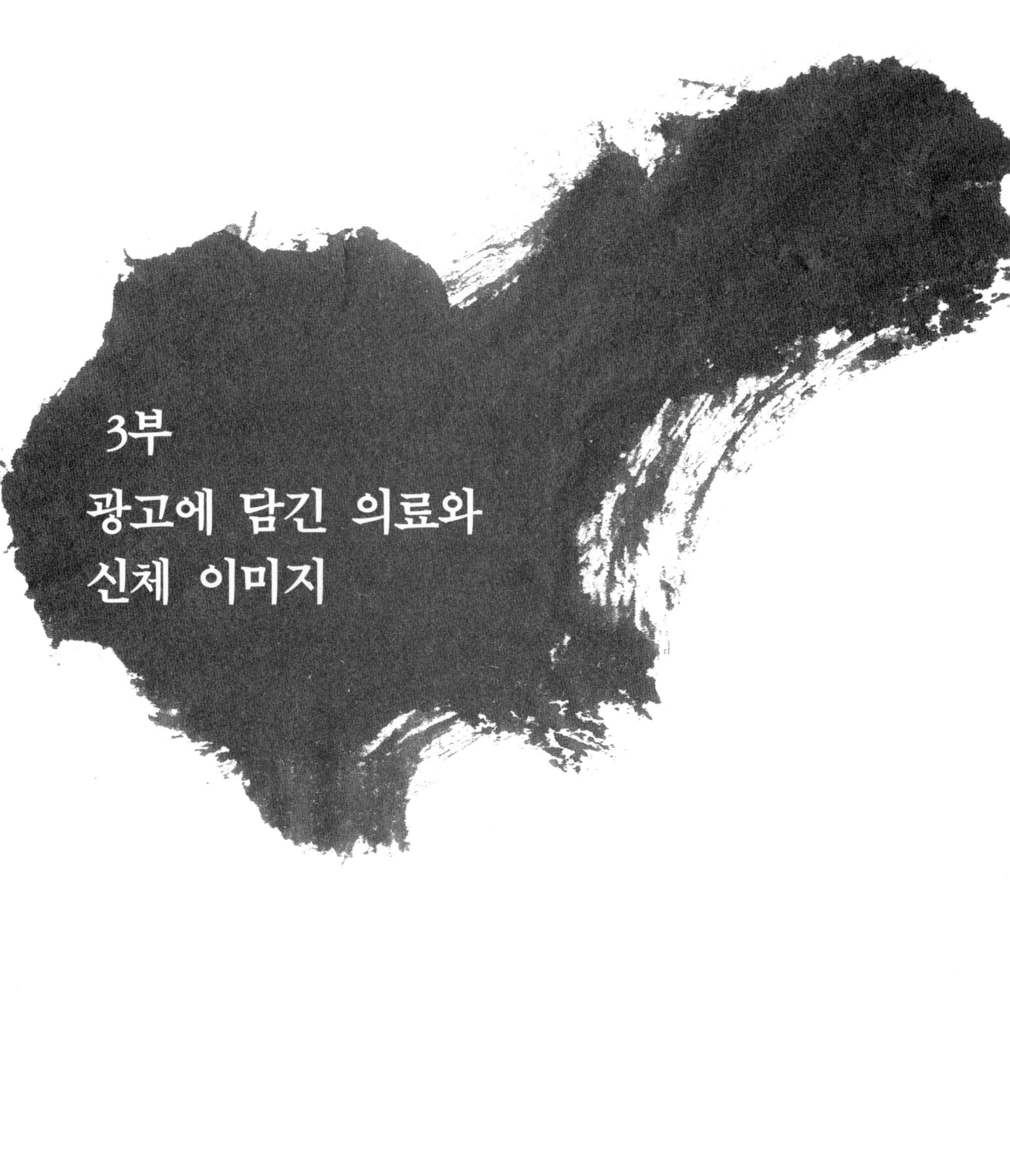

3부
광고에 담긴 의료와
신체 이미지

1. 고통받는 신체

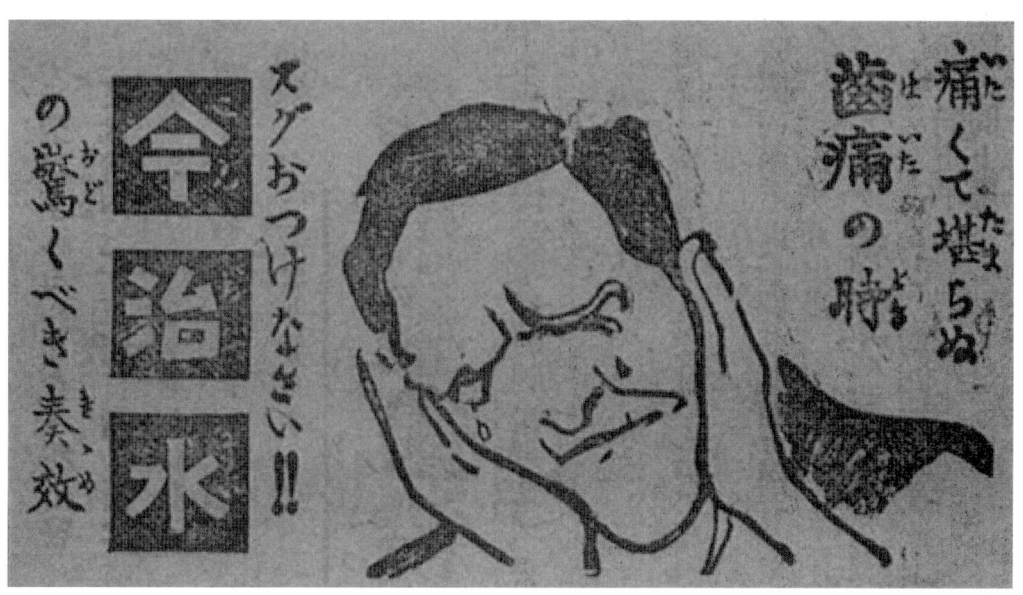

<그림 1>
『부산일보』, 1916년 6월 9일

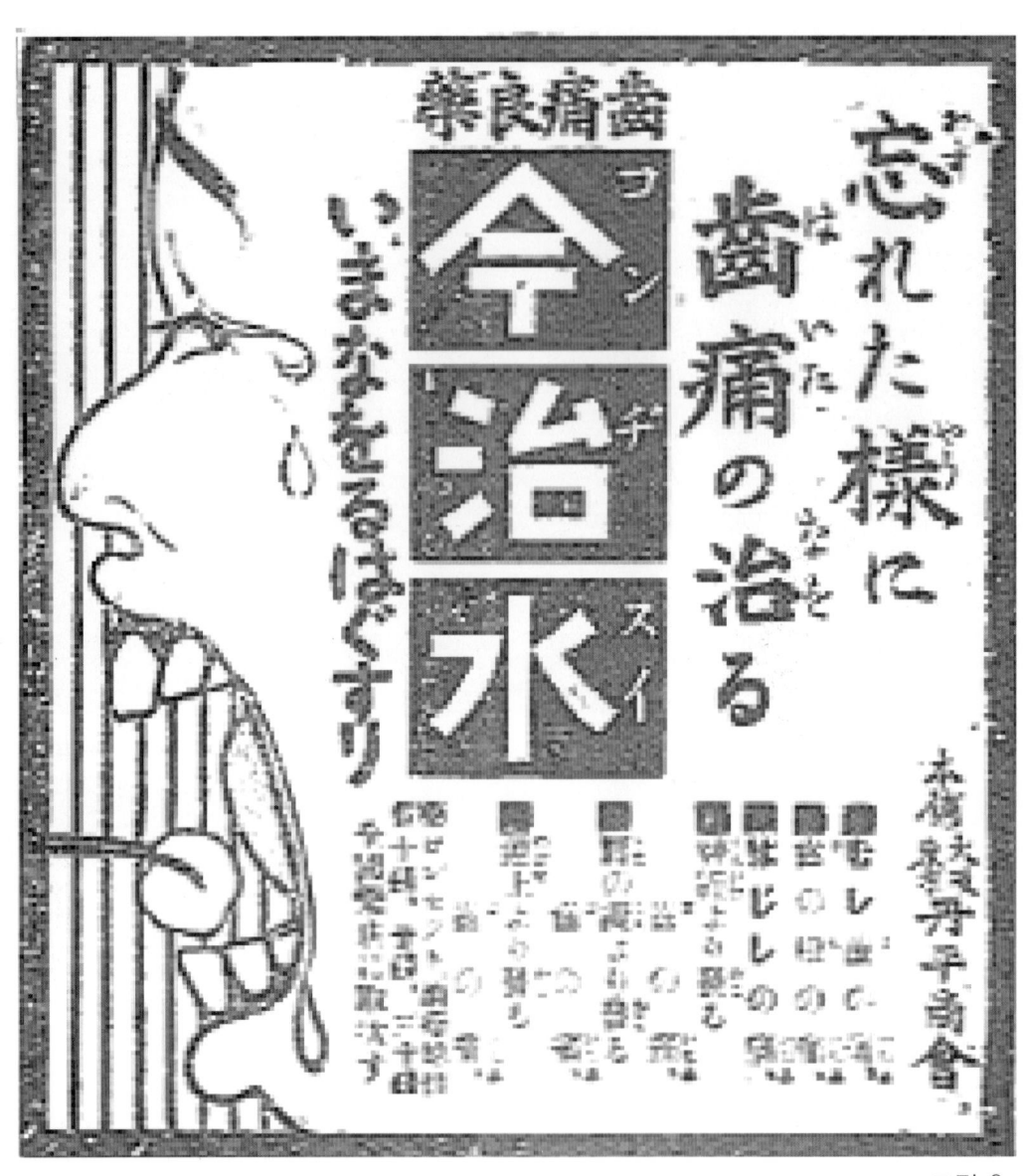

<그림 2>
치통, 『경성일보』, 1917년 8월 12일

<그림 3>
치통, 『매일신보』, 1918년 10월 17일

<그림 4>
눈병, 『경성일보』, 1919년 8월 20일

<그림 5>
두통, 『매일신보』, 1914년 5월 23일

<그림 6>
습진, 『매일신보』, 1916년 1월 23일

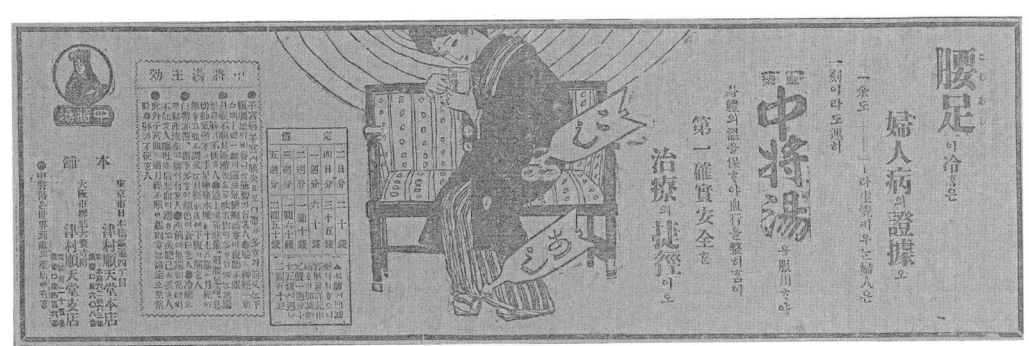

<그림 7>
허리와 발의 냉증, 『매일신보』, 1916년 3월 18일

<그림 8>
가래 기침, 『매일신보』, 1919년 11월 26일

<그림 9> 납이 들어간 화장품으로 중독이 된 여인 광고 부분,
『매일신보』, 1916년 8월 3일

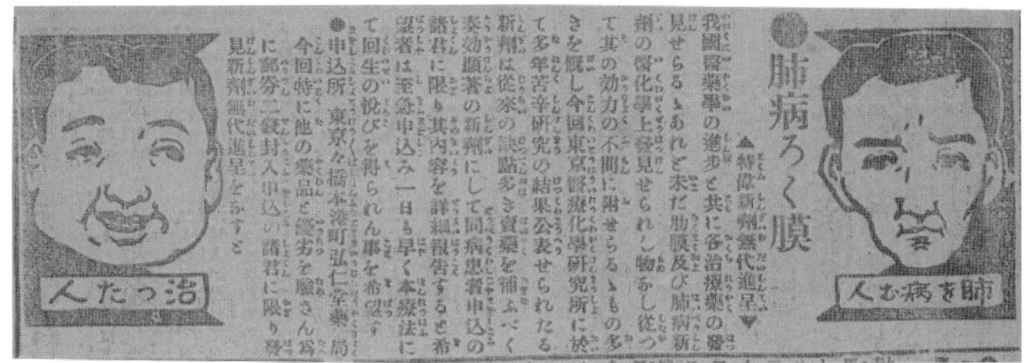

<그림 10> 두통, 『매일신보』, 1918년 11월 20일

<그림 11>
폐병 환자와 완치된 환자, 『부산일보』, 1915년 1월 19일

<그림 12>
치질과 상습변비증 환자의 모습. 치질약 광고 부분, 『부산일보』, 1917년 11월 21일.

2. 과학과 의학

<그림 13>
화학적인 치약, 『경성일보』, 1916년 4월 8일

<그림 14>
화학적인 비누, 『경성일보』, 1918년 10월 27일

<그림 15>
제약 실험실과 약광고, 『매일신보』, 1916년 5월 2일

<그림 16> 시험관을 소구로 한 임질약 광고, 『매일신보』, 1916년 8월 23일

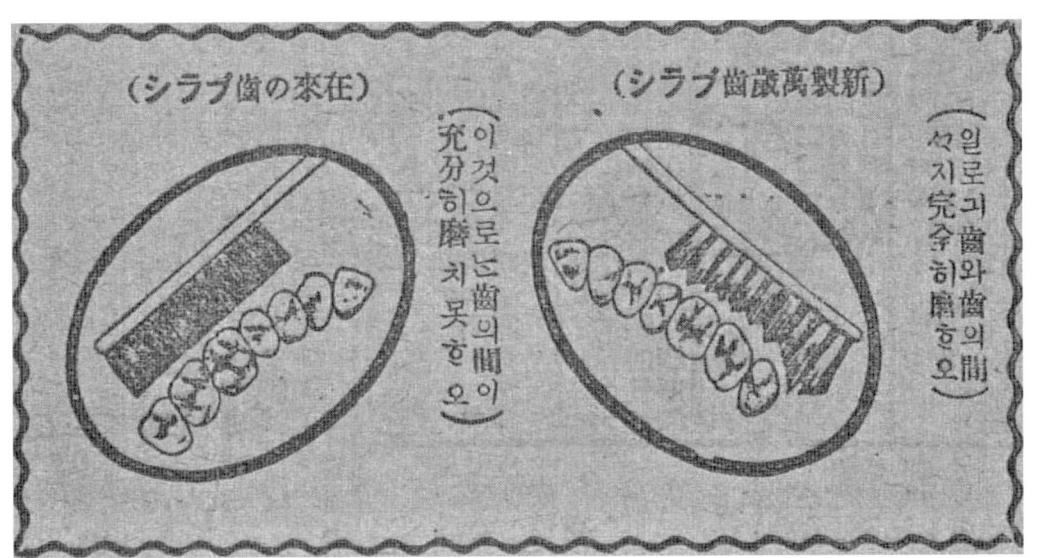

<그림 17>
과학적 설계를 한 칫솔, 『매일신보』, 1917년 4월 3일

<그림 18>
시험관을 소구로 한 치약광고, 『매일신보』, 1918년 11월 11일

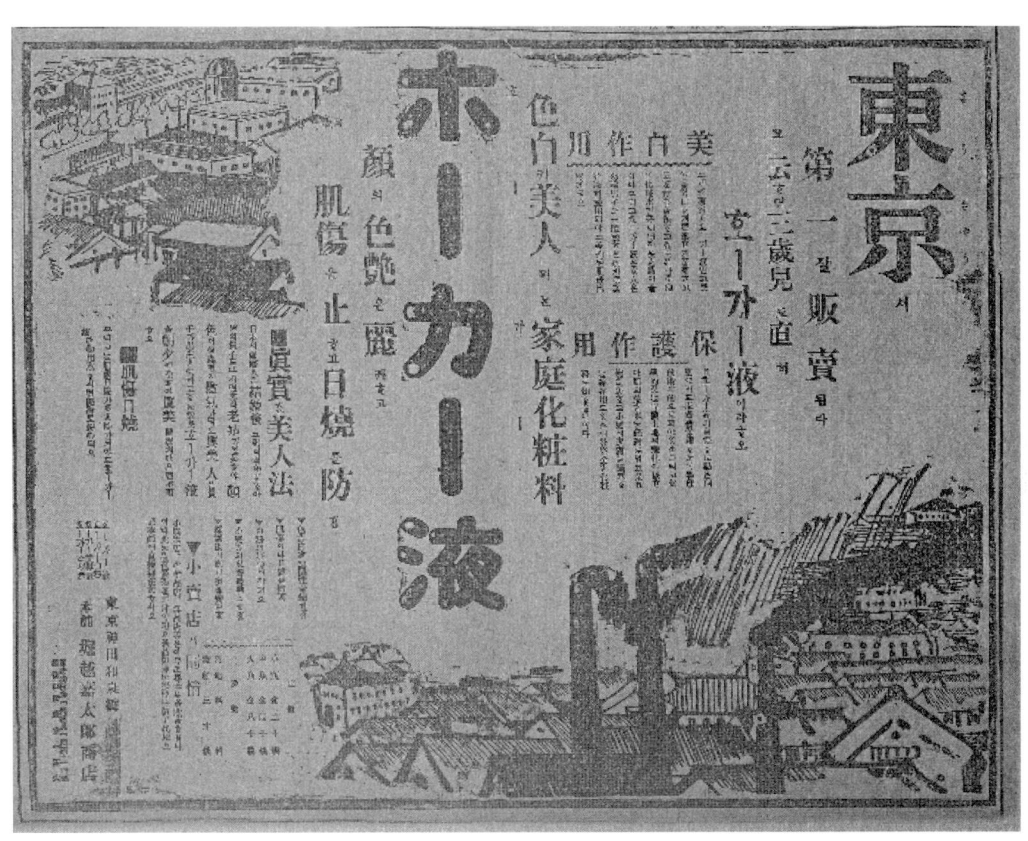

<그림 19>
굴뚝 연기를 통해 근대 공장에서 생산된 것임을 보여주고 있다. 『매일신보』, 1919년 3월 27일

<그림 20>
최신의 학설에 근거하고 있다는 여성약 광고
『부산일보』, 1917년 12월 11일

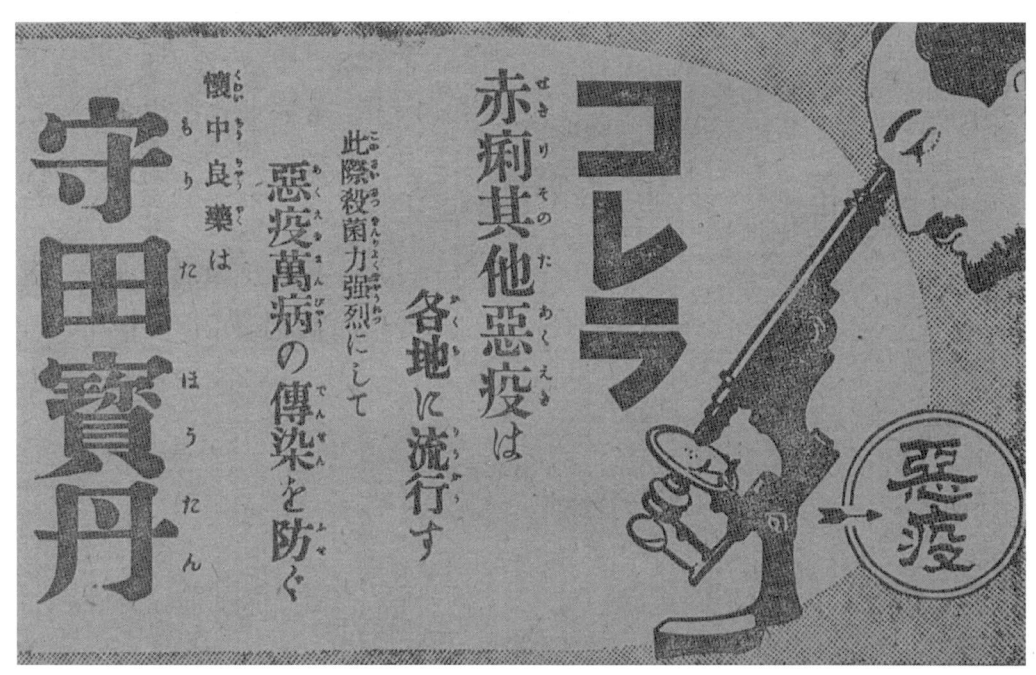

<그림 21>
현미경을 소구로 한 콜레라 약 광고, 『부산일보』, 1916년 9월 10일

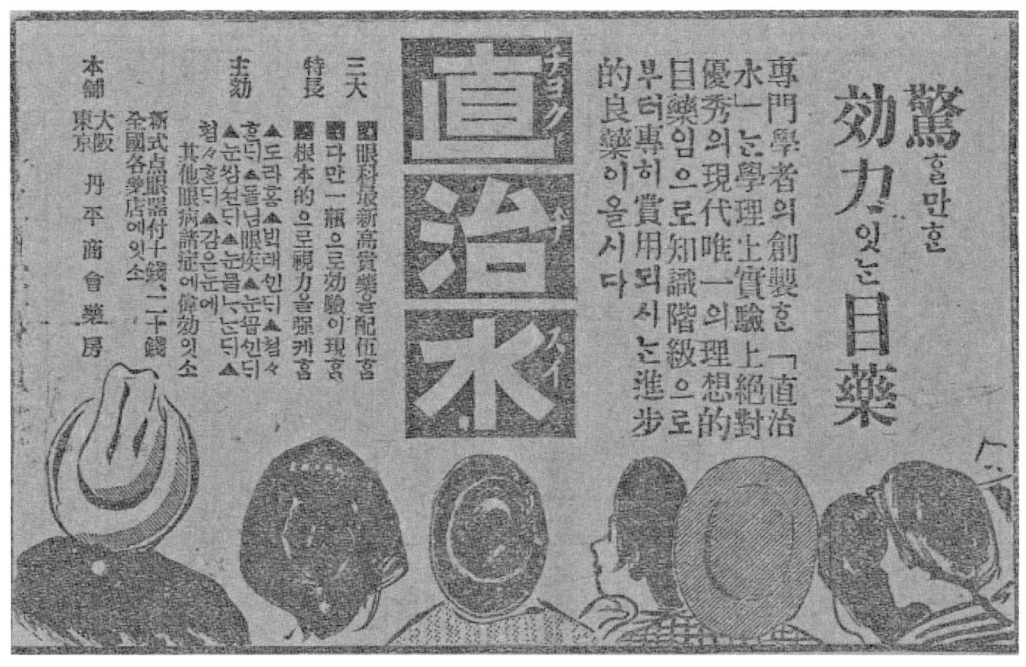

<그림 22>
전문학자가 만들었다고 주장하는 눈약 광고, 『매일신보』, 1919년 2월 15일

3. 구충 · 살충제

<그림 23>
살충제, 1916년 5월 18일

<그림 24>
벼룩 빈대약, 『매일신보』, 1916년 4월 27일

<그림 25> 『매일신보』, 1912년 6월 20일

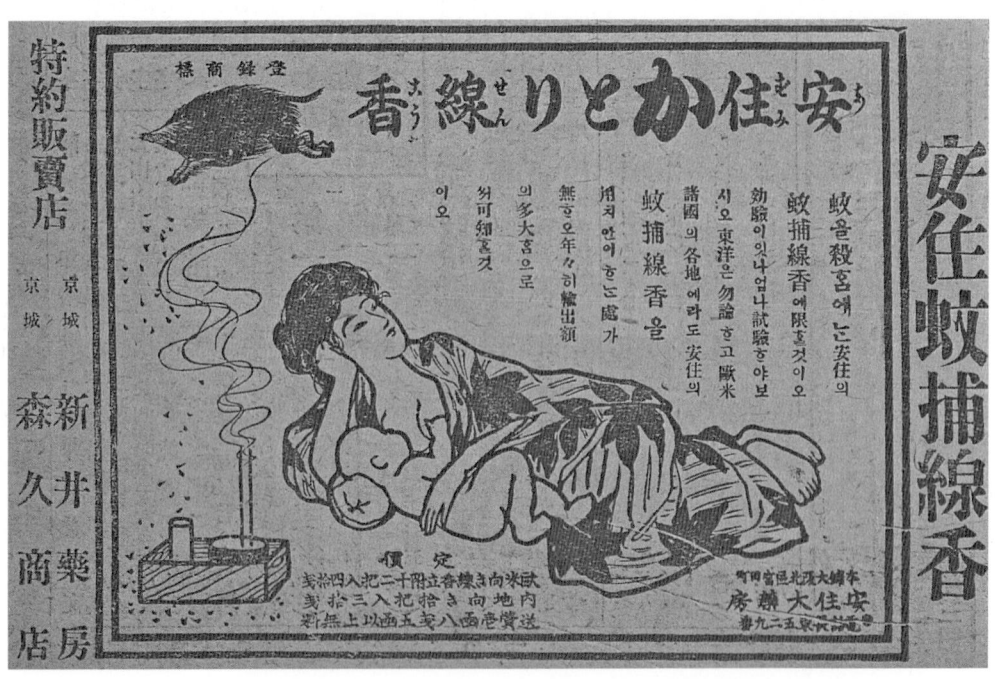

<그림 26> 『매일신보』, 1912년 6월 19일

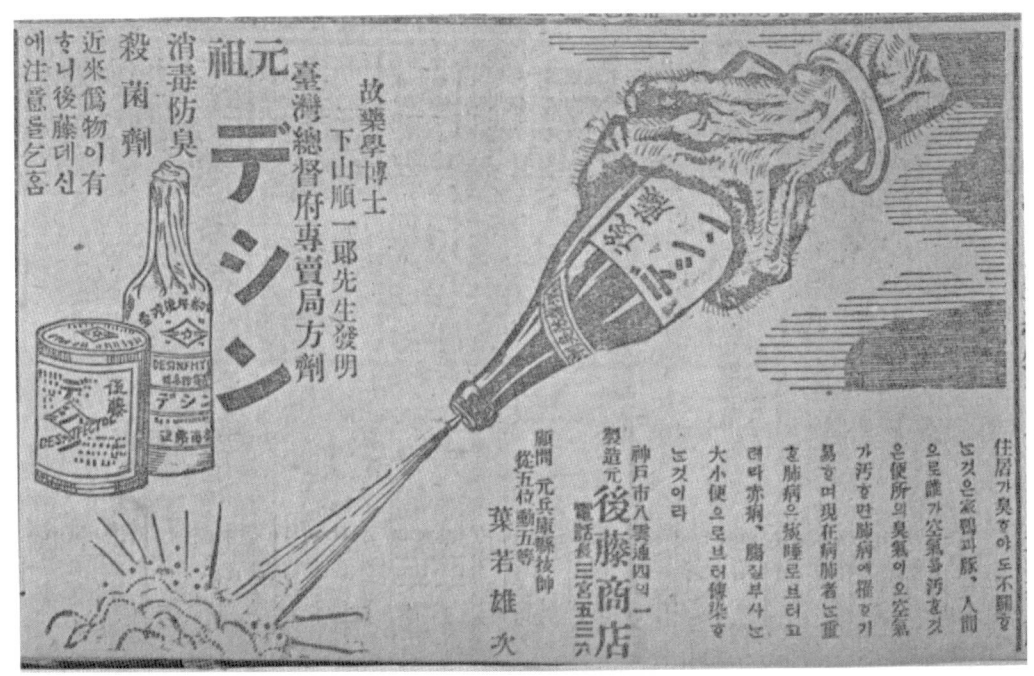

<그림 27>
화장실 살균제, 『매일신보』, 1913년 8월 21일

<그림 28>
전화구 소독기, 『매일신보』, 1915년 6월 23일

<그림 29>
쥐약, 『부산일보』, 1918년 11월 26일

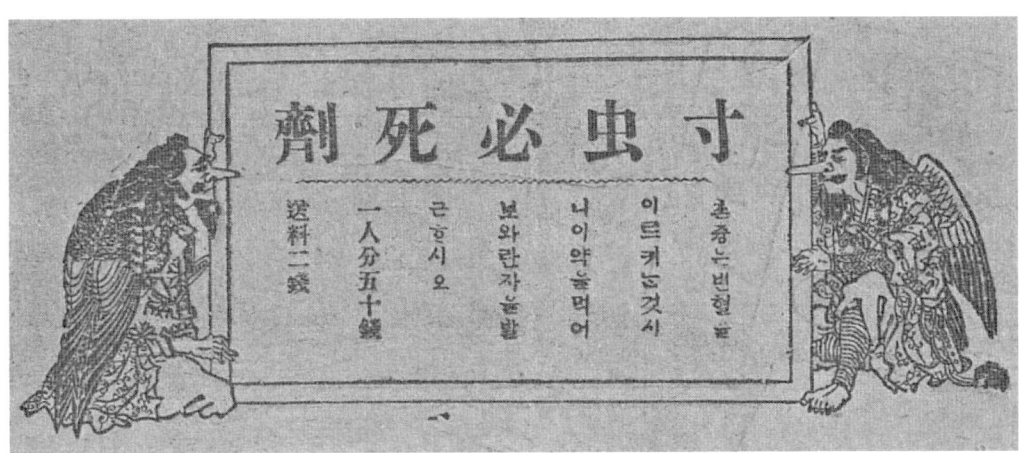

<그림 30>
'촌충 필사제', 『매일신보』, 1916년 10월 1일

4. 화류병(성병) 약 광고

<그림 31> 독사보다 무서운 매독, 『경성일보』, 1916년 3월 12일

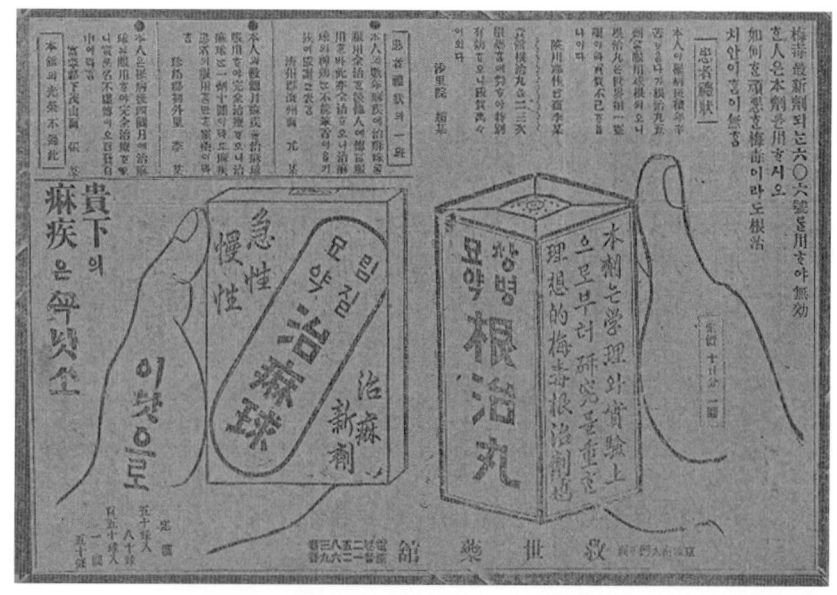

<그림 32> 매독 임질 '근치환', 『매일신보』, 1916년 7월 2일

<그림 33>
일본은 세계 제일의 화류병(성병) 나라, 『경성일보』, 1918년 8월 21일

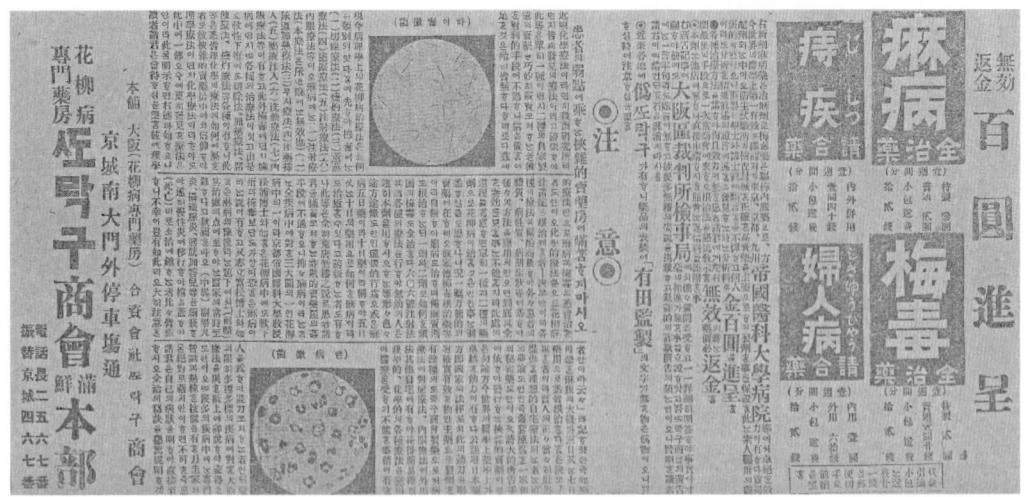

<그림 34> 매독과 임질 균을 그림으로 그린 약 광고, 『매일신보』, 1916년 8월 2일

<그림 35> 임질은 남녀가 함께 치료하라는 광고, 『매일신보』, 1917년 10월 3일

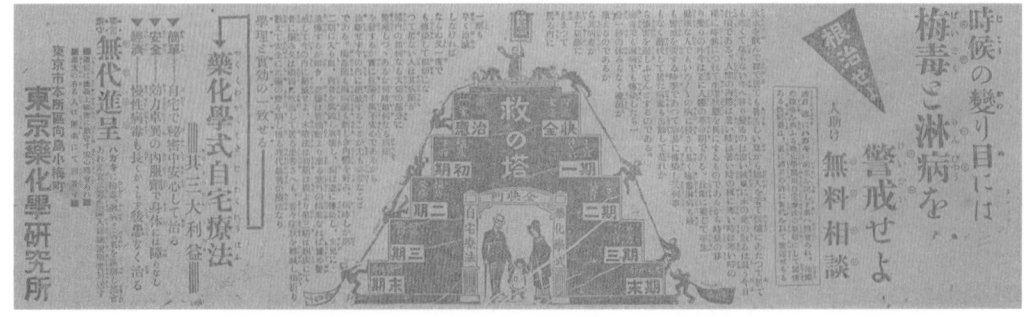

<그림 36> 자기 집에서 고칠 수 있다는 매독약 광고, 『부산일보』, 1917년 10월 22일

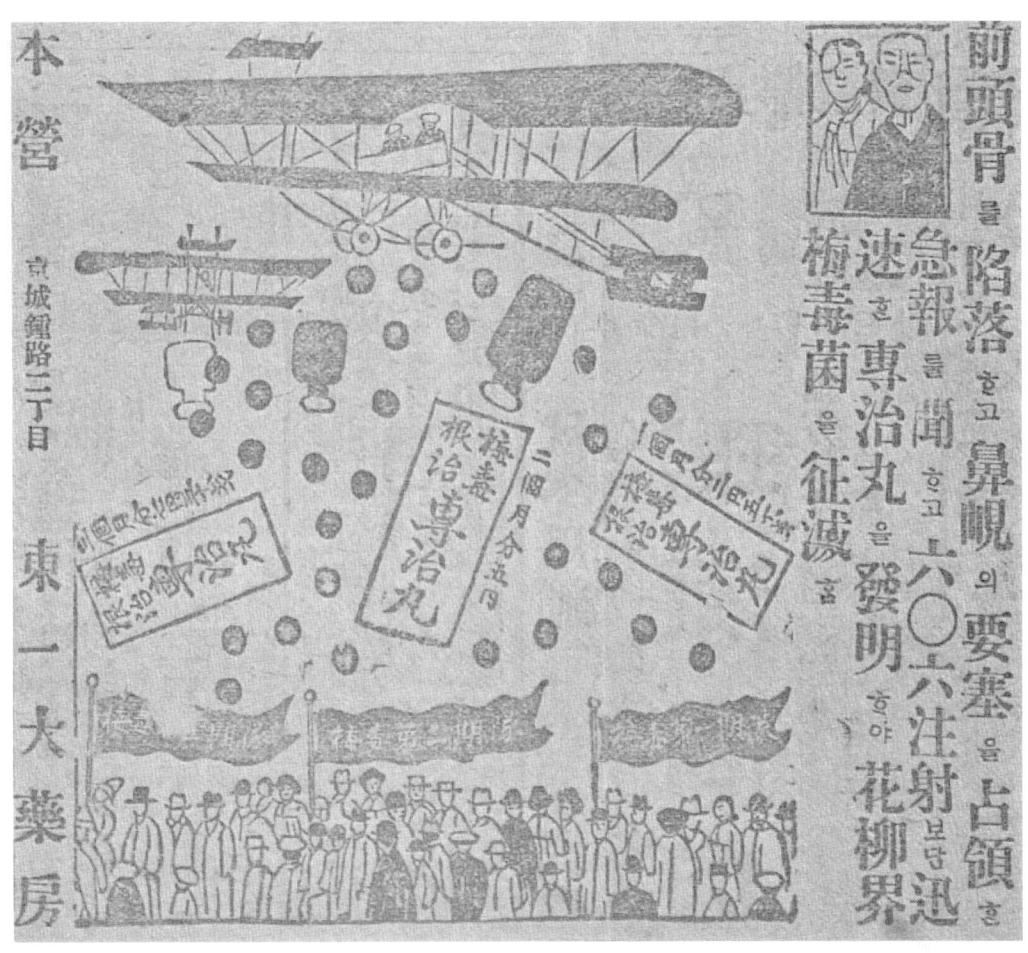

<그림 37>
앞머리가 함몰한 매독환자 그림과 비행기를 소구로 삼은 매독약 광고.
『매일신보』, 1917년 11월 9일

<그림 38>
쥐(매독균)잡은 고양이(매독약),
『매일신보』, 1919년 3월 8일

5. 뇌건강

<그림 39>
『경성일보』, 1915년 9월 6일

<그림 40>
『경성일보』, 1916년 5월 5일

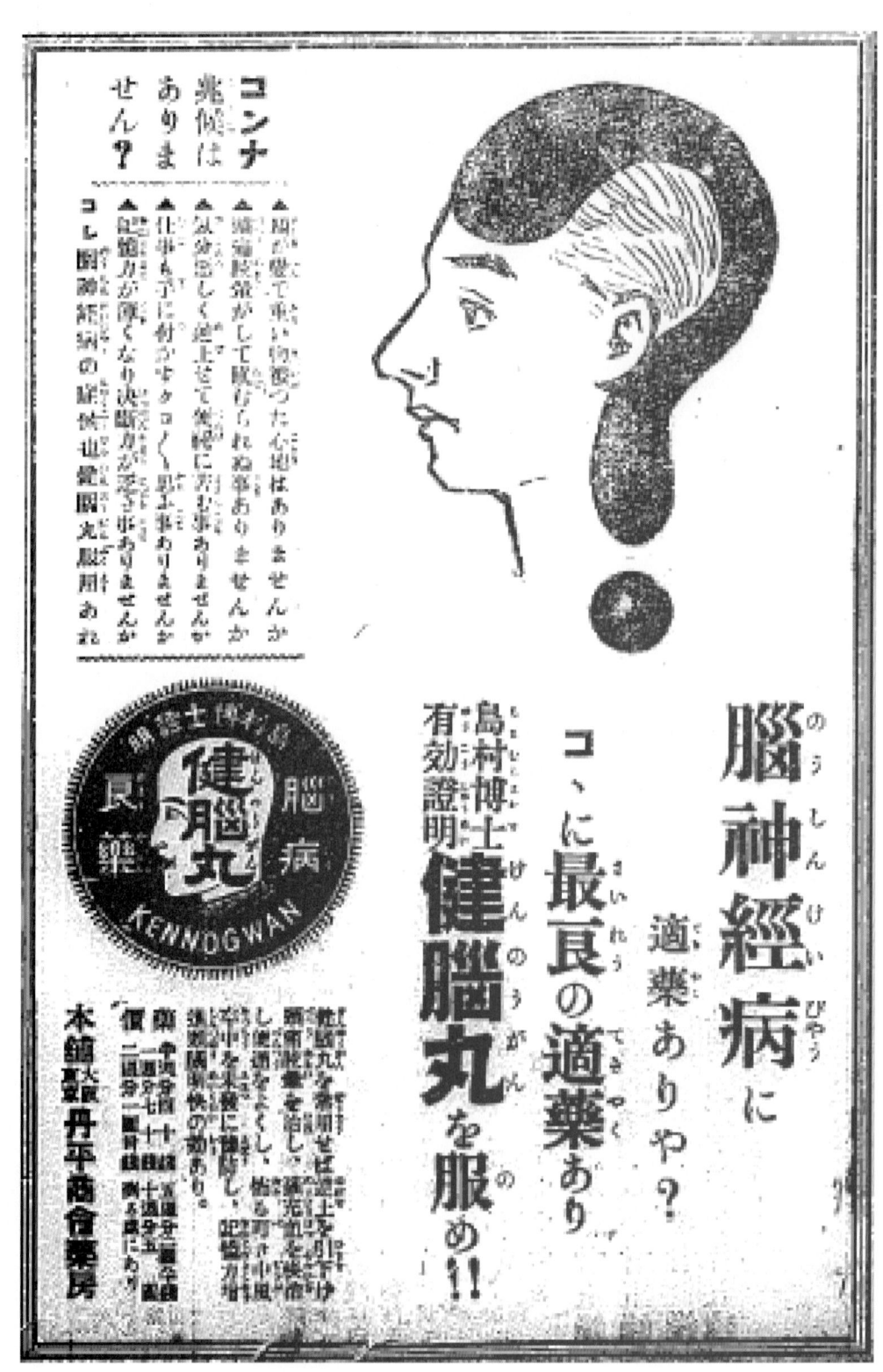

<그림 41> 『경성일보』, 1917년 10월 16일

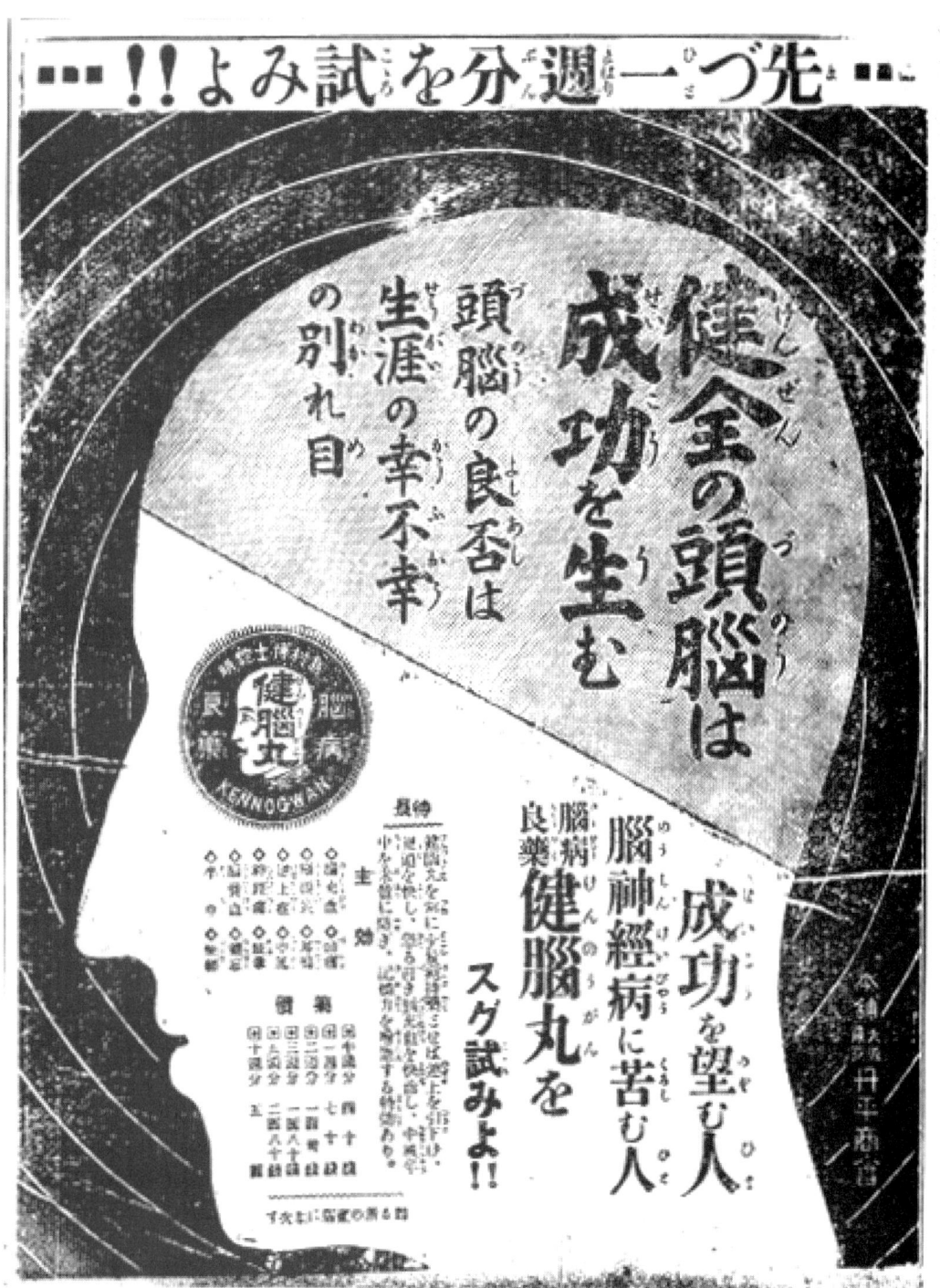

<그림 42> 『경성일보』, 1919년 6월 17일

<그림 43> 인생의 파도를 넘는 강건한 두뇌가 필요하다, 『경성일보』, 1919년 8월 17일

<그림 44> 뇌신경병, 『매일신보』, 1915년 4월 5일

<그림 45> 뇌가 피곤하면 몸이 약하다, 『매일신보』, 1916년 2월 6일

<그림 46> 『매일신보』, 1916년 8월 6일

<그림 47> 『매일신보』, 1918년 11월 4일

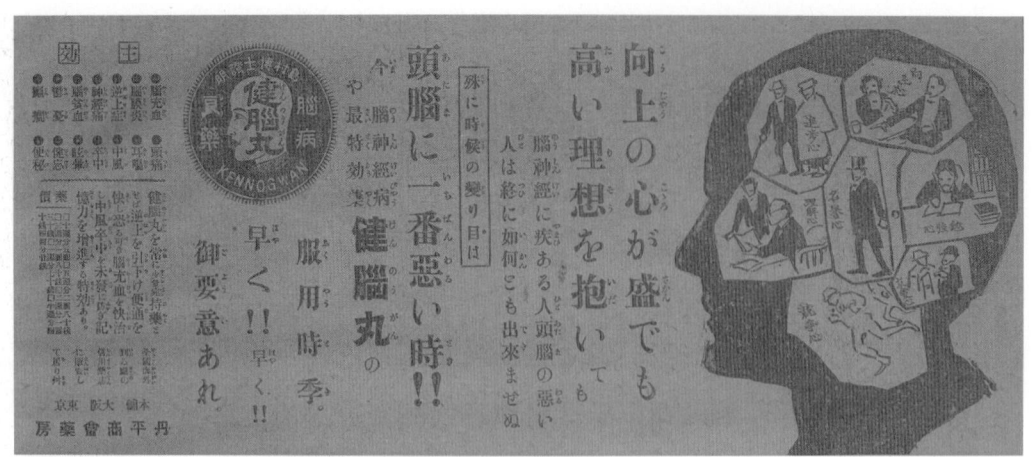

<그림 48> 명예심, 경쟁심 등이 뇌를 어지럽힌다, 『부산일보』, 1917년 10월 14일

6. 자양강장제와 신체 이미지

<그림 49> 정력을 왕성하게 하고 뇌의 힘을 기르는 인삼제제,
『경성일보』, 1917년 8월 21일

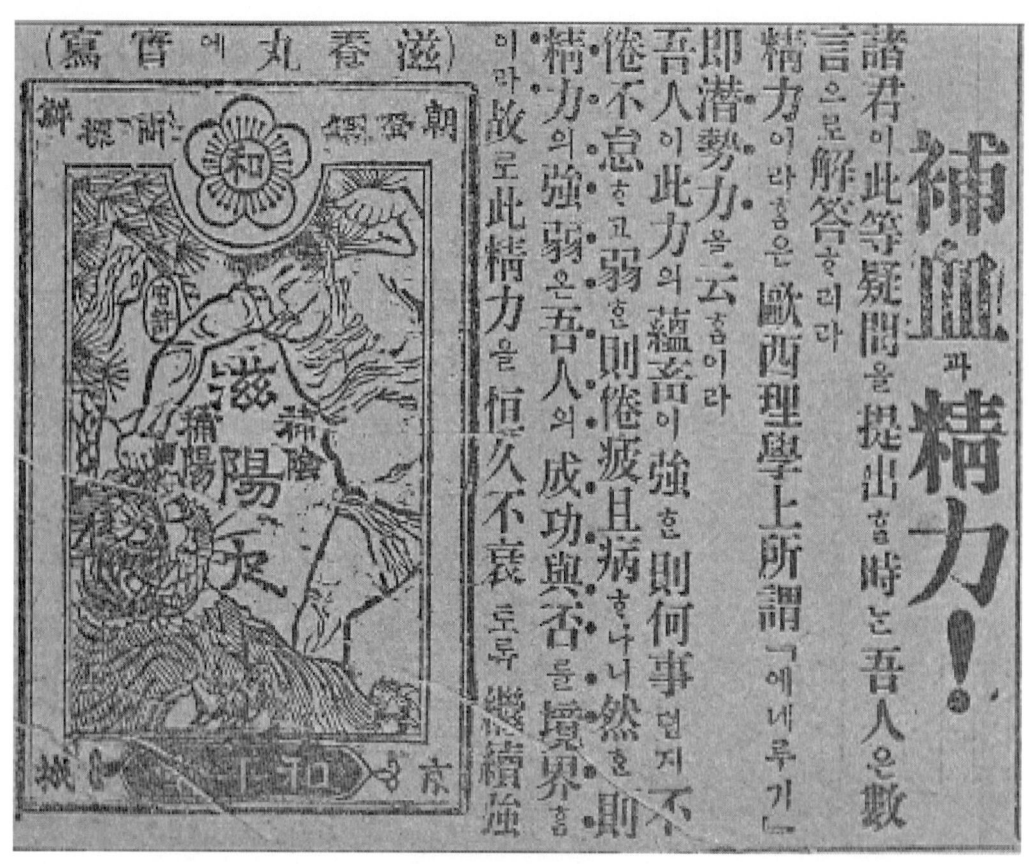

<그림 50> 정력 자양환, 『매일신보』, 1916년 5월 9일

<그림 51> 근육모델 자양제, 『매일신보』, 1919년 6월 8일

<그림 52> 인류생활의 묘기, 남녀 강장제, 『매일신보』, 1919년 6월 12일

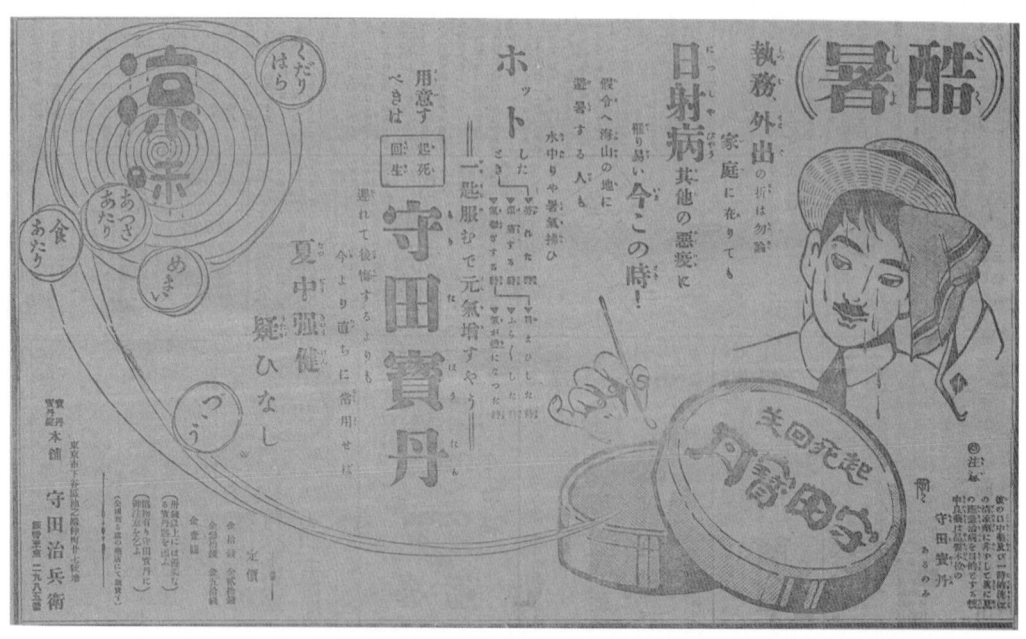

<그림 53> 일사병에 기사회생 한다는 광고, 『부산일보』, 1915년 8월 19일

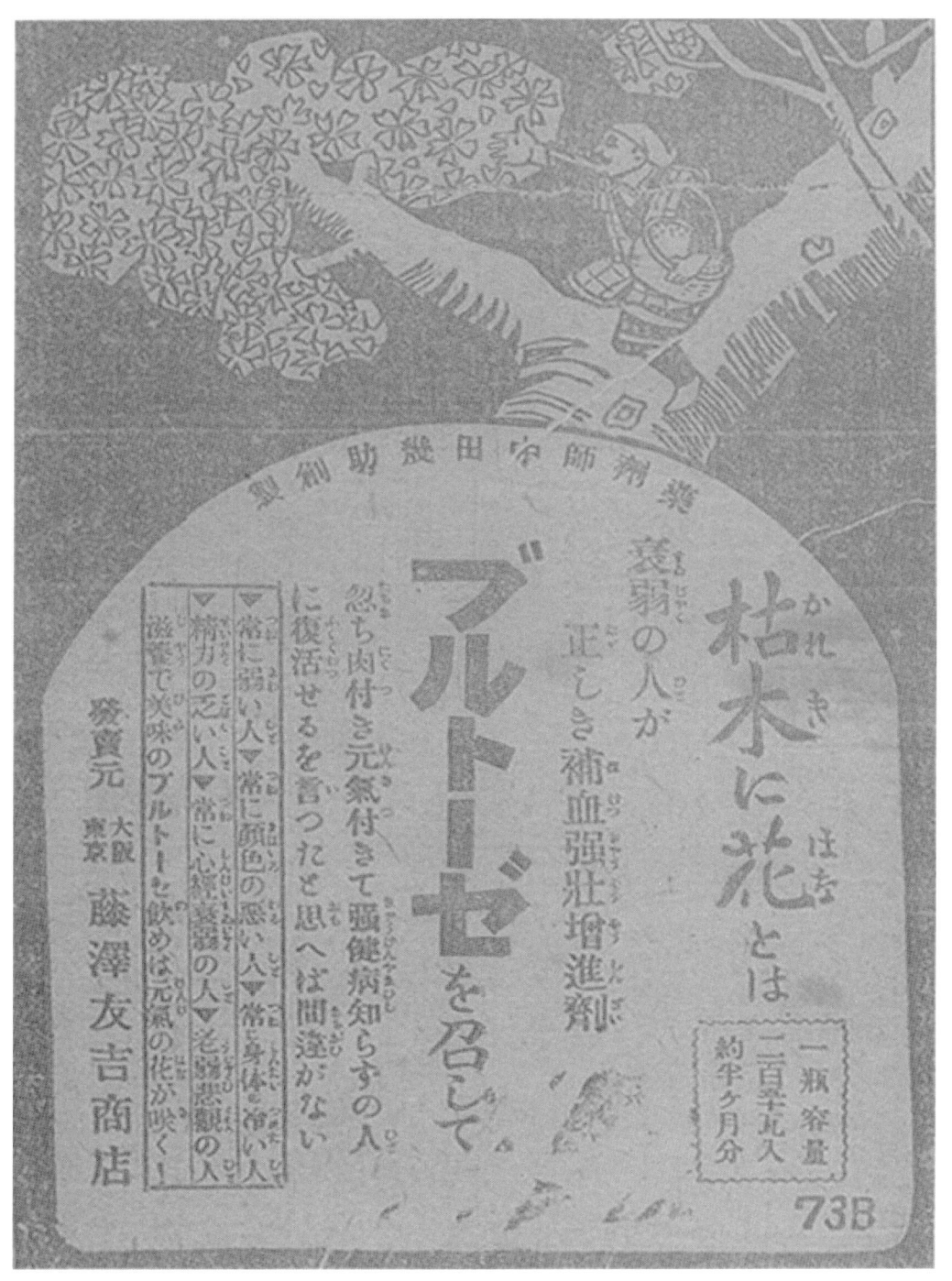

<그림 54> 고목에서 꽃 피듯한다는 강장제 광고, 『부산일보』, 1918년 4월 22일

<그림 55> 달걀보다도 영양가가 많다는 포도주 광고, 『부산일보』, 1918년 5월 12일

7. 전염병과 의약품

<그림 56> 콜레라 균 그림을 넣은 광고, 『경성일보』, 1919년 9월 3일

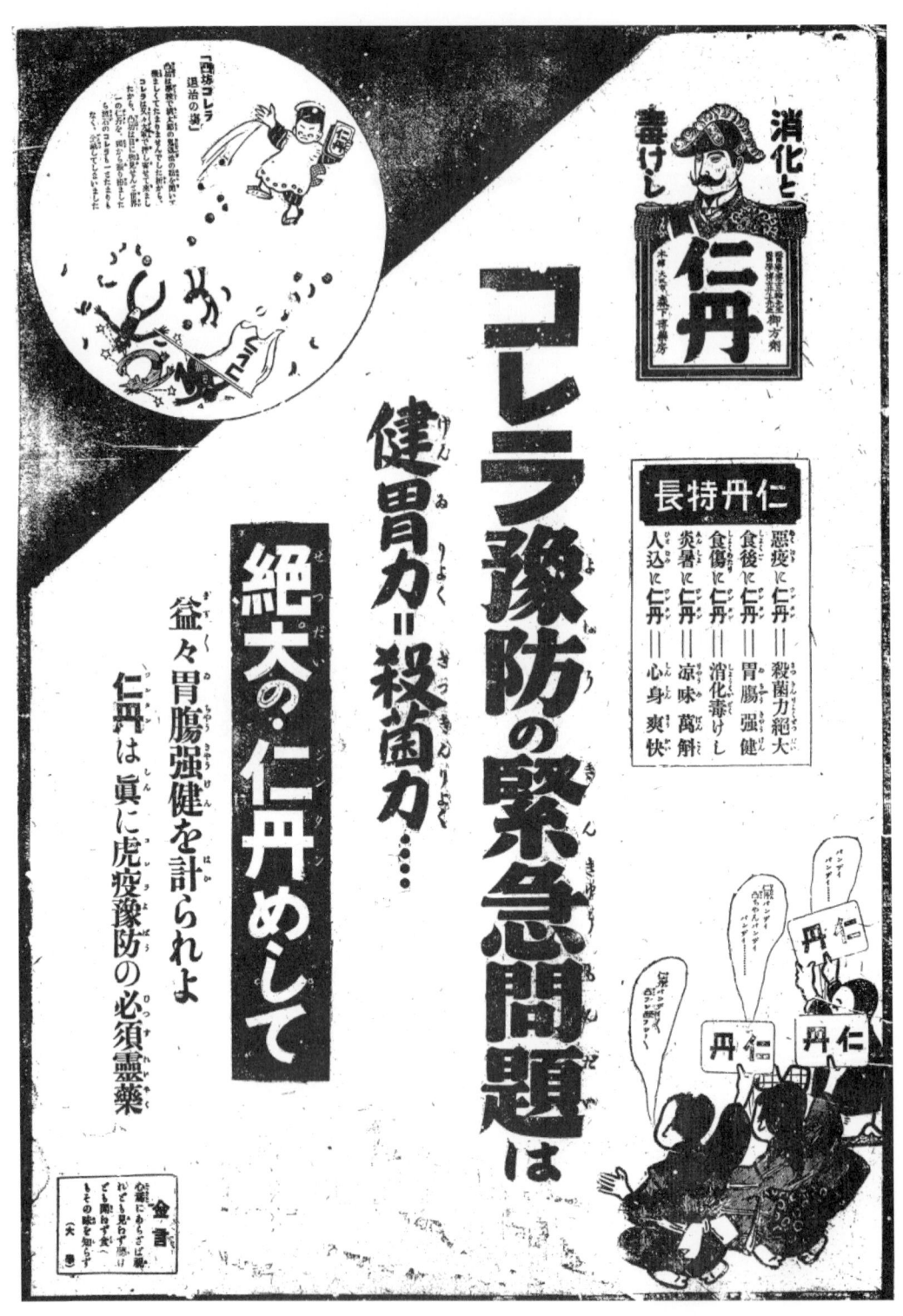

<그림 57> 콜레라 균을 도깨비에 비유한 광고, 『경성일보』, 1919년 10월 2일

<그림 58> 악성 감기, 『경성일보』, 1919년 12월 30일

<그림 59> 호열자(콜레라) 예방약 광고, 『매일신보』, 1916년 9월 28일

<그림 60> 학질(말라리아) 약 '금계랍' 광고, 『매일신보』, 1918년 5월 29일

<그림 61> 콜레라를 도깨비에 비유한 광고, 『부산일보』, 1917년 2월 3일

<그림 62> 콜레라 균을 도깨비로 은유한 광고 부분, 『경성일보』, 1919년 10월 2일

8. 해부학과 의약품

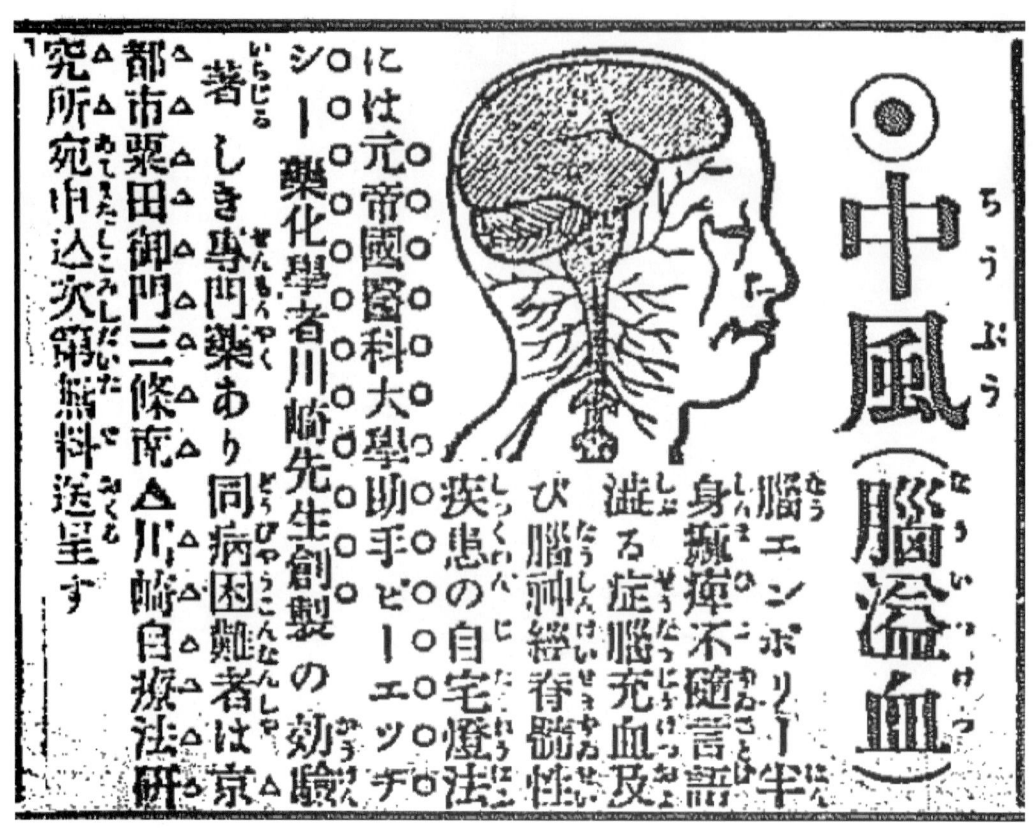

<그림 63> 중풍, 뇌일혈, 『경성일보』, 1915년 9월 18일

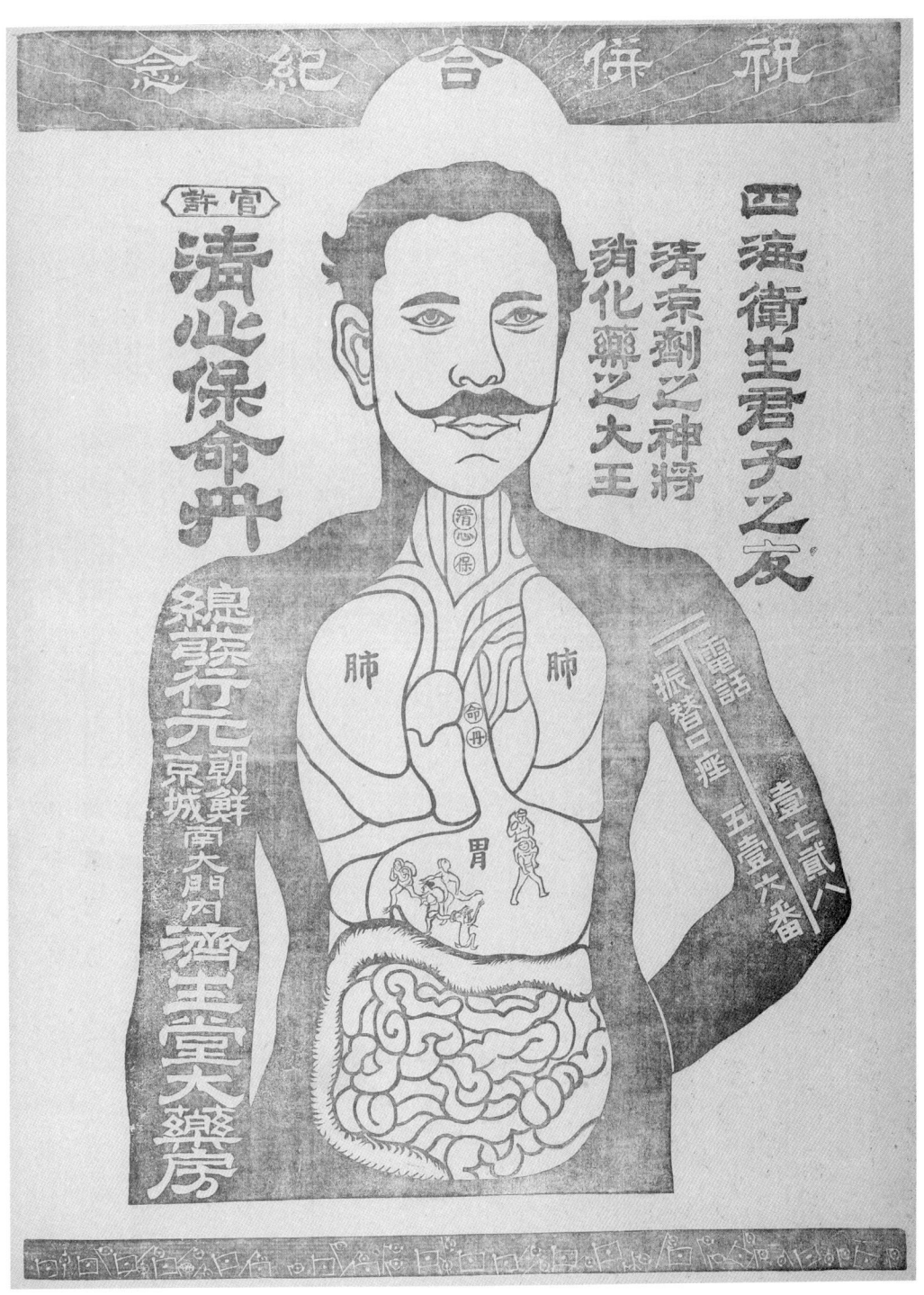

<그림 64> 전면광고, 『매일신보』, 1911년 8월 29일

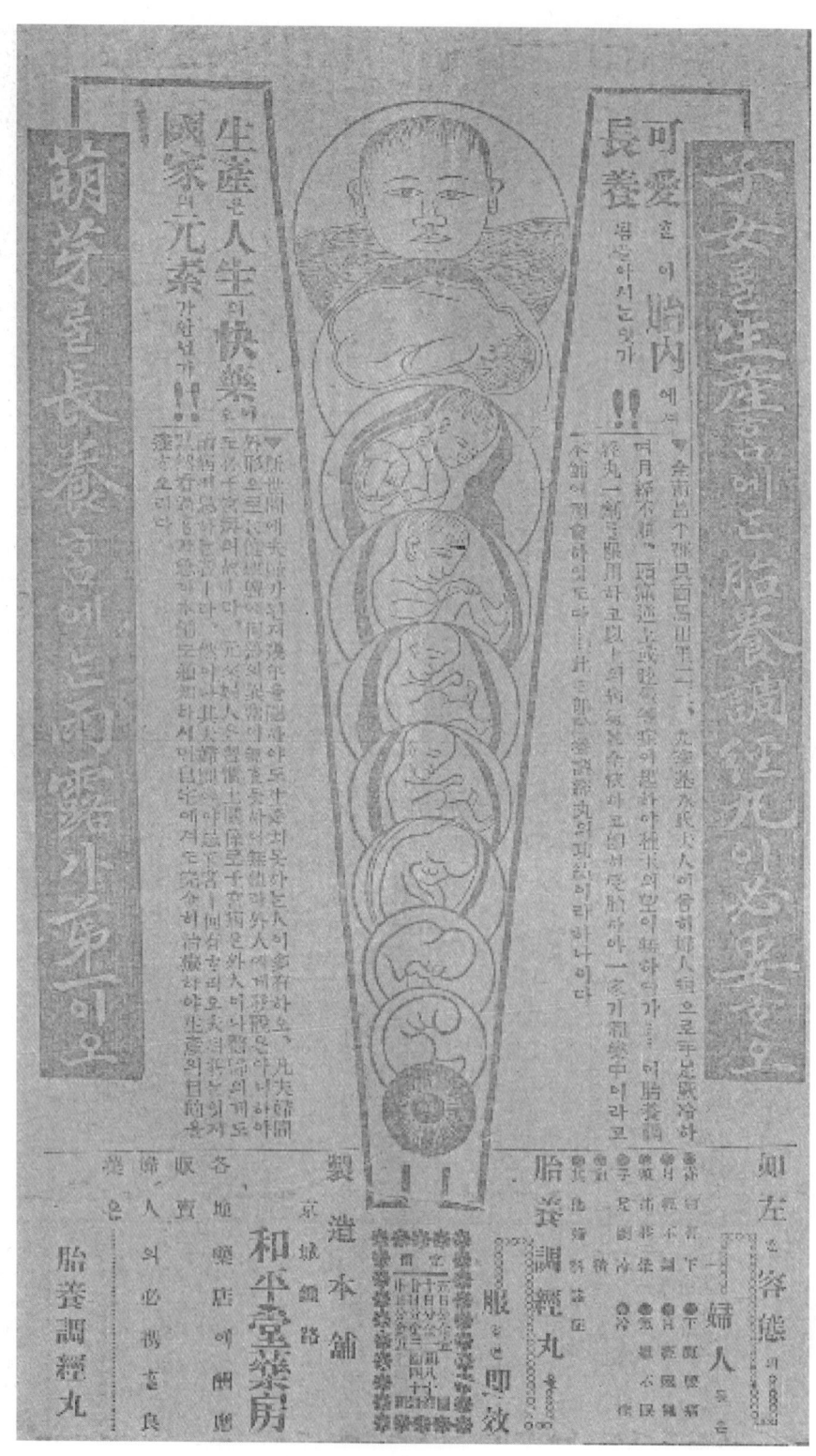

<그림 65> 태아의 생성 모습, 『매일신보』, 1913년 5월 11일

可恐ᄒᆞᆫ齒痛과 其豫防法

▲齲齒로브터大病

▲齒病을防ᄒᆞᄂᆞᆫ法

▲良齒磨의撰擇法

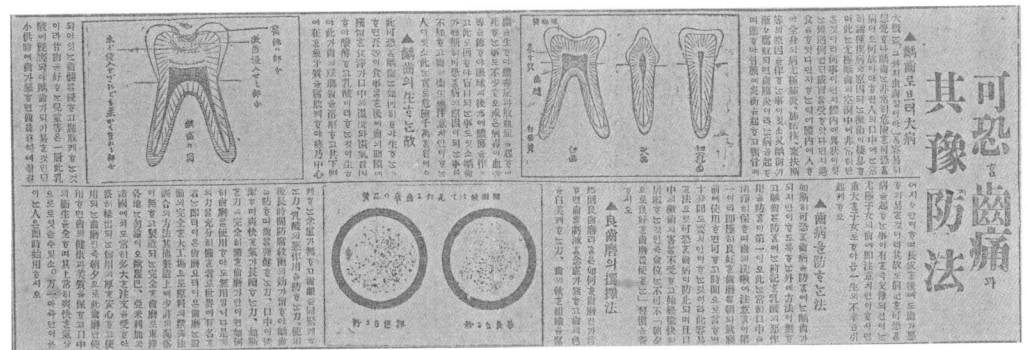

<그림 66> 치통과 구강 세균을 다룬 기사형 광고, 『매일신보』, 1916년 7월 22일

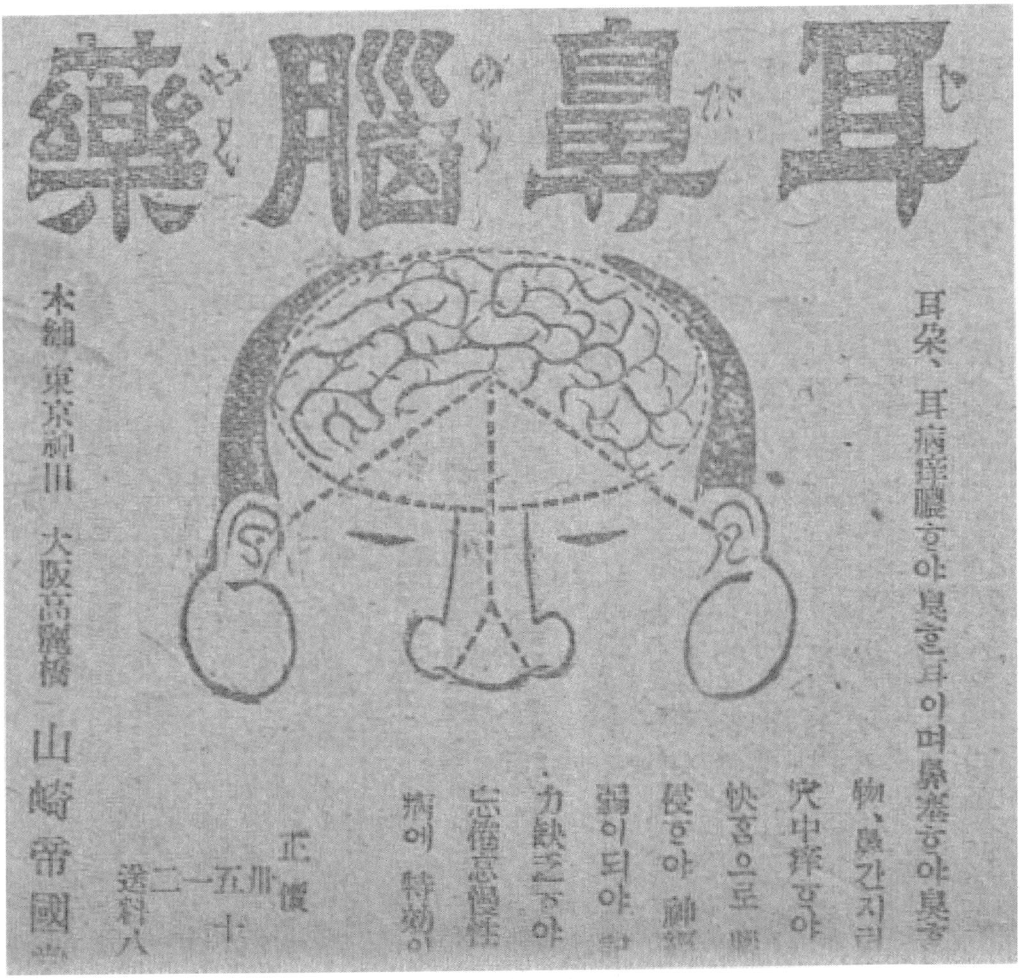

<그림 67> 이비뇌약 그림, 『매일신보』, 1919년 2월 13일

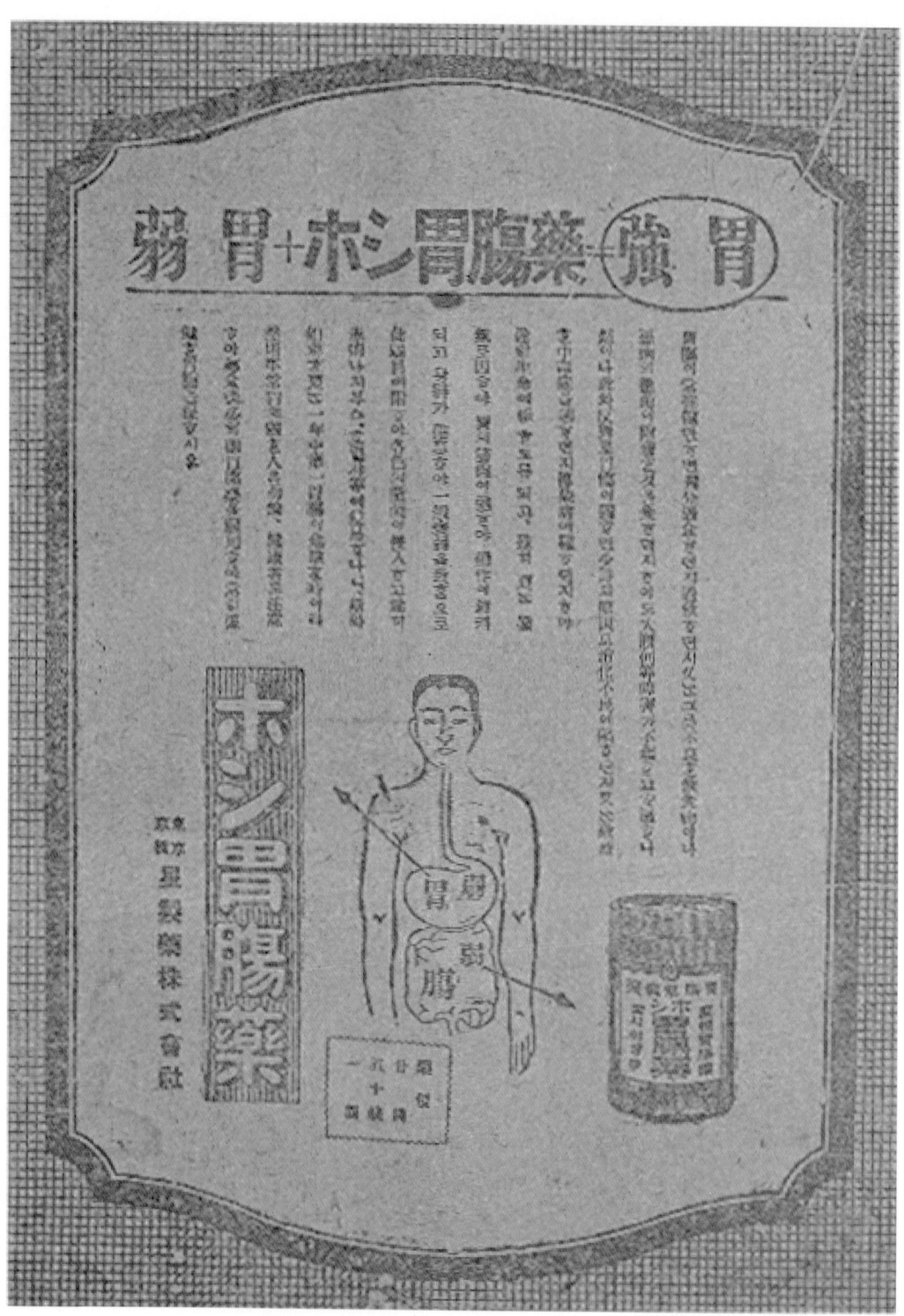

<그림 68> 위장약 광고, 『매일신보』, 1919년 10월 17일

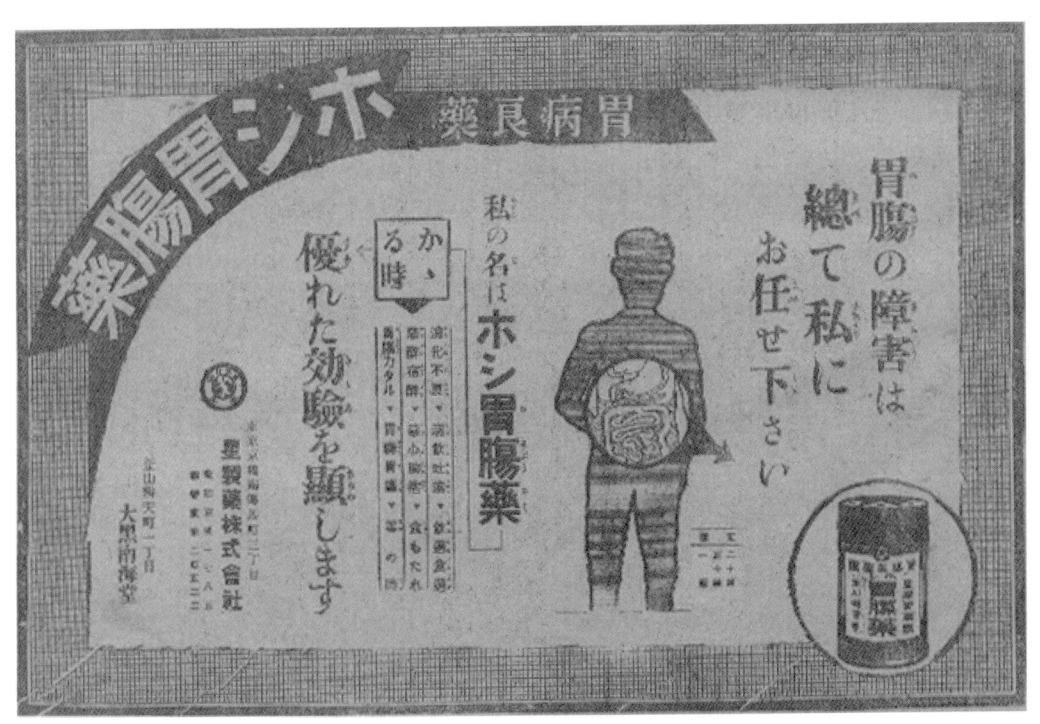

<그림 69> 위장약 광고, 『부산일보』, 1918년 2월 24일

9. 위생과 신체

<그림 70> 졸업 시험에서 일등하려면 라이온 치약을 쓰라는 광고,
『경성일보』, 1916년 3월 15일

<그림 71> 미국에서는 학교에서 이 닦는 교육을 시킨다면서 치약 광고에 그린 삽화, 『경성일보』, 1916년 3월 28일

<그림 72> 4월 신학기를 겨냥한 치약광고, 『경성일보』, 1917년 4월 13일

3부 광고에 담긴 의료와 신체 이미지 213

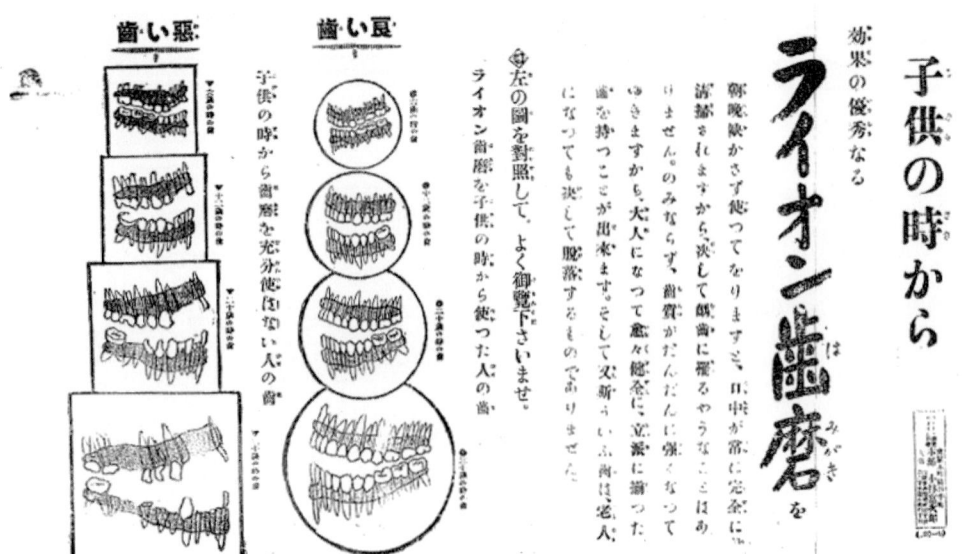

<그림 73> 좋은 이와 나쁜 이를 서로 견주는 치약 광고, 『경성일보』, 1917년 10월 1일

<그림 74>
치약의 효능을 일본어와 함께 한국어를 실었다. 갓쓴 선비와 처네를 두른 여인을 등장시켰다.
『매일신보』, 1911년 2월 16일

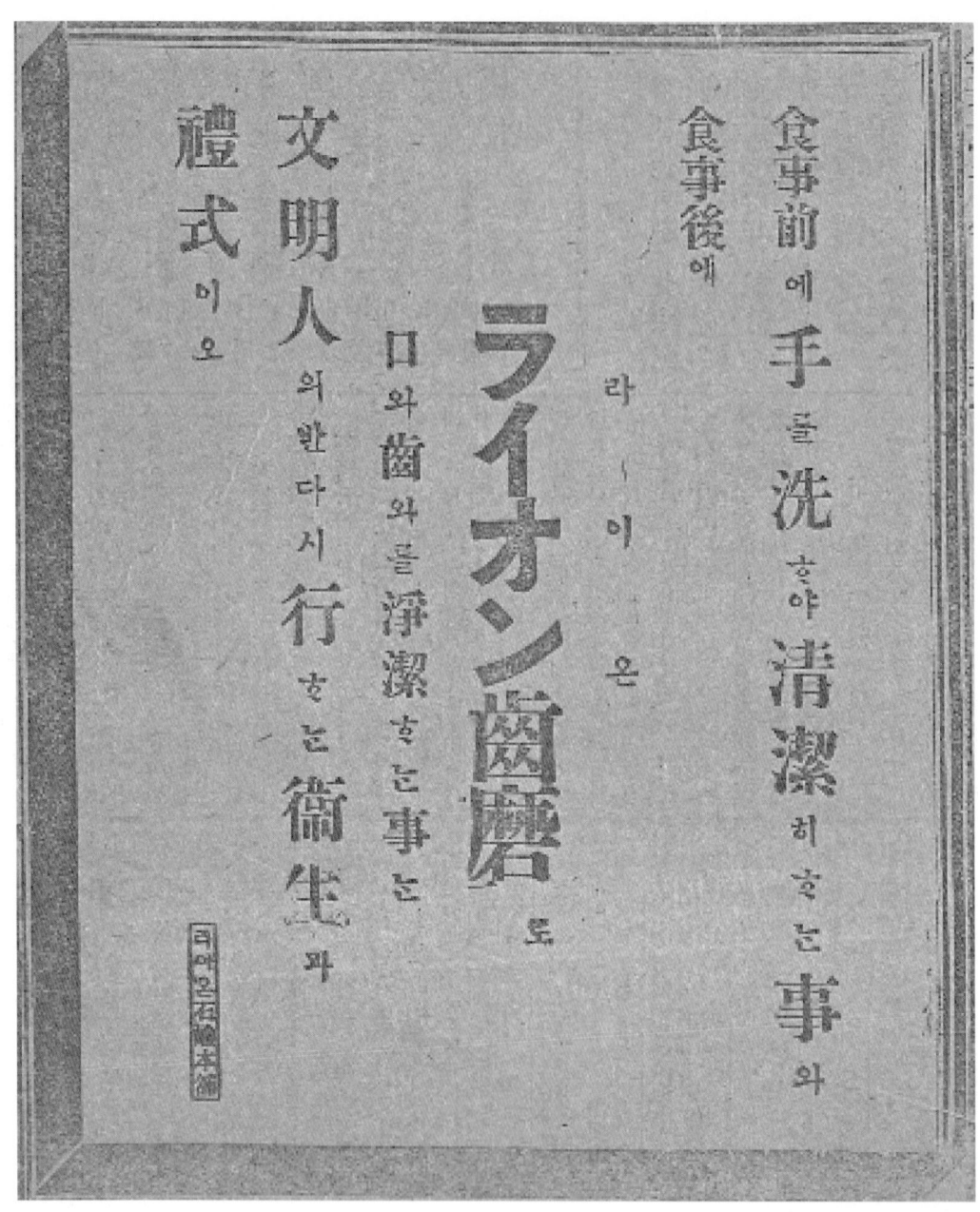

<그림 75> 식사 전에 손을 씻고 식사후에는 이를 닦는 것이 문명인의 예식, 『매일신보』, 1916년 2월 15일

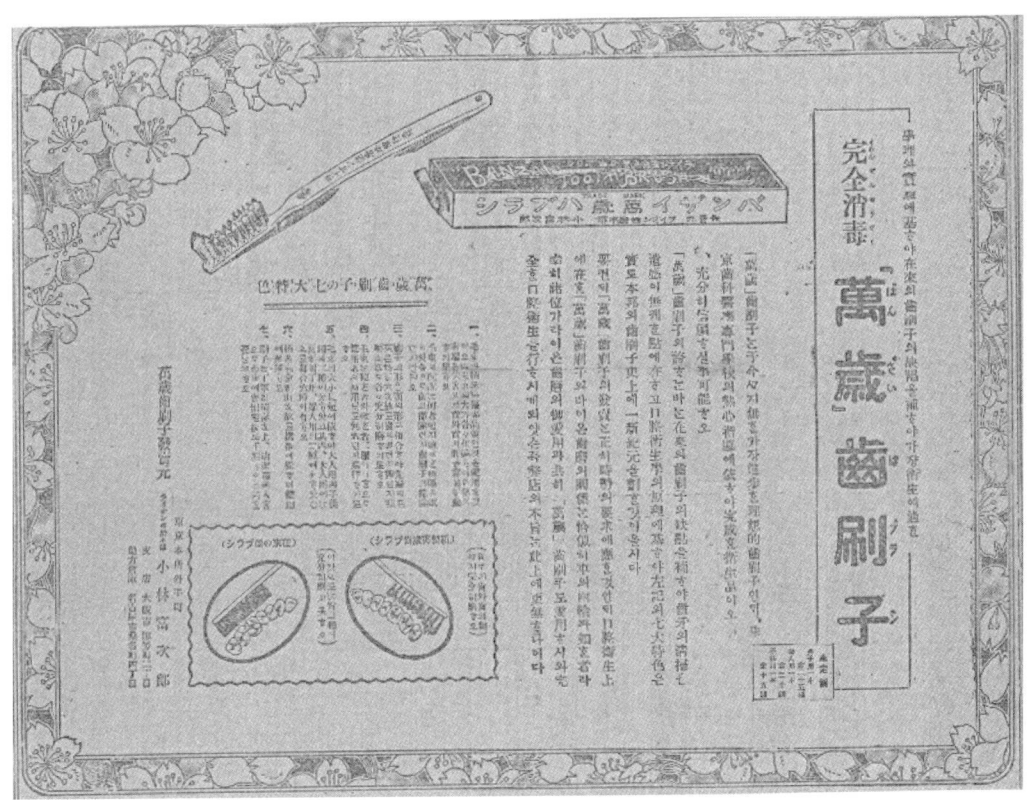

<그림 76> 칫솔 광고, 『매일신보』, 1917년 4월 3일

<그림 77> 목욕과 화장하기 전에 비누를 준비하라는 광고, 『매일신보』, 1918년 5월 28일

<그림 78> 龜の子束子 수세미 광고, 『매일신보』, 1918년 12월 19일

<그림 79> 세탁비누 광고, 『부산일보』, 1915년 5월 27일

<그림 80> 비누는 현대의 불로의 약과 마찬가지, 『부산일보』, 1917년 2월 20일

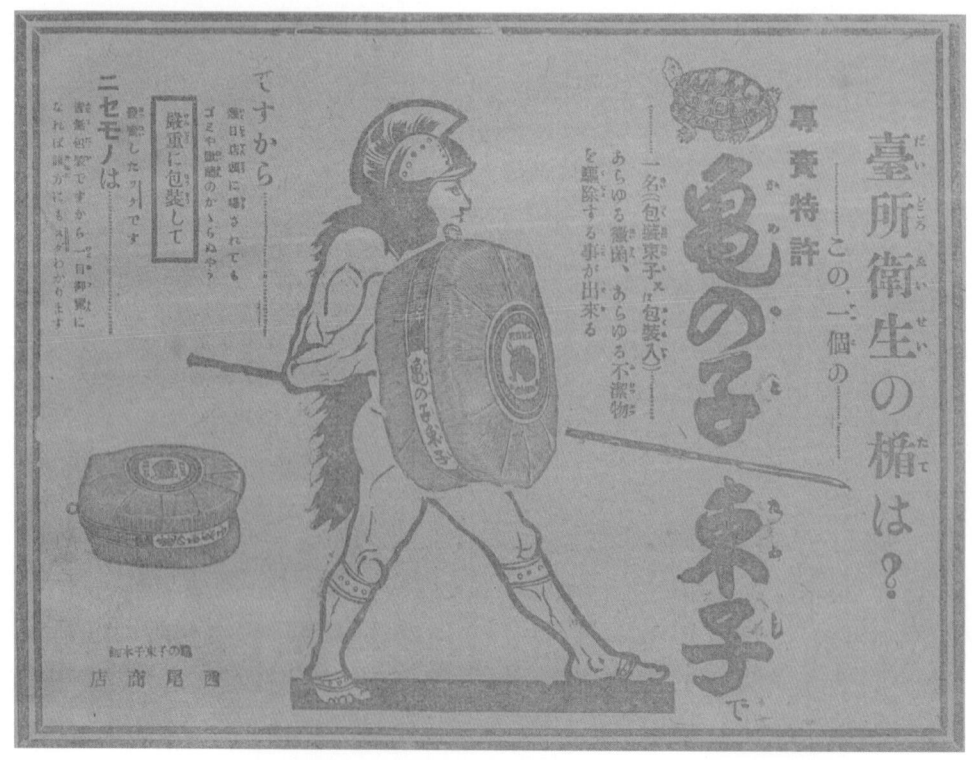

<그림 81> 부엌의 위생을 지키는 수세미, 『부산일보』, 1918년 11월 23일

10. 의사와 간호사 이미지

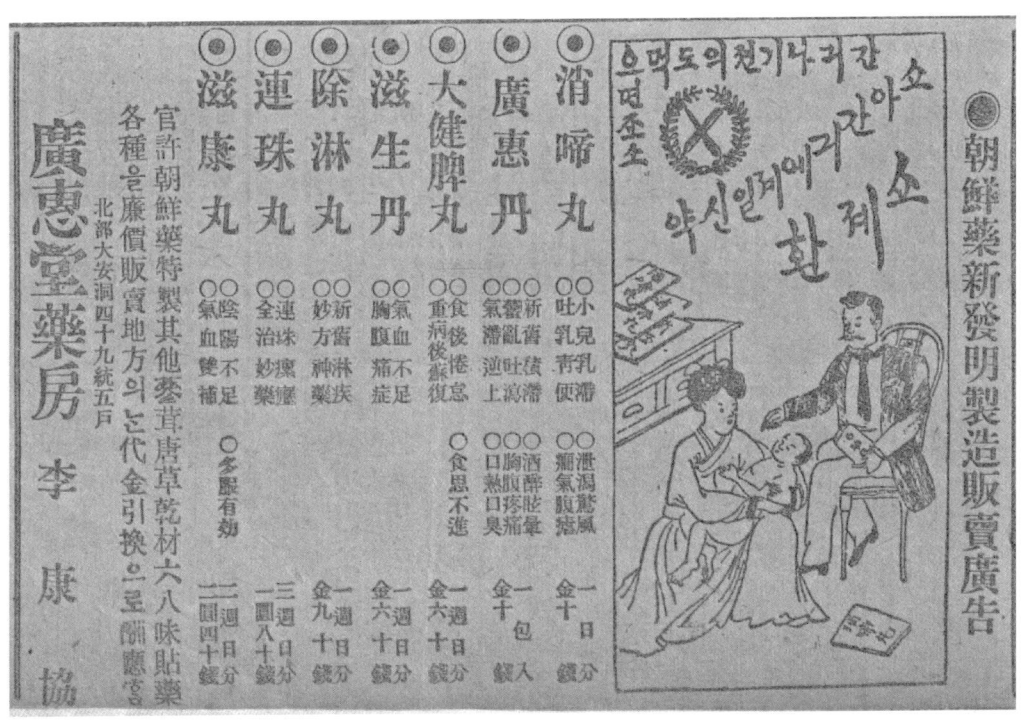

<그림 82> 『매일신보』, 1914년 6월 25일

<그림 83> 육군 군의의 모습, 『매일신보』, 1915년 4월 18일

〈그림 84〉 기사형 약광고에 '명의'를 이용했다. 『매일신보』, 1916년 4월 2일

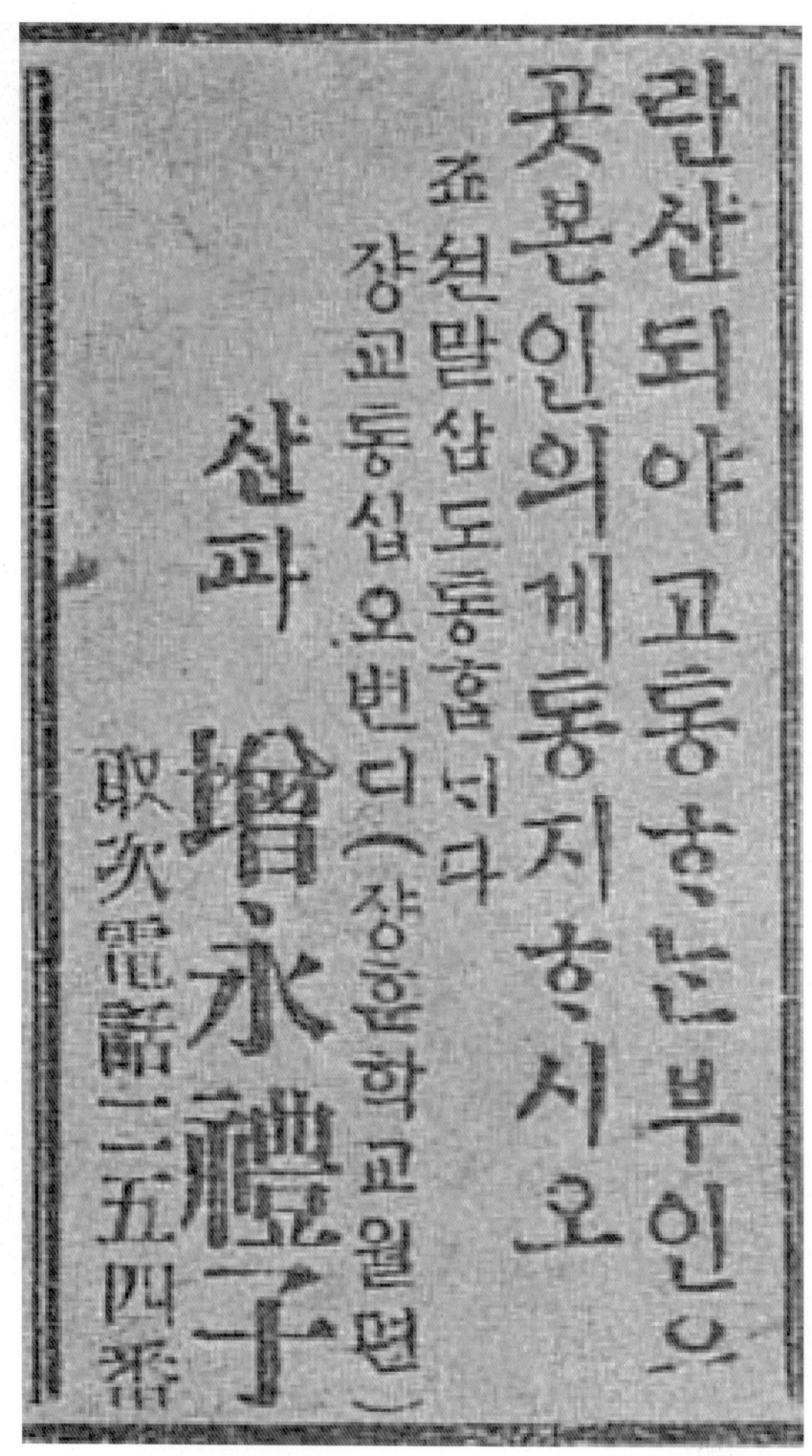

<그림 85> 일본 산파 광고, 『매일신보』, 1916년 7월 14일

<그림 86> 학자와 치과의사의 치약, 『매일신보』, 1919년 4월 14일

<그림 87> 매독약과 의사, 『매일신보』, 1919년 6월 8일

<그림 88>
간호사의 모습, 『부산일보』,
1916년 10월 17일

<그림 89> 비누광고에 등장한 간호사, 『부산일보』, 1917년 4월 20일

11. 매약 행상

<그림 90> 『경성일보』, 1909년 10월 6일

<그림 91> 매약행상인, 『매일신보』, 1913년 5월 3일, 매약행상인 모집

<그림 92> 『매일신보』, 1915년 3월 20일

<그림 93> 매약상, 『매일신보』, 1915년 5월 5일

<그림 94> 약장사 사진, 『매일신보』, 1917년 4월 18일

12. 건강한 신체의 표상

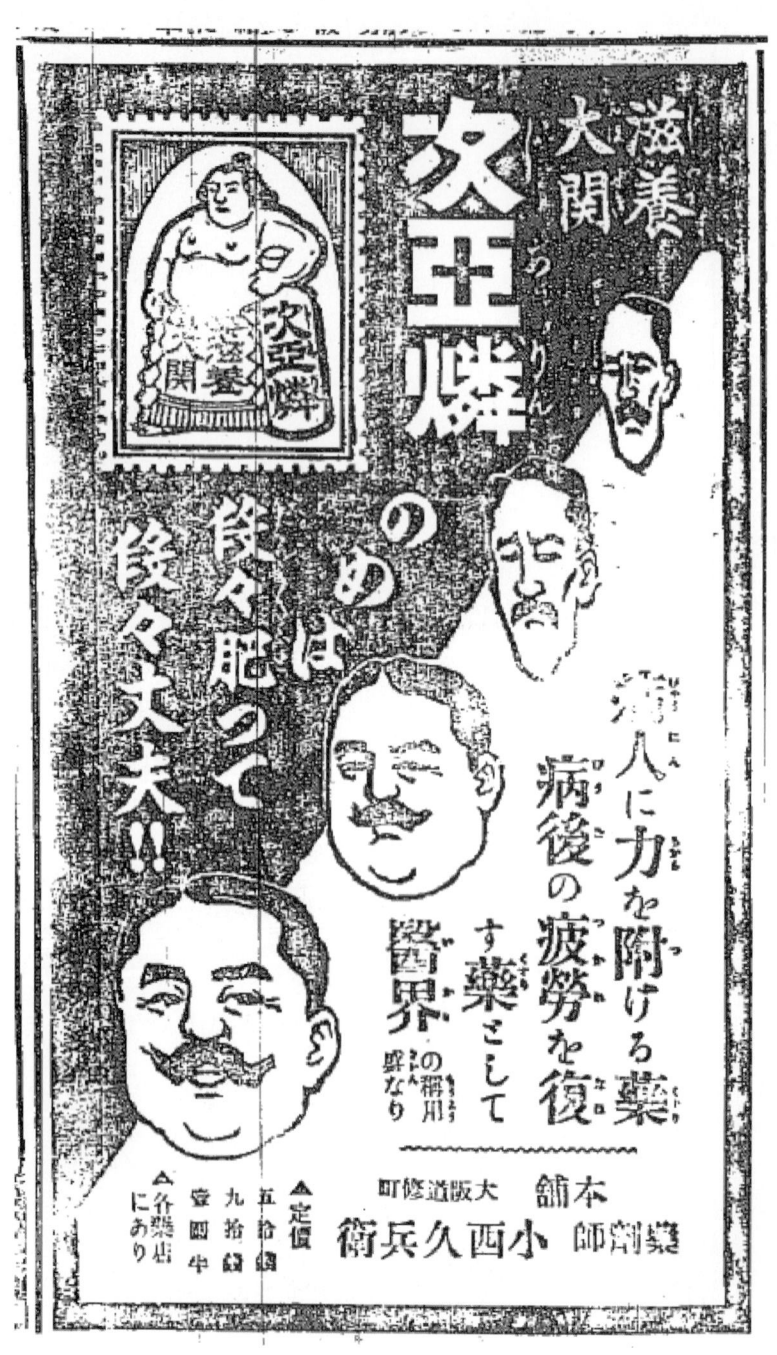

<그림 95> 『경성일보』, 1915년 9월 4일

<그림 96> 살이 찌며 기억력이 좋아진다는 약광고, 『경성일보』, 1916년 3월 20일

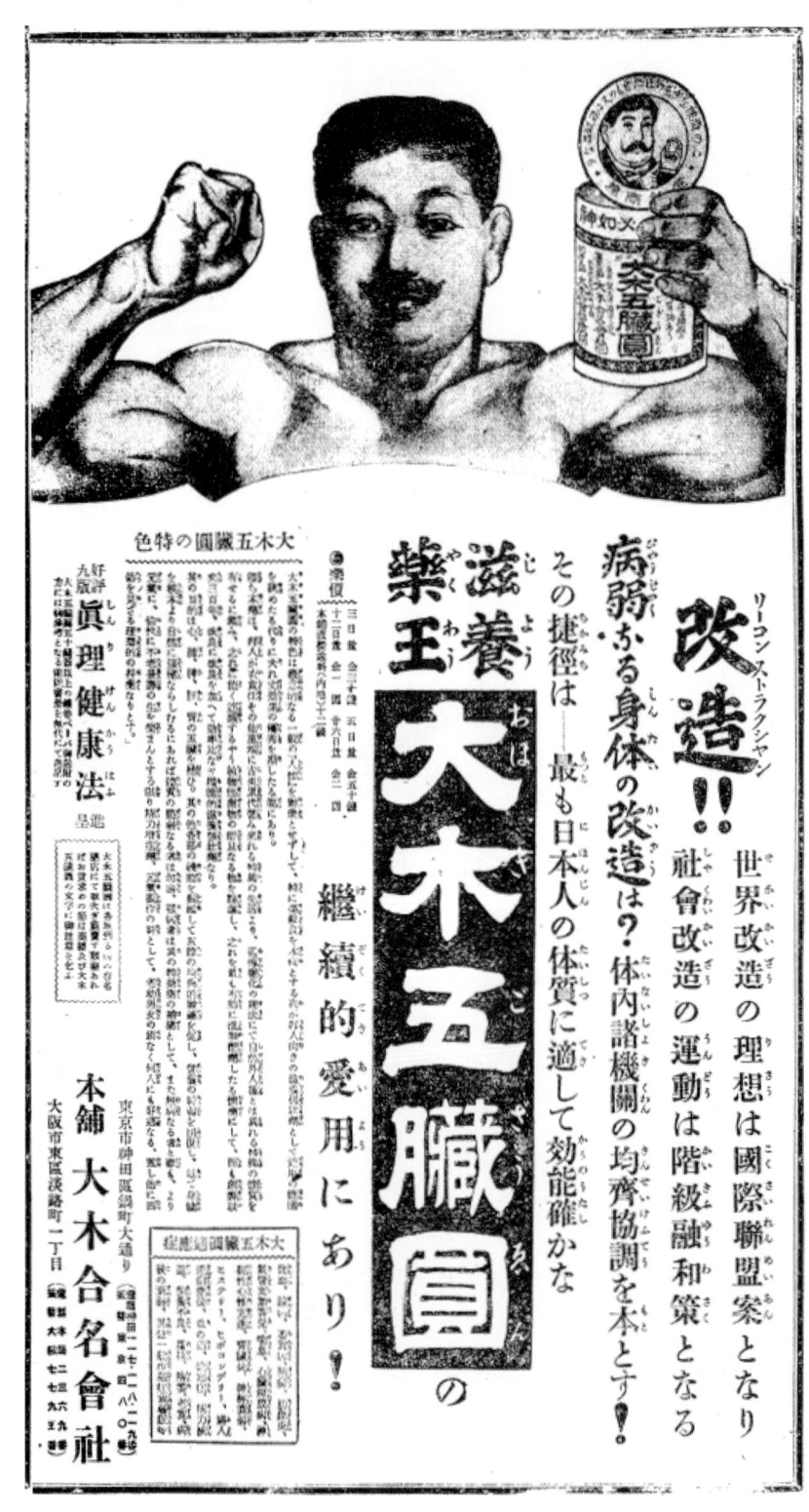

<그림 97> 『경성일보』, 1919년 6월 6일

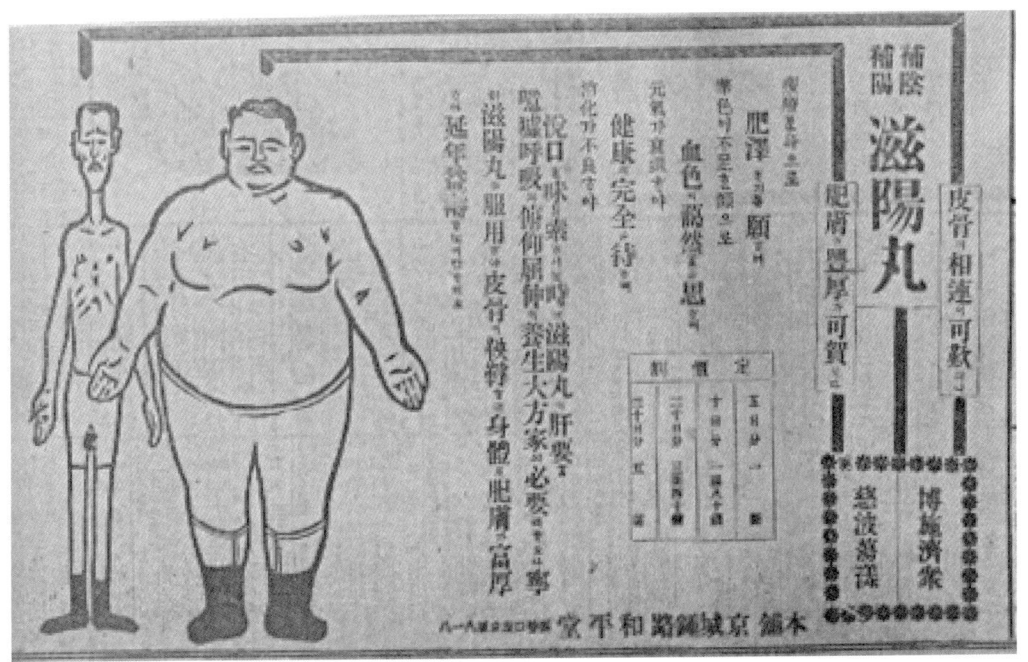

<그림 98> 허약체질과 건강체질, 『매일신보』, 1913년 3월 19일

<그림 99> 몸무게가 많이 나가는 건강한 사람, 『매일신보』, 1913년 4월 10일

<그림 100> 『매일신보』, 1915년 4월 22일

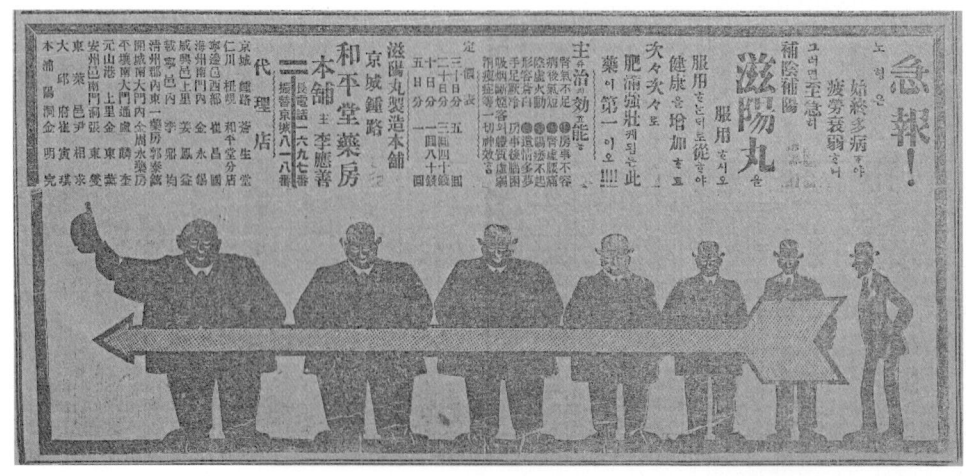

<그림 101> 『매일신보』, 1915년 10월 30일

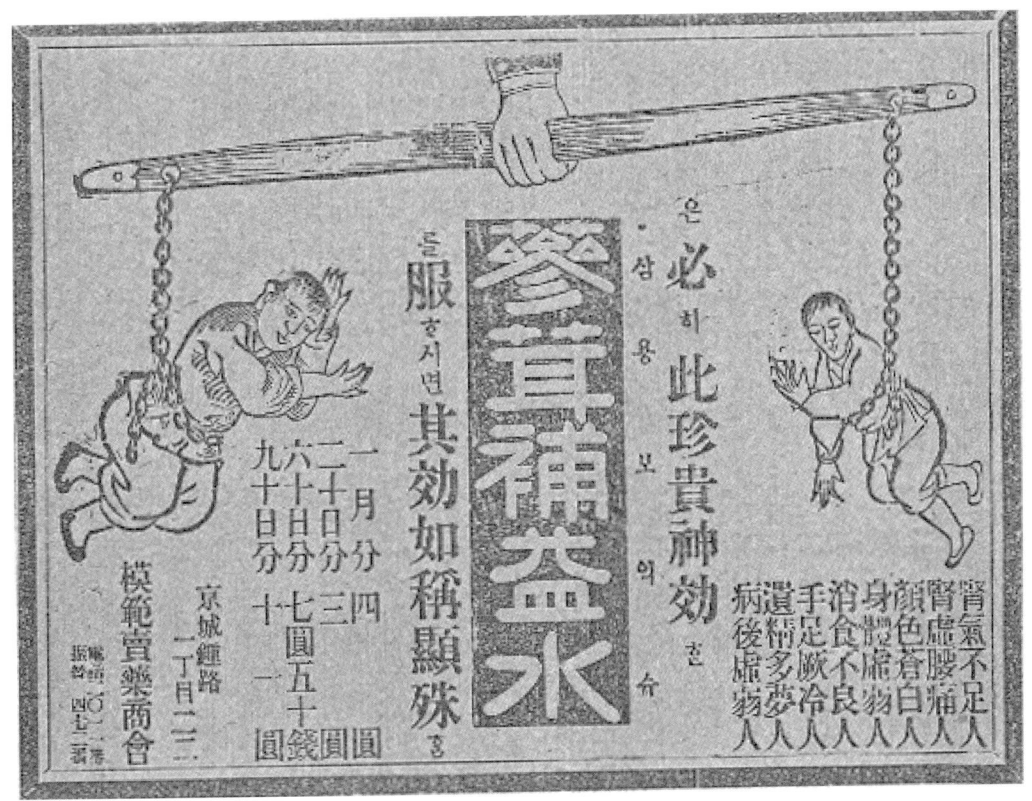

<그림 102> 『매일신보』, 1919년 4월 7일

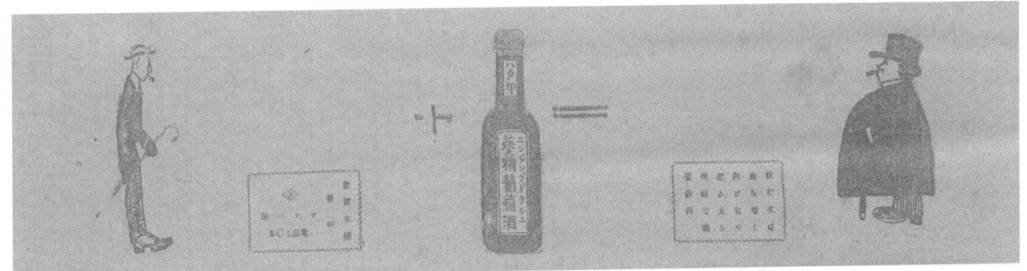

<그림 103> 『부산일보』, 1918년 11월 7일